KB259848

안티
이코노믹스

안티 이코노믹스 -경제학을 깨야 미래가 열린다

지은이 | 백우진

1판 1쇄 펴낸날 | 2010년 5월 25일
1판 2쇄 펴낸날 | 2010년 7월 15일

펴낸이 | 이주명
편집 | 문나영
출력 | 문형사
종이 | 화인페이퍼
인쇄 · 제본 | 한영문화사

펴낸곳 | 필맥
출판등록 제300-2003-63호
주소 | 서울시 서대문구 충정로2가 184-4 경기빌딩 606호
이메일 | philmac@philmac.co.kr
홈페이지 | www.philmac.co.kr
전화 | 02-392-4491
팩스 | 02-392-4492

ISBN 978-89-91071-77-3 (03320)

* 잘못된 책은 바꾸어 드립니다.
* 값은 뒤표지에 있습니다.

이 도서의 국립중앙도서관 출판시도서목록(CIP)은 e-CIP 홈페이지(http//www.nl.go.kr/cip.php)에서 이용하실 수 있습니다.(CIP제어번호: CIP2010001802)

안티 이코노믹스

백우진 지음

필맥

머리말

초고를 거의 완성한 뒤 머리말을 쓸 차례가 됐지만 나는 보름가량 단 한 줄도 적지 못했다. 회사업무와 개인적으로 챙겨야 할 일이 잇달아 생긴 탓이 컸다. '한가해지면 한나절이면 마무리할 수 있겠지'라고 생각했다.

그러나 여유가 생긴 다음에도 여전히 끙끙댔다. 그러는 동안 어떤 책에서 읽은 뱀 얘기가 떠올랐다. '내가 그 뱀 처지가 아닌가' 상상했다. 그 뱀은 타원형 돌멩이를 달걀로 착각하고 삼켰다가 소화가 되지 않자 제 몸을 나뭇가지에 친친 감으며 뱃속의 돌멩이를 잘게 부수려 안간힘을 썼다.

나는 이 책을 쓰는 동안 자문자답을 하면서 논리를 하나하나 쌓아올렸다. 되돌아보면 내 논리체계에는 결정적인 오류가 없다. '그렇다면 나는 내가 삼킨 논리 덩어리를 소화하지 못해 몸을 비비꼬는 것이 아니로군.'

나는 다만 이 머리말에서 그 논리 덩어리를 어디서부터 풀어 보여야 하는지를 고심하고 있었던 것이다. 간단치 않은 이 이야기의 실마리를 무엇으로 잡아야 하나, 그것이 문제였다.

처음에 이 책을 쓰려고 한 동기는 경제전망을 짙은 안개와 같이 둘러싸고 있는 오해를 조금이나마 걷어내겠다는 욕심이었다. 그럼으로써 독자들이 경제학의 왜곡에서 벗어나 경제를 조금 더 잘 이해하도록 돕고자 했다. 글을 쓰면서 앞으로 경제가 어떻게 될 지와 관련해 내가 할 수 있는 얘기가 처음에 생각했던 것보다 훨씬 많음을 알게 됐다. 게다가 미국에서 부동산 거품이 터지면서 발생한 쓰나미가 세계경제를 덮으면서 경제학과 관련해 많은 비판과 반성, 그리고 논의가 나왔다. 이 부분 역시 반영해야 했다.

존 메이너드 케인스가 거시경제학 영역을 개척한 이래 현대 거시경제학의 상당부분이 경제예측에 할애됐다. 경제모형을 만들어 그것을 가지고 일정 기간 이후 미래의 경제성장률과 실업률, 물가상승률은 물론이고 더 나아가 시장에서 끊임없이 등락하는 주가와 환율의 움직임도 알아맞히는 작업에 많은 경제학자가 매달렸다.

〈월스트리트저널(WSJ)〉 같은 언론사에서는 매년 뛰어난 경제학자 5명을 선정한다. 연초에 경제학자들에게서 그 해 4분기의 경제성장률과 실업률, 물가지수, 정책금리 등에 대한 전망치를 받아둔 뒤 이듬해에 실제 수치가 나오면 '누구의 전망치가 실제 결과에 가장 근접했는지'를 기준으로 톱5를 선발한다.

내가 보기엔 뛰어난 경제학자를 그렇게 선발하는 〈월스트리트저널〉이나 뛰어난 경제학자로 선정되고자 전망치를 제출하는 경제학자나 경제에 대해 무지하기는 마찬가지다. 경제는 수치로 예상할 객관적인 관찰대상이 아니기 때문이다. 경제학자가 적절한 조언을 내놓느냐, 그리고 경제주체들이 그 조언을 따르느냐에 따라 결과가 달라진다. 경제주체가 하기 나름인 부분도 크다.

분야는 다르지만 본질적으로 같은 예를 들어보겠다. 진학시험을 일 년 앞둔 학생이 신학시도 교사를 찾아간다. 그 학생의 일 년 뒤 수능점수를 알아맞히는 진학지도 교사를 훌륭하다고 평가하는 사람은 많지 않을 것이다. 그 학생의 장단점을 파악하고 수능 출제경향에 비추어 그 학생이 어떤 점을 보완하면 가장 좋은 성적을 받을 수 있을지를 조언하고, 그 학생이 그렇게 하는지를 지켜보면서 격려해주는 것이 진학지도 교사의 역할을 제대로 수행하는 길일 것이다. 점수는 또한 학생이 얼마나 노력하느냐에 따라 달라진다.

이토록 간단한 내용을 명석한 두뇌의 경제학자들이 몰랐다는 게 말이 되느냐며 '경제학자가 아니라 기자인 네가 틀렸겠지' 라는 결론을 내리려 하는 독자에게는 잠시만 기다려 달라고 간청할 수밖에 없다. 부디 이 머리말을 다 읽은 뒤에 다시 한 번 생각해보고, 책을 내려놓더라도 본문을 한 번 들춰보고 나서 그렇게 하기를 바란다.

내가 이 머리말을 쓰기 시작하기를 힘들어한 이유가 여기에 있다. 이 책을 쓰면서 한 걸음 한 걸음 바닥을 확인하며 걸어온 다음에 뒤를 돌아보니 내가 기존 경제학과의 사이에 건널 수 없는 넓고 깊은 강을 두고 있는 게 아닌가!

나는 이미 강을 건넜다. 선택은 하나다. 내가 맞느냐, 기존 경제학의 접근이 맞느냐다. 절충은 가능하지 않다. 책을 내고자 한다면 이런 사실을 감출 길이 없고 오히려 드러내야 한다는 생각에서 나는 망설인 것이었다. '과연 어떤 방식으로 설명해야 할까?'

궁리 끝에 영국 경제학자 맬서스를 예로 들기로 했다. '인구는 기하급수적으로 늘어나는 반면 식량은 산술급수적으로 늘어나는 탓에 불균형을 피할 수 없다' 라는 경구로 유명한 《인구론》을 쓴 토머스 맬서스 말이다. 맬서스가 《인구론》에서 이런 어두운 전망을 내놓는 바람에 경제학은 '음울한 과학' 이라는 별명을 얻었다.

맬서스에게는 또 하나의 걱정거리가 있었다. 그것은 '소비가 전반적으로 줄어들어 생산된 제품이 팔리지 않으면 어떻게 하나' 하는 것이었다. 그는 소비의 전반적인 감소를 '일반적인 과잉'이라고 불렀다. 동시대 경제학자들은 기우라며 맬서스의 걱정을 일축했다. 맬서스와 여러 모로 반대편에 선 데이비드 리카도는 수요부족으로 인한 불황이란 논리적으로 불가능하며 따라서 결코 발생할 수 없다고 반박했다.

리카도의 주장을 프랑스 경제학자 세(J. B. Say)가 다듬었다. 세는 우선 의류, 가구, 사치품 등 상품을 소비하려는 욕망은 무한한데 그 욕망의 충족은 생산되는 상품의 가격만큼 보장된다고 주장했다. 왜냐하면 상품의 가격은 생산하는 데 참여한 사람들에게 임금, 임대료, 이윤으로 전부 배분되기 때문이라고 그는 설명했다. 제품이 있으면 그에 상응하는 소득이 발생하고 그만큼 수요가 생긴다는 주장이었다. 이 주장대로라면 수요부족이 일어날 구석이 없다.

맬서스는 소득 중에서 저축되는 부분에 주목했다. 저축이 증가하면 수요가 부족해지지 않을까? 리카도는 이런 가능성도 다음과 같은 논리로 가볍게 물리쳤다. "저축의 목적은 투자를 해서 돈을 더 많이 버는 데 있고, 따라서 저축도 결국 수요로 연결된다." '공급이 수요를 창출한다'는 세의 주장은 '세의 법칙'으로 불리며 경제학에서 확고한 위치를 차지했다.

오늘날의 시각에서 보면 세의 법칙은 법칙이 아니라 황당한 관념에 지나지 않는다. 그러나 한번 다수설로 채택된 이론은 그것이 빚어내는 오류가 어지간해서는 자리에서 물러나지 않는다. 세의 법칙도 여러 차례의 불황을 꿋꿋이 버텨냈다. 마르크스주의 경제학자들은 세의 법칙과 반대로 수요부족이 제국주의적 팽창을 낳는다고 주장했지만, 주류 경제학자들은 세의 법칙을 신봉했다.

세의 법칙이 현실을 설명하는 힘을 완전히 상실한 대공황 때에도 이 법칙을 정면으로 반박하는 경제학자는 나오지 않았다. 케인스가 《일반이론》을 내놓기 전에는 그랬다. 케인스 이전의 경제학자들은 복잡한 이론에 갇혀 현실을 직시하지 못했다. 현실설명력이 전혀 없는 '벌거벗은 경제학' 을 자연스러운 것으로 받아들였다. 케인스가 경제학의 새로운 시대를 열게 된 것은 바로 이 낡은 경제학 체계를 스트레이트로 가격했기 때문이다. 케인스는 《일반이론》의 프랑스어판 서문에서 자신의 이론이 "세의 법칙과 최종적으로 결별"하는 것임을 강조했다.

내가 케인스를 인용한 것은 기존 경제학에 대한 내 비판을 케인스의 그것과 비슷한 반열에 올려놓기 위함이 아니다. 나는 다만 전문가 집단이 어떤 이론에 매몰되면 얼마나 타성에 젖어 현실을 보지 못하고 맥락을 놓칠 수 있는지에 대한 실례를 들고자 했다.

케인스가 걷어낸 경제학자들의 집단환상이 나중에 다른 쪽에서 형성됐다. 이번엔 앞서 언급한 대로 미래를 예측하는 쪽에서 집단환상이 부풀어 올랐다. 경제학이 발달하면 미래를 점점 더 잘 내다볼 수 있으리라는 믿음은 예측이 번번이 빗나가는데도 좀처럼 무너지지 않았다. 아울러 경제가 장기간 큰 탈이 나지 않는 가운데 계속 성장하자 '지금의 세상이 가능한 최상의 것' 이라는 18세기적 낙관주의가 스며들었다. 경제주체가 합리적이기 때문에 시장도 합리적으로 돌아가며 따라서 자산거품은 일어날 수 없다는 믿음이 확산됐다. 잘못된 믿음은 주지하다시피 부동산 버블 붕괴와 금융위기, 그리고 전 세계적인 경제침체로 귀결됐다.

많은 경제학자의 판단이 그렇게 흐려진 까닭은 뭘까? 경제학은 사회과학에 속하는데 바로 이 '사회과학' 이라는 대분류 학문분야 이름에서 엿보이는 의욕에서 짐작할 수 있듯이 자연과학의 방법론을 맥락에 넘치게 들여온 탓이 크다.

게다가 경제학자들은 "경제학은 사회과학의 여왕"이라면서, 경제학이 사회과학에 속하는 다른 어떤 학문보다 더 객관적인 연구와 더 정교한 분석을 할 수 있다는 환상을 품고 키워왔다.

그러나 미래는 사회구성원들이 만들어 가는 영역인 동시에 상당부분 운에 좌우된다. 경제학은 미래를 예측하는 도구가 아니라 불확실성 속에서 미래의 부를 키우는 방도를 찾기 위한 수단이다. 경제학자의 역할은 경제의 바깥에서 팔짱을 낀 채 경제를 관찰하고 앞으로 그것이 어찌 될 지를 예측하는 데 있는 게 아니다. 경제학이 새삼스럽게 발견해 충실히 수행해야 할 사명이 무엇인지는 본문에서 논의하도록 하겠다.

많은 경제학자가 합리성을 토대로 이론을 세우고 연구를 한 탓에 자산거품 같은 현상을 부정한 문제는 이 책이 정면으로 다루지 않는다. 시장이 합리적이지 않고 거품이 얼마든지 발생할 수 있음을 아는 사람들은 대부분 이미 이런 문제에 대해 경제학자에게 의견을 구하지 않기 때문이다.

최근에 세계경제가 대공황 이후로 가장 큰 폭의 침체를 맞게 된 뒤로 경제학이 위기에서 탈출할 방향은 행태경제이론이라고 주장하는 목소리가 들려왔다. 그러나 이 또한 얼마 지나지 않아 가라앉을 소동이라고 나는 생각한다. 만약 그렇지 않다면 경제학은 또 한 차례 '벌거벗은 임금님'이 될 수밖에 없다.

내가 보기에 행태경제이론은 합리적이지 않은 인간의 행동에 의해 거시경제가 좌우될 위험이 크다는 케인스적인 문제의식을 대변하는 이론으로만 남는 편이 바람직하다. 행태경제이론이 그 선을 넘어 인간의 수많은 행동을 다 설명하려고 하면서 경제학을 지배하려고 들면 경제학은 사후적 설명으로 가득 찬, 복잡다기한 인간의 행동에 관한 기록으로 분산될 것이다. 그렇게 되면 행태경제이론은 거시경제와 관련해 새로운 시사점을 전혀 던져주지 못할 것이다.

　이 책에서 내가 기존 경제학을 비판하는 까닭은 경제학과 경제학자로 하여금 원래의 사명을 되찾도록 하자는 데 있다. 따라서 나는 그 원래의 사명을 보이지 않게 가리는 비판에 대해서는 오히려 경제학과 경제학자를 변호할 것이다. 예컨대 일정 기간 후의 경제변수를 맞히지 못했다는 이유로 "경제학자가 기상예보관보다 못하다"며 타박하는 것은 온당치 않다고 나는 주장할 것이다.

　이 책은 주로 경제학과 경제학자가 미래를 어떻게 말하는지를 다뤘다. 넓게는 우리 앞에 놓인 미래와 지금의 우리 사이의 역학관계를 탐구했다. 이 책을 쓰는 과정에서 나는 미래에 대한 우리의 올바른 인식은 '아직 오지 않은 때'를 가리키는 미래라는 단어 자체의 뜻대로 '아직 오지 않았음'을 깨닫게 됐다. 우리가 '앞날'이나 '장차'라는 보다 중립적인 말보다 미지의 영역이라는 느낌을 주는 '미래'라는 말을 더 자주 쓴다는 사실에도 그런 의미가 들어있는 것 같다.

　'아는 만큼 보인다'는 말이 있다. 미래와 관련해서는 이 말을 이렇게 바꿔야 한다고 생각한다. '안 보이는 미래를 보려는 시도만큼 어리석은 일은 없다.' 우리가 미래에 대해 이야기할 때에는 우리가 말할 수 있는 것이 무엇인지부터 알아야 한다. 나는 이런 관점에서 주식시장에 대한 이론과 관련 사례들을 들여다봤다. 수많은 사람이 주가가 움직이는 원리를 풀어내어 미래의 주가를 맞히는 일에 도전했지만 실패했다. 앞으로도 그럴 것이다. 이런 점을 모르는 일반 투자자들은 워런 버핏과 피터 린치, 짐 로저스 같은 전설적인 투자자에 관한 이야기를 듣고 주식투자에 대해 잘못된 환상을 갖게 된다. 워런 버핏이 증시에서 수십 년 동안 시장평균 수익률을 능가하는 실적을 거뒀다고 믿는 사람에게 이 책을 꼭 읽어보라고 권하고 싶다.

　미래에 대해 탐구하면서 미래학 분야의 연구 중 참고할 사항이 혹시 있는지를 살펴보는 일을 빠뜨리면 안 된다는 생각에서 미래학과 관련된 자료를 챙겨봤다. 그러나 안타깝게도 미래학은 주어를 들어낸 채 앞날을 전망하는 경향이 강했다. 미래학이 내놓는 전망은 현재의 추세를 장기적으로 연장한 결과이거나 기술의 비약으로 지금과 전혀 달라진 모습의 '신세계'다. 하나는 당연한 전망이고, 다른 하나는 뜬구름 전망이다. 우리의 미래는 멀리 내다보는 전망보다 지금 달성하고자 하는 목표를 중심으로 설계돼야 한다. 이는 개인은 물론이고 기업과 국가에도 적용되는 명제다.

나는 논쟁적인 편이다. 그렇지 않다면 이 책을 쓰지 않았을 것이다. 그렇다고 해서 내가 무턱대고 아무거나 논쟁거리로 삼는 건 아니다. 나는 어떤 주제에 대해서든 논쟁에 앞서 그 주제가 논쟁의 대상이 되는지를 따져본다. 어떤 주제가 논쟁의 대상이 되는지를 가리는 기준 가운데 하나는 '시간이 지나면 누가 옳았는지가 판가름 나는 주제인가'다. 행태경제이론과 기존 경제학의 맹점에 관한 나의 주장과 제언은 시간이 검증해줄 종류에 속한다. 바라건대 그 시간이 맬서스에게 그랬던 것처럼 길지 않기를….

2010년 5월

미래와 관련한 몇 가지 단상

《토정비결》이 미래를 말하는 방식

꽃잎이 날아 자리에 가득하니 가히 술 생각을 할 만하다.

삼오(三五＝십오＝음력 보름) 가을 밤에 밝은 달이 배회한다.

바람 불고 구름 흩어지니 달이 하늘에 가득하다.

《토정비결》에 나오는 운수들이다. 토정비결은 사람의 사주(四柱)로 한 해와 그 해 열두 달의 운수를 보도록 지은 책이다. 사주는 생년, 생월, 생일, 생시가 각각 어떤 간지인지를 말한다. 사주를 본다는 건 이 네 가지를 이루는 여덟 글자, 즉 팔자(八字)로 그 사람의 운을 점치는 것이다.

《토정비결》은 팔자에서 생시를 빼고 나머지 생년, 생월, 생일로 운세를 본다. 생년, 생월, 생일을 각각 열두 가지로만 따져도 경우의 수가 12의 세제곱, 즉

1728가지로 제법 많아진다. 토정 이지함은 경우의 수를 줄이기 위해 생년은 여덟 가지, 생월은 여섯 가지, 생일은 세 가지로 분류했다. 그래서 《토정비결》에서는 경우의 수가 8×6×3, 즉 144가지로 줄었다.

운세 144가지는 각각 그 해의 전체적인 운수를 설명하는 열 구에 이어 월별 운수 세 구씩으로 돼 있다. 따라서 《토정비결》이 보여주는 운수는 144×{10+(3×12)}=144×46=6624가지다. 그러나 이 6624가지가 다 《토정비결》의 운수가 되는 것은 아니다. 같은 운수가 여러 번 반복되면서 변주되기 때문이다.

토정 이지함은 과연 어떻게 미래를 얘기했기에 이 책이 16세기 이래 수백 년 동안 베스트셀러 자리를 지켰을까?

미래에 일어날 일을 예상하는 운수는 구체적인 게 많을수록 틀릴 공산이 커진다. 그러면 사람들이 점차 외면하게 된다. 따라서 화복을 내다보는 책으로 오래 가려면 가능한 한 딱 떨어지지 않는 운수를 많이 섞어야 한다.

앞에서 든 세 가지 운수는 바로 이 점을 보여주기 위해 가려낸 것이다. 《토정비결》이 베스트셀러 자리를 지킬 수 있게 한 요인 가운데 하나는 모호성이다. 무슨 얘기를 하는지가 뚜렷하지 않다는 말이다. 독자는 자기 마음대로 풀이하면 된다. 몇 가지 더 예를 들어보겠다.

푸른 산 개인 달에 어떤 사람이 손을 드는고.
산야에 봄이 돌아오니 빛이 더 새롭다.
봄바람 삼월에 도화가 만발한다.

또 다른 유형으로 지당하신 말씀이 있다. 덕담일 때도 있고 쓴소리일 때도 있다. '정신일도 하사불성(精神一到 何事不成)' 도 보인다. 몇 가지를 옮겨본다.

부지린히 힘쓰지 않으면 성공을 얻시 못한다.

노력하지 않고 수복을 어찌 바라는가.

산에 가서 고기를 구하니 반드시 허황하다.

물을 거슬러 배를 행하니 나아가기가 어렵다.

때를 어기고 일을 행하면 반드시 불리하리라.

수레를 밀고 산에 오르니 힘은 배가 들고 공이 없다.

도를 닦고 악을 멀리하니 마침내 길함을 본다.

분수를 지키고 살면 하늘이 복을 준다.

이 두 가지 유형, 즉 모호한 유형과 지당한 유형의 운수만 있는 것은 아니다. 좋은 일이나 좋지 않은 일을 예고하거나 조심하라고 하는 유형의 운수가 더 많다. 좋은 일은 재물, 집안의 화평, 득남, 출세, 명성 등이고, 나쁜 일은 이와 반대되는 것들이다.

불운은 대개 'A하면 B한다' 와 같이 A라는 단서를 달고 예언이 이루어진다. 아래와 같은 식이다.

상가에 가지 마라, 질병이 두렵다.

망령되이 움직이지 마라, 움직이면 해가 있다.

나가면 해가 있으니, 집을 지키는 것이 상책이다.

손해는 어느 물건에 있는고, 쌀과 과실에 있다.

단서를 달지 않은 채 조심하고 멀리할 대상을 알려주는 운수도 많다. 그런 대상으로는 성씨, 방향, 물, 불, 여색, 다른 사람과의 다툼, 다른 사람과의 동업,

다른 사람의 말, 친구, 술이 자주 등장한다. 성씨는 목(木), 화(火), 토(土), 금(金), 수(水)라는 오행에 따라 분류해, 예컨대 '목 씨 성을 조심하라' 든가 '박 씨 성과 이 씨 성을 멀리하라' 는 식으로 구체적으로 성씨를 들어 말한다.

《토정비결》대로라면 단서가 달린 불길한 예언은 그 단서의 경고를 따름으로써, 즉 상가에 가지 않고, 망령되이 움직이지 않고, 집을 나가지 않고, 쌀과 과실을 거래하지 않음으로써 피할 수 있다. 단서가 없이 경고를 하는 예언은 그 경고를 따르면 된다. 예컨대 물가에 가지 않고, 주색을 조심하고, 시비에 휘말리지 않으면 좋다.

《토정비결》을 본 사람이 거기에 나와 있는 운수를 유념해 조심하고 경계했는데 별 탈이 없다면 이 책의 예언이 맞은 셈이 된다. 반대로 조심하고 경계했는데도 손해나 화를 입었다고 해도《토정비결》은 "몸가짐을 더 삼가야 했다"면서 빠져나갈 수 있다. 틀렸더라도 비판을 모면할 여지가 있는 것이다. 그런가 하면 좋은 일이 일어나리라는 예언은 당사자의 기분을 좋게 한다. 이런 예언은 빗나가더라도《토정비결》을 탓하는 이가 많지 않을 것이다.

오늘날의 점쟁이들은 토정에게 한 수 배운 사람들이다. 그리고 그들은 각자 수입을 불리는 데 토정의 지혜를 활용한다. 심심풀이로《토정비결》을 뒤적여 보는 사람들과는 달리 점술원을 찾아간 사람들은 복채를 내놓고 점괘를 산다. 좋은 운을 샀는데 실제로는 그것이 '꽝' 임이 드러나면 본전을 아까워한다. 이런 점술원에는 손님의 발길이 점점 줄어들게 된다.

그래서인지 점쟁이들은 불길한 운수를 많이 판다. 불길한 운수는 그걸 피하는 방도까지 패키지로 팔기에 좋은 수단이라는 점에서 점쟁이에게 최상의 상품이다. 점쟁이는 허무맹랑한 '살(귀신의 해로운 독기)' 을 예언한 뒤 '액땜 상품' 을 판다. 액땜 상품으로는 예를 들어 굿이 있다. 점쟁이가 손님에게 예언한

살이 실제로 일어날 확률은 낮다. 별 탈이 없으면 그 손님은 액땜 상품을 사는 데 들인 돈이 아깝다는 생각을 하다가도 '굿을 했으니 그런 일이 안 일어난 것이겠지' 하며 고개를 가로젓는다.

점쟁이들이 이런 방식으로 장사를 한다는 것은 어느 한 기자의 점집 순례에서도 확인됐다. 그 기자가 찾아간 점쟁이 다섯 명 가운데 네 명은 각각 "망신살이 있다", "삼형살이 있다", "부부간에 이별수가 있다", "죽은 사람의 영체가 결혼운을 방해한다"고 말했다. 그런 것들을 피하는 방도로 그들은 각각 "속옷이나 머리카락 등을 가져오면 의식을 치러주겠다", "부적을 지니고 다녀라", "이름을 바꿔라. 나는 작명도 한다", "백중 때 천도제를 지내라" 하면서 상품을 마케팅했다. 다섯 명 가운데 10년 넘게 타로점을 쳤다는 30대 중반의 점쟁이만 불길한 운수를 팔지 않았다고 한다.

경제학자 가운데서도 점쟁이처럼 비관론 쪽으로 기우는 이가 많다. 경기가 언제 좋아지리라는 장밋빛 전망을 내놓았다가 막상 그 '언제'가 왔는데도 경기가 꽁꽁 얼어붙은 채 풀릴 기미를 보이지 않는 상황에 봉착하게 되는 것을 다들 피하고 싶어 한다. 이보다는 이런저런 문제를 지적하면서 "앞으로 상당기간 경기가 풀리기 어렵다"고 해놓은 뒤에 경기가 호전되면 "내가 지적했던 그 문제를 잘 해결한 결과"라고 말하는 게 낫다. 물론 자신이 예언한 대로 경기가 회복되지 않는 경우에는 미래를 정확하게 내다본 경제전문가로 대접받게 될 것이다.

어느 대기업이 운영하는 경제연구소의 한 간부는 매년 말 그룹 경영진 앞에서 다음해 경기에 대한 전망을 발표해야 했는데 그때마다 보수적인 예상치를 내놓았다. 다른 곳에서 내놓는 전망에 비해 경제성장률은 더 낮게 내다보고 금리와 유가, 그리고 원화의 가치는 더 높게 내다보는 식이었다.

이렇게 보수적인 자세를 취하는 것은 낙관론을 펴는 것보다 현명한 태도였다. 다음해에 경기가 시원찮으면 경영진은 그가 내놓은 비관적인 전망에 따라 긴축적으로 경영계획을 세우고 회사를 운영하게 되어 다행이라면서 그의 전망을 높게 평가했다. 반대로 다음해에 경기가 그의 전망과 달리 호조를 보이더라도 그는 비판을 받지 않았다. 일이 잘 풀리는 상황에서는 지나간 경고는 잊히기 마련이다. 설령 경영진이 그의 경고를 기억한다고 할지라도 그를 탓하는 경우는 드물었다. 그의 경계론을 염두에 두고 경영을 한 덕분에 그러지 않았을 경우에 비해 이익이 더 늘어났음을 알기 때문이었다.

《토정비결》이 운수를 들려주는 방식은 우리가 미래를 예상하고 맞이하는 일과 관련해 시사해주는 바가 있다. 《토정비결》에 나오는 운수들을 보면, 결과를 잘라내어 그것만으로 미래에 대한 예상을 제시하는 운수는 많지 않다. 대개 전제나 과정을 거론한다.

이는 사회나 경제의 미래를 전망할 때 누구나 참고해야 할 점이다. 우리가 통제하지 못하는 외생변수가 많다는 것을 인정해야 하지만, 그렇더라도 미래에 대한 전망은 올바른 결정을 내리는 데 도움이 돼야 하고, 그렇다면 어떤 선택을 하면 어떤 결과를 맞게 될 것이라는 식으로 여러 가지 경로를 보여주어야 하지 않을까?

다만 긍정적인 내용의 전망은 《토정비결》과는 다른 방식으로 해야 한다. 《토정비결》처럼 무조건 좋아진다는 식으로 얘기해서는 도움이 되지 않기 때문이다. 당사자가 처한 상황에서 어떤 부분에 힘을 기울이는 게 가장 좋을지를 적시하는 등 구체적으로 가야 할 길을 제시해야 하지 않을까?

부정적인 전망의 사례

2009년 3월에 처음으로 발병 사례가 보고된 신종플루가 얼마나 확산될지를 놓고 전문가들이 내놓았던 전망은 《토정비결》의 경우와 비슷하면서도 다른 사례다. 신종플루는 '신종 인플루엔자 A'를 줄인 말로, A형 인플루엔자 바이러스가 변이를 일으켜 생겨난 새로운 바이러스를 가리킨다.

전문가들은 "신종플루가 급속히 확산되어 대유행할 가능성이 높다"고 경고했고, 결국 세계보건기구(WHO)는 2009년 6월에 인플루엔자 경보의 최고 단계인 '대유행' 경보를 내리기에 이른다. 신영수 세계보건기구(WHO) 서태평양 지역 사무처장은 2009년 8월 21일에 〈중앙일보〉 기자와 가진 인터뷰에서 다음과 같이 경고했다.

세계적으로 신종플루 환자 1000명당 1~4명이 사망할 것으로 보고 있다. 역학 전문가의 이론적인 추정에 따르면 한국에서도 전 국민의 20%인 1천만 명에게 발병해 그 중 0.1%인 1만 명이 사망하는 최악의 상황을 배제할 수 없다.

인구의 10분의 2가 신종플루에 걸리고 그 가운데 1천분의 1이 사망한다면 인구의 1만분의 2, 즉 인구 1만 명 가운데 2명이 신종플루로 숨진다는 얘기다. 전 세계 인구를 68억 명으로 잡으면 세계적으로는 136만 명이 신종플루로 죽는다는 얘기가 된다. 신 사무처장은 이런 경고를 하면서 신종플루 확산에 대한 대응을 정확하고 신속하게 해야 한다고 당부했다.

중증환자 발생을 줄이고 예방백신을 빨리 공급해 사망자를 최대한 줄이는 노력이 시급하다. 정부의 방역노력에만 의존해서는 안 된다. 정부와 의료계뿐 아니라 각 가정도 정확하고 신속하게 대응해야 한다.

신 사무처장의 이러한 발언은 신종플루의 위험성을 경고한 WHO의 공식 입장을 강조한 것이었다. 국내외에서 많은 의료 전문가들이 "신종플루를 지나치게 두려워해서도 안 되지만 너무 쉽게 여겨서도 안 된다"고 말했다. 일반인의 반응은 두 갈래를 오갔다. "신종플루는 독감보다 덜 심각한 질병"이라면서 가볍게 넘기다가도 사망자가 추가로 발생했다는 소식이 들리면 "대수롭지 않게 여겼다가 큰일 나겠다"며 몸을 사리곤 했다.

음모론도 떠돌았다. 제약회사들이 '병 주고 약 팔기'를 위해 신종플루 바이러스를 일부러 퍼뜨렸거나, 그러지는 않았다고 해도 신종플루의 위험을 과장했다는 것이었다. 제약회사들이 신종플루에 대한 공포감을 불러일으켜 WHO와 세계 각국의 보건당국으로 하여금 예방백신을 구하러 백방으로 뛰어다니게 만든 다음에 어느 정도 뜸을 들인 뒤 예방백신을 대규모로 출시할 작정이었다는 얘기다.

이런 음모론에 힘을 실어주는 종류의 뉴스도 보도됐다. 예를 들어 2009년 여름에는 "제약회사가 작가를 고용해 자사 약품의 효능을 부풀린 논문을 작성해 다수의 학술지에 게재되게 했다"는 뉴스가 보도됐다. 이 뉴스를 다룬 기사의 요지는 다음과 같다.

새로 드러난 법원 기록에 따르면, 와이어스라는 제약회사가 유령작가들에게 돈을 주고 여성용 호르몬 대체 치료제 사용을 뒷받침하는 과학논문 26

편을 쓰게 했다. 1998년부터 2005년 사이에 의료저널에 실린 이들 논문은 피부노화, 심장질환, 치매 등을 막기 위한 호르몬 투여 요법의 효과를 강조했고, 그 위험은 대수롭지 않게 평가했다. 이들 논문은 와이어스의 약품 프레마린과 프렘프로의 매출이 2001년에 20억 달러로 급증하는 데 도움이 됐다. 그러나 2002년에 연방정부가 조사해본 결과, 갱년기 여자에게는 이 호르몬 대체 요법이 유방암, 심장질환, 치매에 걸릴 위험을 높인다는 사실이 드러났다.

신종플루가 대유행할 위험에 대비해야 한다던 WHO가 마침내 한발 물러섰다. 마거릿 찬 WHO 사무총장은 2010년 1월에 열린 연례 집행위원회에서 기조연설을 하면서 "신종플루가 북반구에서 약화되고 있다"고 말했다.

WHO가 이처럼 경고의 수위를 하향조정한 것은 신종플루로 인한 사망자의 증가세가 눈에 띄게 꺾인 데 따른 것이었다. WHO는 신종플루로 인한 세계 전체의 사망자 수가 2009년 4월부터 2010년 1월 29일까지 1만 4711명이라고 집계했다. 한국에서는 신종플루로 인한 사망자가 2009년 8월 15일에 처음 나온 뒤 3개월 동안 100명을 넘기는 데 그쳤다. 2009년 12월 19일까지는 사망자가 170명을 기록했다.

결과적으로 신종플루의 위력은 4천만~5천만 명의 목숨을 앗아간 1918년의 스페인독감에 비교하면 미미하다고 해야 할 정도에 그쳤다. 200만 명의 사망자를 낸 1957년의 아시아독감이나 100만 명의 사망자를 낸 1968년의 홍콩독감에 비해서도 위력이 훨씬 약했다.

그러자 음모론이 다시 고개를 들었다. 이번에는 보다 구체적이고도 공식적으로 음모론이 제기됐다. 47개 유럽국가의 정부간 협력기구인 유럽회의 의원총회(PACE)가 나섰다. 대형 제약회사들이 일부러 신종플루에 대한 공포감을 불러일으키면서 조직적인 압력을 가해 WHO로 하여금 적극적인 예방 캠페인을 벌이게 했다고 주장했다. 2010년 1월에 PACE는 어떤 제약회사들이 WHO로 하여금 신종플루 대유행을 선언하고 예방 캠페인을 벌이게끔 영향력을 행사했는지를 가려내기 위해 긴급총회를 개최하겠다고 밝혔다.

PACE의 볼프강 보다르크 보건분과위원장은 "신종플루 대유행 소동은 제약회사들이 주도한 '허위의 대유행' 이자 세기적인 의학비리 가운데 하나"라고 말했다. 보다르크 위원장은 신종플루는 일반적인 종류의 독감일 뿐이고 사망률이 계절독감에 비해 10분의 1도 안 되는데도 불구하고 신종플루에 대한 공포심이 조장됐고, 대유행이 선언되면 대박을 거두리라고 예상한 제약업체들에 '황금의 기회' 를 제공했다고 주장했다. 그는 WHO 내부의 일부 인사들이 제약업계와 매우 긴밀한 관계를 맺고 있다고도 말했다.

그러나 WHO는 연례 집행위원회에서 신종플루 대유행 경고가 의료비 부담을 증가시키긴 했지만 그 덕분에 각국 정부가 적절한 조치를 취하면서 신종플루 위기를 잘 극복하게 됐다고 평가했다. 또한 WHO는 신종플루가 여전히 전염력을 갖고 있을 수 있으며, 남반구가 겨울에 접어들 때에 다시 한 번 유행할지도 모른다고 우려했다. WHO는 백신 구입을 축소하거나 취소하는 일부 국가들을 겨냥한 듯 신종플루 백신은 안전하고 효과적이며, 이 백신의 접종이 계속적으로 필요하다는 입장을 고수했다.

우리는 WHO가 공포심을 부추기고 과민반응을 유도했다고 비판할 수 있다. 그러나 다른 관점으로 보면, WHO는 최악의 상황을 상정하고 그런 상황에 이르지 않으려면 경각심을 갖고 기민하게 대응해야 한다는 점을 모두에게 주지시키는 역할을 했다고 평가할 수도 있다. WHO와 세계 각국의 보건당국이 신종플루에 신속하고 전면적으로 대응한 것처럼 과거에 스페인독감과 홍콩독감에 대응했다면 이 두 가지 바이러스로 인한 사망자가 훨씬 적었을지도 모른다. 또한 이번에 WHO와 세계 각국이 신종플루에 대해 별것 아니라며 팔짱을 끼고 있었다면 신종플루로 인한 사망자가 훨씬 더 많이 발생했을지도 모른다.

홍콩대학의 저널리즘—미디어 연구센터에서 공공보건 커뮤니케이션 프로그램을 이끌고 있는 토머스 에이브러햄은 "신종플루는 가벼운 질환이 아니었다"며 음모론을 반박했다. 에이브러햄은 2010년 1월 하순에 〈인터내셔널 헤럴드 트리뷴(IHT)〉에 기고한 글에서 "신종플루로 인한 사망자의 폐는 보통의 감기에 걸린 환자의 폐와 달리 그 조직이 완전히 파괴된다"고 설명했다. 그는 신종플루가 다시 창궐하게 될 가능성이 얼마든지 있고, 특히 가난한 나라는 아직 백신이 충분하게 공급되지 않아 위험하다고 지적했다.

부정적인 전망은 그걸 내놓는 사람의 입장에서는 전망에 따르는 책임의 부담이 덜한 측면이 있다. 그러나 부정적인 전망의 이점은 이것만이 아니다. 구체적인 대응방안을 제시하고 "이렇게 하지 않으면 그런 상황을 피하지 못 한다"고 경고하는 비관론이 무조건적인 낙관론보다 낫다. 결과를 알고도 피하지 못하는 드문 경우가 아닌 한 비관론은 자기부정적이어야 한다. 즉 비관론은 그 전망을 무위로 돌리는 실행방안을 담고 있어야 한다.

대응방안을 적시한 비관론과 '이렇게만 하면 전혀 걱정할 일이 없다'는 식의 구체적 행동지침을 포함한 낙관론 가운데 어느 쪽이 더 나은지는 사안별로 따져봐야 하지 싶다. 한 가지 가설을 제시한다면, 사안이 무거울수록 비관론 쪽에 서되 구체적이고 효과가 큰 처방을 내리는 게 바람직할 것 같다.

미래연구는 여전히 오리무중

미래학자 존 나이스비트는 여러 차례 한국을 찾았다. 그는 《메가트렌드》, 《메가 트렌드 아시아》, 《마인드 세트》 등의 책을 썼고, 수많은 강연과 인터뷰를 통해 미래가 어떤 모습일지에 대한 전망을 제시했다.

내가 그를 만난 것은 1996년 3월이었다. 그는 《메가트렌드 아시아》의 한글 판 발행에 맞춰 서울에 와 기자회견을 했다. 이 책에서 그는 아시아에서 일어나 고 있는 여덟 가지 변화로 민족국가 중심에서 네트워크 중심으로의 전환, 전통 에서 다양한 선택으로의 전환, 수출 주도에서 소비자 주도로의 전환, 정부 주도 에서 시장 주도로의 전환, 농촌에서 대도시로의 주거지역 전환, 노동집약 산업 에서 첨단기술 산업으로의 전환, 남성이 지배하는 사회에서 여성이 부상하는 사 회로의 전환, 서양 중심에서 동양 중심으로의 전환을 꼽았다.

나이스비트는 기자회견에서 "아시아는 21세기에 세계경제의 중심축으로 떠오르고, 아시아에서 일본의 중요성이 줄어드는 반면에 중국, 특히 화교 네트 워크의 영향력이 커질 것"이라고 내다봤다.

나이스비트는 당시에도 그랬지만 그 뒤에도 수많은 독자와 청중의 이목을 모았다. 그래서 언론매체들은 많은 지면과 시간을 그에게 할애했다. 그러나 당 시에 나는 나이스비트의 미래전망에 실망을 금하지 못했다. 나는 기자회견장에 서 마이크를 청해 들고 그에게 물었다.

"당신이 이 책에 적어놓은 전망은 대부분 발전과정에서 흔히 나타나는 현 상이고, 지금 이미 진행되고 있는 것들이다. 이런 내용은 중학교 사회 교과서에 도 나오는데, 왜 굳이 책을 썼는가?"

그는 이렇게 답변했다.

"당신은 교육을 많이 받아서 이 내용을 알고 있을지 모르지만, 그렇지 못한 독자가 많다."

《마인드 세트》에서 나이스비트는 미래의 문을 열어주는 마음가짐을 열거했다. 그가 가장 먼저 든 것은 '언제나 알아맞힐 필요는 없다' 는 마음가짐이다. 그는 "언제나 옳은 추측만 해야 한다는 강박관념에 시달리지 않는다면 무엇이든 상상하고 제안할 수 있다" 면서 자신이 1982년에 케이블TV가 성공하리라고 예상해 광고계의 비웃음을 샀던 일을 예로 들었다. 그는 '너무 앞서 나가면 안 된다' 는 말도 마음에 새겨 두어야 한다고 조언했다. 그는 인류가 달에 첫 발을 디딘 뒤로 많은 전문가가 달나라 부동산 투자와 화성 여행에 관한 예상을 내놓았던 것을 예로 들었다.

나는 그의 예측 하나하나가 얼마나 적중했는지를 따지는 것은 무의미하다고 본다. 그 이유는 잠시 후에 상술하기로 한다. 예측에는 조언을 포함한 예측도 있다. '이대로 가면 이런 결과가 예상되는데, 그렇게 되지 않게 하려면 이걸 바로잡아야 한다' 는 식의 예측이 그것이다.

나이스비트는 이런 예측의 측면에서는 통찰력을 보여주지 못했다. 그는 《메가트렌드 아시아》에서 한국 경제가 대기업에 지나치게 집중됐고, 다른 나라들에 비해 중소기업이 적다고 우려했다. 그는 미래에는 혁신적인 아이디어를 통해 시장상황에 신속하게 대처하는 능력이 기업의 경쟁력을 결정하는 요소가 될 것이라고 주장했다. 그러면서 그는 거대한 조직을 갖고 있는 대기업보다는 몸놀림이 재빠른 중소기업이 변화에 잘 적응해 두각을 나타낼 것이라고 내다봤다. 그는 또 한국은 일본을 본떠 경제를 키워왔는데, 일본 경제에 대기업이 도움이 되기보다 오히려 해가 되어 일본 경제가 침체에 빠진 사실을 반면교사로 삼아야 한다고 훈수를 뒀다.

당시의 상황에서는 나이스비트의 이런 훈수가 '모범답안'에서 그리 벗어나지 않는 것이었다. 한국 경제는 수많은 중소기업이 허리 역할을 하는 대만 경제를 본받아야 한다는 게 당시 많은 국내외 경제학자의 조언이었다. 그 가운데 국내 학자들은 부가 더 골고루 분배돼야 한다는 취지에서 그런 조언을 하는 경향이 있었다. 그런데 나이스비트는 대기업으로 경제력이 편중되는 것은 경제 성장을 저해하리라고 예상했다. 한국 경제는 그러나 그 뒤로도 대기업을 중심으로 해서 비약적으로 성장했다. 물론 대기업으로 경제력이 편중되는 문제는 여전하지만, 한국 경제의 성장에 대한 나이스비트의 우려는 기우였음이 드러났다.

한국 경제에서 대기업이 탈을 내기는 했다. 그러나 그건 중소기업을 키우지 못한 탓이 아니었다. 나이스비트가 방한한 지 3개월 뒤인 1996년 6월에 영국의 〈이코노미스트〉는 한국에 대한 특집기사에서 대기업 중심의 한국 경제가 갖고 있는 문제점을 진단했다. 전체 제목이 '박정희가 지은 집'인 이 특집기사 가운데 '프랑켄슈타인 경제'라는 꼭지를 간추려 소개하면 다음과 같다.

박정희는 대마불사라는 잘못된 믿음을 기업에 불어넣었다. 기업은 정부로부터 구제를 받는 데 익숙해졌다. 그래서 기업은 여전히 주도면밀한 준비를 하지 않은 채 마구 투자한다. 기업이 이렇게 내키는 대로 투자하는 것을 정부가 방치한다면 투자과잉이 한국 경제를 파탄으로 몰고 갈 것이다.
재벌과 관련해 가장 크게 걱정되는 것은 재벌이 한국 경제의 안정성을 위협하리라는 점이다. 재벌은 외부로부터의 충격에 약하다. 재벌의 부채상환 능력은 한 차례의 판매부진만으로도 급속도로 악화될 수 있다. 재벌의 파산은 은행시스템에 부실채권을 떠안겨 기업부문의 연쇄파산을 촉발하고 경제를 침체로 몰고 갈 것이다.

한국 정부는 그러나 재벌이 무사해야 거시경제의 안정을 유지할 수 있다는 생각에 연연해 오히려 재벌에 안전을 보장해주고 있다. 이런 암묵적인 안전보장은 재벌의 무모한 투자를 조장한다. 이에 따라 재벌은 점점 더 비대해지고, 재벌의 붕괴는 그 충격을 상상하기 힘든 악몽이 된다. 박정희는 어떤 관료도 다스릴 수 없는 괴물을 창조했다.

해법 가운데 하나는 금융시스템을 개혁하는 것이다. 정부가 기업의 투자위험을 감시하는 일을 금융회사에 넘기고, 폭주하는 재벌의 투자계획이 금융회사에 의해 걸러지게 하는 것이다. 그러나 이렇게 되기도 어렵다. 박정희가 금융회사를 너무 취약하게 만들어 놓아 금융회사는 그렇게 할 만한 역량을 갖추지 못했다. 결국 금융시스템 개혁을 포함한 재벌 개혁은 정부가 맡아야 한다.

영국 〈이코노미스트〉의 이 진단보다 우리나라에 더 많이 알려진 글이 있는데, 그것은 폴 크루그먼 미국 프린스턴대학 교수의 '요소투입에 의한 성장의 한계' 론이다. 크루그먼 교수는 1994년에 〈포린 어페어스〉 11~12월호에 기고한 '아시아 기적의 신화' 라는 글에서 "동아시아 신흥경제국의 급속한 경제발전은 효율향상 덕분이 아니라 자본과 인력 등 생산요소를 과다하게 투입했기 때문"이라고 주장했다. 그는 이런 방식의 성장은 "조만간 한계에 부딪히게 될 것"이라고 경고했다. 그는 요소투입에 의한 성장의 한계를 돌파하는 방안은 기술혁신밖에 없다는 훈수를 잊지 않았다.

한국이 외환위기를 겪게 되자 크루그먼에게 선견지명이 있었다고들 했다. 나는 동의하지 않았다. 한국이 크루그먼의 훈수를 받아들여 정부와 기업, 연구소가 힘을 합쳐 기술혁신에 박차를 가했다고 가정해보자. 그렇게 해서 한국 경제의 기술력이 향상됐다면 몇 년 뒤에 일어난 한보, 삼미, 기아 등 대기업의 연쇄부도와 금융기관의 부실화를 피할 수 있었을까? 이보다는 〈이코노미스트〉의 제안을 받아들이는 것이 더 나았을 것이다. 즉 대기업으로 하여금 투자를 자제하게 하고 부채의 규모를 줄이게 했다면 대기업의 부실이 문제를 일으켜 경제 전체에 충격을 주게 되는 상황을 방지할 수 있었을 것이다.

〈이코노미스트〉의 기사는 분석과 전망의 모범을 보여줬다. 무릇 전망은 방도를 포함해야 한다. 낙관적인 전망은 그런 결과에 이르는 길을 보여줘야 하고, 비관적인 전망은 그런 결과를 피할 수 있는 방안을 제시해야 한다. 그래야 참고가 된다. 〈이코노미스트〉는 "재무구조가 취약한 재벌이 벌이는 방만한 투자가 금융부실과 구조적인 경기침체를 야기할 수 있다"고 경고하면서 그런 결과를 피하는 방안도 제시했다.

〈이코노미스트〉가 딱 부러지게 한국 경제의 파국을 단언하지는 않았지만, 한국 경제에 대한 〈이코노미스트〉의 우려는 현실이 됐다. 예언이 적중한 것이다. 〈이코노미스트〉의 그 예언은 상당부분 조윤제 서강대 국제대학원 교수의 분석을 반영한 것이었다. 그때 조 교수는 조세연구원에 적을 두고 경제부총리 자문관으로 일하고 있었다. 당시에 경제정책 당국이 조 교수의 의견을 받아들여 위와 같은 〈이코노미스트〉의 예언이 현실화되는 것을 방지하기 위한 조치를 적극적으로 취했다면 가장 좋았을 것이다. 그랬다면 〈이코노미스트〉의 기사는 오보가 되고 말았을 것이다.

일반화해서 다시 말하면, 예언에는 그 내용에 따라 긍정적인 것과 부정적인 것이 있다. 부정적인 예언에 대해서는 당사자가 그 예언을 유념하고 다른 길을 선택해 부정적인 결과를 피하는 게 최상의 대응이다. 이렇게 하면 예언은 틀리게 된다. 긍정적인 예언에 대해서는 당사자가 그 길을 선택해 예언된 결과를 실제로 이루는 게 최상의 대응이다. 이렇게 하면 예언이 맞게 된다. 긍정적인 예언이 방도까지 제시했는데 당사자가 따르지 않아 그 예언이 이루어지지 않았다고 하자. 이 경우에는 예언이 틀리게 되지만, 그건 예언자의 잘못 때문이 아니다. 따라서 예언의 의미를 예언된 내용과 실제 결과의 일치에만 두는 것은 어리석은 태도다.

이렇게 볼 때 미국 스탠퍼드대학의 심리학자인 필립 테틀록의 연구는 황당하기 그지없다. 테틀록은 전문가의 예측이 터무니없이 틀리는 이유를 궁금해했다. 그는 전문가 284명의 예측 8만 2351건을 조사했다. 그는 결과에 이르는 경로를 빼고 예측만을 놓고 적중 여부를 따졌다. 예측의 정확도를 결정하는 요인이 무엇인지 알아내기 위해 학위를 갖고 있는지의 여부, 경제 전문가냐 정치 전문가냐, 정책결정 경험의 유무, 정보접근의 여부, 현실주의자인지의 여부, 정치 성향 같은 변수를 넣어 분석모델을 돌려봤다. 이들 변수는 예측의 정확성과 무관한 것으로 나타났다.

테틀록의 분석에 따르면 예측력을 가늠하는 데 가장 좋은 지표는 명성인 것으로 확인됐다. 그런데 이것은 예측력과 반대방향의 상관관계를 가진 지표였다. 테틀록은 명성이 높아 언론에 자주 등장하는 전문가일수록 그의 예측이 맞는 게 아니라 오히려 틀린다고 주장했다. 그는 그런 전문가들의 공통점을 추출해 보았다. 그 결과 미디어가 선호하는 전문가들은 자신감이 있고 단호한 태도를 갖고 있는 것으로 나타났다. 그들은 망설이지도 않지만 균형 잡힌 의견을 내지도 않는다는 것이다.

테틀록은 그런 태도를 갖고 있는 사람들을 고슴도치형이라고 불렀다. 반대로 사고방식이 유연하고 자세가 겸허하며 자신에 대해 비판적인 사람들은 여우형이라고 불렀다. 테틀록은《전문가의 정치적 판단(Expert Political Judgement)》에서 "고슴도치형과 여우형이라는 분류는 다른 그 어떤 특성분류보다 효과적이었다"고 주장했다.

내가 보기에 그는 고슴도치형과 여우형이라는 분류를 엉뚱한 데 갖다 붙였다. 이는 미래와 현재의 관계, 미래에 대해 조언하는 사람의 영향력, 미래를 만드는 주체의 능력에 대한 그의 이해가 전반적으로 얕기 때문일 것이다. 고슴도치형과 여우형이라는 분류가 이보다 더 어울리는 경우를 얼마든지 생각해볼 수 있다. 예를 들어 새로운 일을 도모하기를 잘 하는 사람들을 고슴도치형, 위험을 관리하는 일을 잘 하는 사람들을 여우형이라고 부르는 것은 어떨까?

어쨌든 테틀록식의 고슴도치형—여우형 분류는 "여우는 많은 것을 아는 반면에 고슴도치는 큰 것 하나를 안다"는 고대 그리스 시인 아르킬로코스의 말에서 유래한 것이다. 이 표현을 현대로 가져온 이는 영국의 역사가, 철학자, 정치사상가인 아이자이어 벌린이다. 벌린은 저술가와 사상가를 이 두 가지 유형으로 나눴다. 벌린은 톨스토이의 역사관을 분석한《고슴도치와 여우》에서 "고슴도치형 인간은 모든 것을 하나의 중심 비전 및 일관되고 명시적인 시스템과 연관시키고 그 비전과 시스템을 통해 이해하고 생각하고 느낀다"고 했다. 반면에 여우형 인간은 여러 가지 목표를 추구하는데 그 목표들은 서로 무관하거나 상충되기도 하며 도덕이나 미적인 원칙과 관련이 없다. 벌린은 단테를 고슴도치형으로, 셰익스피어를 여우형으로 분류했다. 또 플라톤, 파스칼, 헤겔, 도스토예프스키, 니체, 입센, 프루스트를 고슴도치형으로, 헤로도토스, 아리스토텔레스, 에라스무스, 괴테, 푸슈킨, 발자크, 조이스를 여우형으로 분류했다.

주가를 알아맞힐 수 있을까

"주가는 구체적으로 언급하는 게 아닙니다"

미국 경제가 5년째 호황을 이어가던 1996년 말에 빌 클린턴 당시 미국 대통령은 경제실적과 함께 상승하는 주가도 자랑하고 싶어 했다. 그러자 로버트 루빈 재무장관이 그에게 이렇게 진언한다. "경제지표가 호조를 지속하고 있는 건 충분히 자랑할 만합니다. 그러나 주가는 구체적으로 언급하는 게 아닙니다. 시장에서 주가는 오를 때도 있지만 내릴 때도 있는 겁니다."

이명박 대통령은 대선을 앞둔 2007년 12월에 "주가가 저평가된 것은 정권 때문"이라며 "정권이 교체되면 내년에 주가지수가 3000을 돌파하고 임기 안에 5000까지도 갈 수 있다"고 말했다. 당시 이명박 후보의 경제참모 가운데는 로버트 루빈처럼 진언한 사람이 없었나 보다. 이렇게 말이다. "경제지표는 충분히 목표로 삼을 만합니다. 그러나 주가는 구체적인 목표로 제시하는 게 아닙니다.

시장에서 주가는 오를 때도 있지만 내릴 때도 있는 겁니다.”

실물경제와 주가의 관계는 ‘산책하는 주인과 애완견’에 비유된다. 애완견이 주인보다 앞서 갈 수는 있다. 하지만 줄에 매여 있기 때문에 앞으로 더 가기 위해서는 주인이 따라와 주어야 한다. 실물경제가 개선되지 않는 상태에서 주가만 하염없이 오르기란 불가능하다. 실물경제와 괴리된 간격을 계속 넓혀 가는 거품 증시는 언젠가는 주저앉을 운명이라는 얘기다.

정부는 주가가 실물경제의 역량에 비해 지나치게 오르지 않도록 경계해야 한다. 이렇게 경계하기는커녕 오히려 주가가 펀더멘털에 비해 너무 높은 수준까지 오르게 만드는 정책은 위험하기 짝이 없다.

1989년에 정부가 실시한 대대적인 증시부양 대책은 결국 한국 증시에 깊은 골을 남겼고, 그 뒤로 반면교사의 사례가 됐다. 당시에 금융당국은 코스피 900선 붕괴에 대응해 “투자신탁회사에 무제한으로 주식매수 자금을 공급하겠다”며 증시부양 대책의 시행에 들어갔다. 그 대책은 한국은행이 시중은행에 2조 7천억 원을 특별융자로 지원해주고, 시중은행은 그 자금을 3대 투신사에 대출해주어 투신사들로 하여금 주식을 매수하게 한다는 내용이었다.

대책이 나오자 증시가 껑충 뛰어올랐다. 투신사들이 주식을 사들이는 동안에는 주가가 계속 치솟았다. 그러나 투신사들에게 지원된 실탄이 떨어지면서 주가는 다시 맥없이 주저앉았다. 투신사들의 주식매수 여력이 고갈되자 주가가 하염없이 미끄러져 1992년 8월에는 코스피 500선까지 무너졌다. 결국 투신 3사는 새로운 주인에게 넘어갔다. 국민투신은 현대그룹에, 한국투신은 동원그룹에, 대한투신은 하나금융그룹에 각각 인수됐다.

정책당국이 해야 할 역할은 실물경제가 안정적으로 성장하게 하는 것이다. 증시에 대해서는 주가가 내실을 다지며 꾸준히 오를 수 있는 바탕을 제공하는 것만으로 충분하다. 주가가 실물경제를 뒤늦게 따라오더라도 조바심 낼 필요가 없다. 애완견과 주인을 연결해주는 끈은 언제나 유효하기 때문이다.

정책당국은 주가를 목표로 삼아서도 안 되고, 주가를 전망해서도 안 된다. 주가를 전망해야 하고, 그렇게 하는 게 일인 곳은 따로 있다. 바로 증권사다. 주가지수나 개별 종목 주가에 대해 증권사가 내놓는 전망은 많은 투자자의 주요 관심사항이다. 언론매체에는 주요 증권사들의 주가지수 전망이 엇갈리고 있는데 과연 어느 것이 맞을지가 궁금하다는 식의 기사가 실리곤 한다. 어느 애널리스트가 족집게처럼 주가지수를 미리 맞혔다거나, 어느 증권사는 주가를 전망하는 데서 번번이 헛방만 날렸다는 식의 기사도 나온다.

주가는 신도 알지 못한다

주가예측은 신의 영역이라는 말이 있다. 투자자나 전문적인 증시분석가가 미래의 주가를 정확하게 맞힐 수 있을까? 매번 정확하게 맞히는 것은 누가 봐도 불가능할 게 뻔하다. 그렇다면 주가변동의 흐름을 반 발짝이라도 앞질러 예측해서 장기적으로 시장평균보다 높은 수익률을 올리는 일은 가능할까?

주가를 예측하는 것이 가능한가 하는 문제에 대한 연구는 1900년대로까지 거슬러 올라간다. 당시에 프랑스의 젊은 수학자인 루이 바슐리에(Louis Bachelier, 1870~1946)가 소르본대학에 〈투기이론〉이라는 제목의 수학 박사학위 논문을 제출했다. 바슐리에는 이 논문에서 주가의 움직임은 사전적으로는 물론이고 사후적으로도 설명이 되지 않는다고 분석했다. 주가에는 과거와 현재, 그리고 미래의 모든 변수가 반영되고, 인위적인 힘도 가해진다. 이처럼 파악되지도 않고 예상할 수도 없는 수많은 요인이 작용하는 가운데 주가가 움직이기 때문에 주가를 예측하는 것은 불가능하다고 그는 설명했다.

미국의 경제학자이자 사업가인 앨프레드 카울스(Alfred Cowles, 1891~ 1984)는 1930년대에 네 가지 방법으로 주가예측이 가능한지에 대한 경험적인 검증을 시도했다. 첫째 방법은 16개 투자정보서비스회사가 추천한 유망종목 7500개에 대한 투자의 성과를 분석하는 것이었다. 둘째 방법은 20개 대형 화재 보험회사의 4년간 주식매매 기록을 분석하는 것이었다. 셋째 방법은 1903년부 터 1929년까지 〈월스트리트 저널〉에 게재된 255편의 시장동향 예측 보고서에 따른 투자의 성과를 분석하는 것이었다. 넷째 방법은 투자정보를 다루는 24종 의 간행물에 실린 3300건의 투자 가이드에 따라 투자하는 경우를 분석하는 것이 었다.

이 네 가지 방법으로 투자를 한다고 했을 때 그 결과가 시장 전체의 수익률 보다 높을까? 16개 투자정보서비스회사가 추천한 유망종목에 대한 투자는 수익 률이 시장평균을 밑도는 것으로 나타났다. 20개 화재보험회사의 투자성과는 아 무렇게나 종목을 선정했을 경우에 비해 높지 않았다. 〈월스트리트 저널〉에 게 재된 시장동향 예측 보고서에 따른 투자는 투자금액을 19배로 불려주는 것으로 나타났다. 그러나 최초로 매입한 주식을 그대로 보유하고 있었다면 투자금액의 가치는 그 두 배인 38배가 됐을 것으로 분석됐다. 간행물에 실린 투자 가이드에 따른 투자의 성과도 그리 높지 않은 것으로 나타났다.

미국 스탠퍼드대학의 경제학과 통계학 교수인 홀부르크 워킹(Holbrook Working, 1895~1985)은 주가의 변화와 난수표 수의 변화가 어떻게 다른지를 비교해보았다. 난수표는 수가 배열되는 순서가 불규칙해서 어떤 수도 그 앞이 나 뒤의 수와 예상가능한 관계를 갖고 있지 않다. 워킹 교수는 주가의 변화를 나타내는 그래프와 난수표 수의 변화를 나타내는 그래프는 전혀 구별되지 않는다는 결론을 내렸다.

영국의 통계학자인 모리스 켄덜(Maurice Kendall, 1907~1983)은 시계열 데이터에 어떤 변화가 일어났을 때 그것이 장기적인 추세인지 단기적인 변동인지를 판정할 수 있는가를 연구과제로 삼았다. 예를 들자면 다음과 같은 물음에 대답하는 것이 가능한지를 그는 궁금해 한 셈이다. 2년째 계속된 이상난동은 세계적인 온난화 추세의 시작일까, 아니면 통상적으로 있을 수 있는 따뜻한 겨울이 우연히 연속된 것일까? 프로야구에서 지난해 우승팀이 올해 시즌 초에 3연패했다면 이것은 그 팀의 일시적 슬럼프를 말해주는 것일까, 아니면 그 팀의 침몰을 예고하는 것일까?

켄덜은 19개 기업의 주식, 소맥, 면화의 가격이 장기적으로 어떻게 변화하는지를 분석했다. 그 결과 시계열 가격 데이터의 변화는 사람들이 일반적으로 생각하는 것보다 훨씬 덜 체계적인 것으로 나타났다. 그래서 과거의 가격 데이터를 분석하다 보면 가격이 마치 방황하는 것처럼 보였다. 켄덜은 주가도 거의 완벽하게 방황하며, 따라서 과거의 주가 패턴이 미래의 주가 예측에 도움이 될 가능성은 거의 없다는 결론을 내렸다.

주가를 예측할 수 있느냐는 문제와 관련된 이론으로 효율적 시장 가설도 있다. 이것은 시장은 효율적이어서 현재의 주가에 모든 정보가 다 반영돼 있으며, 새로운 변수가 발생하면 그 즉시 주가가 그 변수를 반영해 변화한다는 가설이다. 이렇게 움직이는 시장에서는 주가의 추세, 즉 주가가 연속해서 어느 한 방향으로 움직이는 흐름을 발견하는 것이 불가능하다. 주가가 새로운 변수를 서서히 반영해야만 어떤 추세가 나타나는 것이지, 주가가 새로운 변수를 즉각 흡수한다면 추세라고 부를 만한 흐름이 나타날 수도 없고 설령 그런 게 있다고 하더라도 우리가 알아차릴 수가 없다.

　그러나 현실에서는 주가가 시차를 두고 변수를 반영한다. 또 많은 투자자의 관심을 끄는 변수는 주가에 과도한 영향을 미친다. 다시 말해 변수의 반영이 적정한 수준에서 멈추지 않으므로 변수가 주가를 적정한 수준보다 더 많이 끌어올리거나 밀어내리는 것이다. 실제의 주식투자에서 시장평균 수익률보다 높은 성과를 낸 사례가 많이 있다는 사실은 효율적 시장 가설에 대한 반증이다.

　효율적 시장 가설을 기각하게 하는 사례 하나를 소개한다. 2009년에 자본시장통합법에 통합된 증권거래법은 주주가 상장기업 주식을 10% 이상 취득하지 못하도록 오래전부터 규정해왔다. 주주가 그렇게 하려면 사전에 당국의 승인을 받아야 했다. 이것은 기업 소유주의 경영권을 보호하기 위한 장치였다. 정부는 1993년 7월에 상장주식 매수에 대한 이런 규제를 없애는 내용을 골자로 한 증권거래법 개정안을 입법예고했다. 그 취지는 경영권에 대한 지나친 보호막을 걷어내 경영권 시장이 활성화되게 한다는 것이었다.

　그러나 이 개정안은 국회를 통과하지 못했다. 적대적 인수합병(M&A)을 위협으로 받아들인 대주주들의 반대가 걸림돌이 된 것으로 풀이됐다. 적대적 M&A의 길이 열린 건 그로부터 상당한 시일이 흐른 뒤였다. 1997년 초에 '외국인투자 및 외자도입에 관한 법률(현 외국인투자촉진법)'에 따라 외국인의 국내 기업 M&A가 허용된 것이다. 이어 2001년에 증권투자회사법이 개정되어 사모펀드가 기업을 인수할 수 있는 길도 열렸다.

　언제나 변화에 민감한 증시는 이런 제도변화도 훨씬 앞질러 갔다. 1994년에 증시를 움직인 '테마' 가운데 가장 영향력이 컸던 것이 M&A다. 테마주 가운데 M&A 관련주가 가장 많이 올랐다. M&A 관련법의 개정이 논의되는 와중에 국내 증시 사상 첫 적대적 M&A가 이뤄졌다. 한솔제지가 동해종금을 공개매수한 것이었다.

　이로 인해 적대적 M&A에 대한 경계심이 고조됐다. 상장회사들은 경영권 안정을 위해 자사주 매입을 늘렸고, 이런 움직임을 보게 된 투자자들은 경영권 공방이 일어날 공산이 큰 기업의 주식을 앞 다투어 사들였다. 그 과정에서 우선주 투매가 일어났다. 우선주는 보통주와 달리 의결권이 없는 대신에 배당을 더 받을 수 있는 주식이다. 경영권 문제에 대한 관심이 고조되면서 보통주에는 매수세가 몰리게 된 반면에 우선주의 경우에는 매도가 봇물을 이루었다.

　우선주는 1994년 8월 말과 9월 초 사이에 폭락했다. 그 전에는 우선주가 보통주보다 10~20% 낮은 가격에 거래됐다. 그러나 이때의 우선주 주가 폭락 이후에는 보통주와 우선주의 가격차이가 평균 32%로 벌어졌다. 이 해 11월에 다시 한 번 투매가 일어나 가격차이가 42%로 더 확대됐다. 대형 우량주 중에서도 우선주 주가가 보통주 주가의 30~40%로 떨어지는 주식도 나타났다.

　1995년에 국민투신의 최남철 펀드매니저는 연수를 마치고 펀드운용 업무에 복귀했다. 그런데 하필 그가 맡은 펀드는 1990년에 설정된 이후의 누적수익률이 투신업계에서 꼴찌였다. 그 5년 동안의 부진을 단기간에 만회하기란 불가능해 보였다. 그는 사무실에서 밤을 꼬박 새우며 궁리에 궁리를 거듭했지만 뾰족한 수가 보이지 않았다. 그는 주말에도 사무실에 나와 자료를 살펴보았다. 그러던 그의 눈에 보통주와 우선주의 가격 괴리율을 정리해 놓은 증권사 보고서가 보였다. 우선주 가격이 보통주의 60%대에 머물고 있었다.

　정부가 증권거래법상 M&A에 대한 규제를 풀 계획이라고 했지만, 그 밖의 다른 규제들로 인해 M&A가 실제로 이루어지기는 당분간 거의 불가능한 상황이었다. 그는 이런 생각을 바탕으로 의결권의 가치가 시장에서 너무 높게 평가되고 우선주는 너무 낮게 평가되고 있다고 판단했다. 그는 4월부터 우선주를 사들이기 시작했다.

6월이 됐지만 우선주는 몇 차례 꿈틀했을 뿐 오름세를 보이지는 않았다. 우선주는 4월 말에 잠시 활기를 띠었지만, 이에 대해서는 "주가상승 국면에서 나타나는 일시적인 순환매의 영향에 따른 결과"라는 풀이가 "보통주와의 가격격차가 워낙 크기 때문에 상승의 여지가 있다"는 관점을 눌러버렸다. 그는 사직서를 써서 책상서랍에 넣어두었다.

그런데 적정수준보다 더 많이 떨어졌던 우선주 주가가 반등하기 시작했다. 보통주와의 주가 괴리율이 7월에 평균 43%로 바닥을 치고 나서부터는 우선주가 인기주식으로 바뀌었다. 우선주 열풍이 불어 3개월 가까이 증시를 달궜다. 주가 괴리율은 연말에 34%로 좁혀졌다.

최 펀드매니저가 사들인 우선주의 주가 괴리율은 20% 이하가 됐다. 그는 우선주 비중을 줄이고 보통주를 펀드에 채워 넣었다. 설정 이후 5년간 최하위에 머물렀던 그의 펀드는 이제 업계 최고수준으로 올라섰다. 그는 시장이 한 가지 정보에 너무 민감하게 반응한 나머지 주가가 적정수준에서 크게 벗어난 상태를 포착해 치고 들어감으로써 큰 성공을 거둔 것이다. 그는 시장이 효율적이라는 가설을 보기 좋게 깬 셈이다.

효율적 시장 가설은 이처럼 주가가 적정한 수준에서 벗어났다가 그 수준으로 복귀한 많은 사례에 의해 기각된다. 하지만 주가의 적정수준 복귀는 사후적으로만 관찰되고 분석된다. 효율적 시장 가설과 상충하는 사례가 많다는 사실이 '주가를 예측하는 것은 가능하다'는 가설을 뒷받침해주는 것은 아니다.

주가는 실물경제에 묶여 있기는 하지만 반드시 실물경제와 나란히 가지는 않는다는 명제로 돌아가, 이 명제를 토대로 주가를 예측하는 것이 가능하지 않음을 확인해보기로 하겠다. 우선 실물경제를 살펴보자. 실물경제를 좌우하는 변수에는 경제주체가 통제할 수 있는 내생변수와 도통 말을 듣지 않는 외생변수가 있다. 정부지출과 통화정책은 내생변수이고, 해외경제와 유가는 외생변수다. 어느 한 경제와 다른 경제를 연결하는 매개변수인 환율은 제어할 수 있는 내생변수인 경우도 있긴 하지만, 대개는 종잡을 수 없는 외생변수다. 내생변수를 제어해서 뜻한 대로 효과를 내더라도 실물경제가 목표에 이르지 못하는 경우가 일반적이다. 수많은 외생변수가 작용하기 때문이다.

결론적으로 말하면, 정부가 경제운용의 방향을 바꾸고 경기의 진폭을 조절하는 정도로 개입하는 것은 가능하지만 그렇게 해서 항상 의도한 결과를 얻을 수는 없다. 실물경제는 통제하기가 사실상 불가능한데다가 예측할 수 있는 영역의 바깥에 있으며, 실물경제와 달리 움직일 여지도 어느 정도 갖고 있는 증시를 통제하거나 예측한다는 것은 더욱 불가능하다.

실물경제 외에 증시에 영향을 미치는 요인으로 심리, 투자자들 사이의 상호작용, 전망이 결과에 미치는 영향 등도 있다. 심리는 '주인과 개 사이의 거리'를 좌우하는, 다시 말해 주가가 실물경제에 비해 훨씬 더 많이 오른 오버슈팅 상태가 될지, 지나치게 떨어진 저평가 상태가 될지, 이도저도 아니고 적정한 상태가 될지를 좌우하는 중요한 변수다. 그리고 심리 자체도 여러 가지 요인에 의해 좌우되며, 증시 전문가들의 전망도 그러한 요인 가운데 하나다. 전망이 전망의 주체와 대상에 영향을 주는 것이다.

대다수의 증권사들이 어느 한 방향만을 가리키는데도 증시가 일정한 기간이나마 그 방향으로 가지 않는 경우는 매우 드물다. 증권사들이 반반으로 나뉘어 주가에 대해 상반된 전망을 내놓는 경우에는 두 무리의 증권사들이 선거에서 한 자리를 놓고 각축전을 벌이는 두 후보와 비슷한 처지가 된다. 더 많은 투자자로 하여금 자신의 전망을 받아들여 따르게 하는 데 성공하는 무리에 속한 증권사가 더 많은 돈을 움직인다. 그리고 주가는 그런 무리의 증권사들이 내놓는 전망에 더 가깝게 움직인다. 다른 모든 변수의 영향력은 다 걷어내고 전망의 영향만 고려하면 그렇다는 말이다.

케인스의 미인대회 비유는 투자자들 사이의 상호작용을 이해하는 데 참고가 된다. 투자자는 늘 다른 사람들의 견해를 궁금해 한다. 패턴이 패턴을 낳고 추세가 추세를 낳는 증시에서는 전체적인 흐름이 어떻게 변하는지를 아는 게 중요하기 때문이다. 그래서 증시에서 큰 수익을 내는 방법 가운데 하나는 자신이 '미인'이라고 여기는 주식이 아니라 다른 많은 사람이 '미인'이라고 여길 만한 주식을 사는 것이다.

전설적인 투자자 피터 린치조차 이렇게 고백하지 않았던가. "증시는 아무도 모른다." 그는 이렇게도 말했다. "1987년 여름에 나는 누구한테도, 나 자신한테도 임박한 주가폭락을 경고하지 못했다. 나뿐만 아니라 다른 전문가들도 그것을 전혀 예상하지 못했다." 그는 또 "누구도 내게 1973~74년의 주식시장 침체를 미리 경고해주지 않았다"고 말했다.

그는 주식에 관한 한 이미 늦어진 다음이 되기 전에는 그 무엇도 뚜렷하게 드러나지 않는다고 말한다. 일이 벌어진 뒤에 "내가 예상한 대로…"라고 말하는 사람들이 나오기도 하지만, 누구든 그렇게 정확한 예측을 두 번만 연달아 할 수 있다면 백만장자가 될 수 있다.

"미국에서 경제를 연구하는 사람들 대부분이 급여를 받는 직장에 근무하고 있다는 사실은 경제예측이라는 것에 대해 무언가를 알려준다"는 말이 있다. 정확한 예측을 하기란 불가능함을 그러한 현실이 증명해준다는 말이다. 이 말이 옳음은 증시에서 가장 잘 확인된다. 수많은 사람들이 증권 관련 회사에 소속된 신분으로 증시를 분석하고 투자업무를 수행하면서 급여를 받아 생계를 유지한다는 사실은 주가예측이라는 것에 대해 무언가를 알려준다.

　　이런저런 사실들을 종합적으로 고려해보면 결국 주가를 예상하는 것은 무망한 일이라는 결론을 내릴 수 있다. 게다가 증권회사의 투자 관련 보고서는 긍정적인 쪽으로 강하게 편향된다. 그래서 보고서의 전망이 틀릴 확률이 더 높아진다. 증권회사 애널리스트는 자기가 소속한 증권회사의 이익을 대변할 수밖에 없다. 분석력과 판단력이 뛰어난 애널리스트도 자신이 담당하고 있는 상장회사의 약점을 드러내기보다는 그 회사의 주식이 활발하게 매매되게 하는 방향으로 보고서를 쓰게 된다. 증권회사에서 내는 보고서를 보면 매도를 추천하는 내용의 보고서는 아주 드물고, 거기에 제시되는 목표주가는 언제나 실제 주가보다 큰 폭으로 더 높은 수준에서 맴도는 것도 이 때문이다.

우리를 뒤흔드는 편향

그해 10월은 잔인한 달이었다. 단 하루에 다우존스 산업평균지수에서 508포인트(22.6%)가 날아갔다. 이름 하여 블랙 먼데이. 1987년 10월 19일이었다. 이런 사태를 이미 오래전에 예견한 이가 있었으니, 바로 소설가 마크 트웨인이다. 트웨인이 말하길 "주식투자하는 데 유난히 위험한 달 가운데 하나가 10월"이라고 했다. 그는 이어서 이렇게 말한다. "위험한 다른 달은 7월, 1월, 9월, 4월, 11월, 5월, 3월, 6월, 12월, 8월, 그리고 마지막으로 2월이다."

　　마크 트웨인의 말처럼 주식투자는 언제나 위험으로 가득 찬 게임이다. 초보자에게나 수십 년 투자한 전문가에게나 마찬가지다. 위험하다는 건 주가의 방향은 누구도 예측하지 못하며, 자칫하면 돈을 날릴 함정이 도처에 도사리고 있다는 뜻이다. 함정은 증시의 도처에 있는 게 아니라 투자자의 마음속 도처에 있다.

　행태경제이론은 경제주체가 보이는 합리적이지 않은 행동을 연구한다. 투자자의 마음속 도처에 자리 잡은 함정은 행태경제이론의 주요 연구분야 가운데 하나다. 행태경제이론은 인지심리학의 연구를 원용하며, 투자와 관련해서는 편향이 끼치는 영향을 분석한다. 투자자의 편향은 주가를 합리적으로 예측되는 영역의 바깥으로 오르게 하거나 내리게 하는 동시에 개별 투자자를 손실로 이끈다.

　앵커링(anchoring)은 불확실한 상황에서 아무 관계도 없는 입력값에 얽매이는 편향을 뜻한다. 프랑스 소시에테제네랄 은행의 투자전략가인 제임스 몬티어가 2006년에 펀드매니저 300명에게 낸 문제를 소개한다.

1. 당신의 전화번호 중 마지막 네 자리 숫자를 써라.
2. 런던의 내과의사 수가 1번 문항의 답으로 쓴 숫자보다 많겠는가 적겠는가?
3. 런던의 내과의사 수를 추측해보라.

　자신의 전화번호가 7000을 넘는 펀드매니저들이 추측한 런던의 내과의사 수는 평균으로 8000을 넘었고, 자신의 전화번호가 3000 미만인 펀드매니저들의 경우에는 평균이 약 4000이었다. 이것은 무엇을 말해주는가? 펀드매니저들이 런던의 내과의사 수를 추측할 때 자신의 전화번호 숫자에 얽매인 것이다.

　자기과신도 편향 가운데 하나다. 사람들은 정보가 많이 주어지면 자기과신에 빠지기 쉽다. 경마장에서 한 경마팬에게 말에 대한 정보를 조금씩 늘려 제공하면서 우승마를 예측해보게 하는 실험을 했다. 그리고 그때마다 자신의 예측에 대해 얼마나 자신감을 갖고 있는지도 밝히게 했다. 정보의 양이 늘어날수록 예측의 정확도는 떨어졌다. 그런데도 자신감은 점점 커졌다.

자기과신은 지식 환상과 통제력 환상으로 나뉜다. 사람들은 정보가 많이 주어지면 더 잘 판단할 수 있으리라고 여기는 지식 환상에 사로잡히기 쉽다. 나아가 자신이 어떤 사건의 결과에 영향을 미칠 수 있겠다고 생각하는 통제력 환상에 빠지기도 한다.

주식투자의 방식을 온라인으로 바꿔 홈 트레이딩 시스템(HTS)을 통해 매매하게 된 투자자 가운데 상당수가 이전보다 수익률이 낮아진다고 한다. 이는 HTS를 활용하게 되면 이전보다 자주, 그리고 더 투기적으로 거래하게 되기 때문으로 분석됐다. 이러한 거래행태의 변화는 HTS를 통해 전달되는 많은 정보가 투자자로 하여금 자기과신을 하게 만든 결과다.

핫 핸드(Hot Hand) 편향이라는 말이 있다. 증권시장에서 최근에 연속해 높은 수익률을 올린 펀드매니저가 앞으로도 좋은 성과를 거두리라고 투자자들이 기대하는 현상을 가리킬 때 이 말을 쓴다. 미국에서 이루어진 분석의 결과를 보면, 펀드의 수익률이 좋은 분기가 연속되는 횟수가 늘어날수록 그 펀드에 더 많은 돈이 유입됐다. 물론 그 반대의 경우에는 해당 펀드에서 돈이 더 많이 유출됐다. 하지만 연구진이 실적이 연속해서 좋은 펀드에 돈을 넣고 실적이 연속해서 좋지 않은 펀드는 해지하는 방식으로 거래를 계속하는 경우의 수익률을 분석해 본 결과는 연구진이 고안한 다른 펀드 선택법에 비해 부진했다.

이용재 씨가 《주식시장을 움직이는 탐욕과 공포의 게임》에서 밝힌 바에 따르면, 한국의 펀드를 대상으로 조사해본 결과도 과거에 수익률이 높았던 펀드가 미래에도 수익률이 좋다는 보장은 없는 것으로 나타났다. 그는 2004년 3분기부터 분기별 수익률이 가장 좋은 펀드를 1년간 보유했을 경우의 수익률을 다른 편

드들의 평균 수익률과 비교했다. 이런 방식으로 분기별 '대표 펀드'들이 1년 동안 거둔 성적을 평균 수익률과 비교해본 결과, 분기별 1등인 펀드가 그 뒤 1년 동안에 평균보다 나은 성과를 거둔 경우는 50%에 머물렀다.

군집행동은 개인투자자는 물론이고 드물지 않게 증시 전체도 벼랑으로 몰고 갈 수 있는 위험한 편향이다. 사람들은 군집행동을 하는 대표적인 동물로 양을 든다. 양은 무리 가운데 어느 한 마리가 울면 모두 따라 울고, 무리를 지어 이동하다가 앞에 가는 양이 무언가 장애물이 있는 듯 펄쩍 뛰면 뒤를 따라가는 양도 바로 그 자리에서 펄쩍 뛴다. 사람도 여럿이 모이면 양떼와 다름없는 행동을 보인다.

마라톤 대회에 나가 보면 마라톤이 시작되기 전에 참가자들이 저마다 몸풀기에 열심이다. 스트레칭을 하면서 가볍게 달리며 몸을 예열한다. 스트레칭을 하다 보면 내가 하는 동작을 다른 사람들이 따라하는 걸 보게 된다. 또 내가 스트레칭을 마친 뒤라도 다른 사람이 어떤 스트레칭 동작을 열심히 하는 걸 보게 되면 어느새 그 동작을 따라 하는 나 자신을 발견하게 된다. 사람들이 실제로 이런 행태를 보이는지는 집 근처 공원에서 운동할 때도 쉽게 실험해볼 수 있다.

증시에서는 탐욕과 공포가 군집행동을 일으킨다. 탐욕은 버블로 이어지고, 공포는 주가를 지나치게 낮은 수준으로 끌어내린다. 희한하게도 인류는 그동안 수많은 버블을 경험했건만 새로운 버블이 일어나면 이번엔 과거의 버블과 다르다면서 앞 다퉈 그 버블에 올라탄다. 증시에서 가장 큰 대가를 치르게 한 문장으로 가장 짧은 것이 '이번엔 다르다'라고 하지 않았던가. 군중은 공포에서도 쉽사리 벗어나지 못한다. 증시가 공포에 사로잡혀 있을 때 떠올려야 할 말은 '이번에도 다르지 않다'가 아닐는지.

캐나다 출신의 투자가인 데이비드 드레먼은 《주식투자는 심리전쟁》에서 군집행동이 집단광기로 치달았다가 미망으로 끝난 역사적 사례를 늘어놓았다. 왜 인간은 한두 번도 아니고 수십 차례나 양상만 조금씩 다를 뿐 사실상 똑같은 오류를 반복해서 저지르는 걸까? 드레먼은 "인간은 과거의 지혜보다 그때그때의 기분에 의해 크게 영향을 받을 뿐이며, 이러한 인간이 집단을 이루면 특이한 집단사고와 군중심리를 드러낸다"는 프랑스의 심리학자 귀스타브 르봉(Gustav Le Bon, 1841~1931)의 말을 인용했다.

르봉은 집단사고와 군중심리의 속성을 정서의 격화, 지성의 억제, 이성적 사고와 판단의 결여, 복종하려는 강력한 욕구, 조작적 통제에 대한 순종 등으로 파악했다. 히틀러와 무솔리니는 그의 책《군중심리》를 연구해 군중을 동원하는 선전선동에 활용했다.

사정이 이렇다 보니 증시라는 카지노에서는 누구도 장기간 일관되게 시장을 능가하는 수익률을 내지 못한다. 만약 그렇게 수익률을 내는 사람이 있고 그가 더 많은 돈을 갖게 되는 것을 싫어하지 않는다면 그는, 앞에서 말한 피터 린치의 논리를 적용하면, 증시에 유입되는 돈을 점점 더 빠른 속도로 흡수하는 블랙홀이 될 것이다. 그런데 그런 사람은 세계의 증시 역사상 나타난 적이 없다. 따라서 장기간 일관되게 시장을 능가하기란 불가능하다는 결론을 잠정적으로 내릴 수 있다. 내가 보기에는 앞으로도 그런 사람이 나타나기란 가능하지 않다.

독자 가운데 "워런 버핏이나 피터 린치, 짐 로저스처럼 혁혁한 실적을 장기에 걸쳐 올린 투자가가 있지 않은가?" 하고 반문할 분이 있을 것 같다. 나는 그들이 정말로 뛰어난 투자자임은 분명하지만, 그들의 실력을 엄밀하게 평가하기 위해서는 투자기간을 훨씬 길게 잡고 봐야 한다고 생각한다. 솔직히 말하면 나는 그들 또한 실패의 위험에 늘 노출돼 있고, 언제 시장을 밑도는 수익률을 이어갈지 모른다고 본다.

개별 투자가의 사례로 들어가기 전에, 뛰어난 투자자가 배출되는 현상을 이해하는 데 도움이 되는 가상적인 게임을 하나 살펴보자. 우리나라 인구가 5000만 명이라고 하고, 전 국민이 모두 동전을 던지는 방식으로 내기를 벌인다고 하자. 처음에 한 사람당 1000원씩을 가지고 내기를 시작한다. 내기는 하루에 한 차례 벌어진다. 내기에 진 사람은 이긴 사람에게 갖고 있던 돈을 다 건네고 게임에서 빠진다.

열흘에 걸쳐 내기가 열 번 진행되면 4만 9000명 정도가 남는다. 이들은 한 사람당 102만 4000원을 쥐고 있게 된다. 같은 방식의 토너먼트를 열흘 더 치르면 남는 사람은 50명이 채 안 된다. 이들이 손에 쥐게 되는 돈은 한 사람당 10억 4857만 6000원으로 불어난다.

주식투자는 물론 이 게임과 많이 다르다. 하지만 이 게임은 주식투자를 하는 사람들이 많아지고 그 사람들이 더 많은 돈을 증시에 집어넣을수록 엄청난 수익률을 올리는 소수의 투자자가 생겨날 가능성이 커진다는 점을 잘 보여준다. 전설을 남긴 투자가는 결국 이러한 동전 던지기 게임에서 실패한 적보다 이긴 적이 훨씬 많은 사람들이 아닐까? 탁월한 실적을 올린 펀드매니저 가운데 피터 린치가 있다. 그가 엄청난 수익률을 기록하고 월가를 떠난 건 계속해서 그런 실적을 내기란 불가능함을 알 만큼 현명했기 때문이 아니었을까?

워런 버핏은 투자보다는 IR의 대가

장기간 시장평균보다 높은 수익률을 기록한 투자가로 워런 버핏이 흔히 거론된다. 버핏은 1965년에 방직회사였던 버크셔해서웨이를 인수한 뒤 기업인수와 투자를 통해 이 회사의 기업가치를 빠른 속도로 키웠다. 버크셔해서웨이의 자산 가치는 2008년까지 연평균 20.3%로 증가했다. 같은 기간에 스탠더드앤드푸어스(S&P) 500이 기록한 8.9%보다 11.4%포인트 높았다. S&P 500을 시장평균으로 볼 때 시장평균 수익률보다 30%포인트 이상 앞지른 해도 여러 번 있었다.

연평균 20%의 성장률이라면 감이 바로 오지 않는다. 이런 성장률이면 몸집이 두 배가 되는 데 4년이 채 걸리지 않는다. 13년이 지나면 10배가 넘게 된다. 44년 동안 이런 비율로 성장한 결과 버크셔해서웨이의 기업가치는 3048배로 불어났다.

버크셔해서웨이의 자산가치 상승률이 S&P 500을 밑돈 해는 불과 다섯 번밖에 없다. 그 가운데 한 해가 닷컴이 이상과열 현상을 보인 1999년이다. 이 해에 버크셔해서웨이는 근근이 자산가치를 유지하는 데 그친 반면에 S&P 500은 21% 올랐다. 워런 버핏이 당시에 잘 나가던 기술주나 닷컴주로 갈아타지 않은 결과였다. 버핏이 투자대상으로 고집한 전통적인 제조업 주식에는 '굴뚝주'라는 이름이 붙여졌다. 한물갔다는 뉘앙스의 호칭이었다. 그러나 버핏은 아랑곳하지 않았다. 인터넷 주식의 거품은 결국 터지고 만다고 그는 생각했다. 거품이 걷히자 버핏과 버크셔해서웨이는 명성을 되찾았다.

워런 버핏은 기업가치에 비해 주가가 낮은 주식을 사서 장기보유하는 원칙을 지킨다. 이 투자원칙은 그가 컬럼비아대학 경영대학원에 다닐 때 벤저민 그레이엄 교수의 강의에서 배운 것이다. 그는 한번 주식을 사들이면 오래 갖고 있어야 한다는 뜻으로 "10년 이상 보유하지 않을 생각이라면 단 10분도 보유하지 말라"고 강조한다.

버핏은 스스로 돈을 벌어 세계 최고의 갑부가 될 정도로 대단한 성공을 거뒀다. 하지만 주식투자자들을 위해 분명히 해둬야 할 대목이 있다. 버핏이 축적한 부는 대부분 주식에 투자해서 얻은 성과라기보다는 주식투자자를 끌어 모아서 얻은 성과였다.

이 점을 이해하려면 먼저 버크셔해서웨이라는 회사의 성격을 파악해야 한다. 버크셔해서웨이는 일반적으로 투자회사로 알려져 있지만, 사실은 그렇지 않다. 버크셔해서웨이는 포스코 같은 우량주에 투자를 하긴 하지만 이렇게 투자되는 부분은 이 회사의 자산 가운데 일부에 불과하다. 버크셔해서웨이의 2008년도 사업보고서를 보면 2674억 달러에 이르는 자산 가운데 투자주식은 491억 달러로 18% 남짓만을 차지했다. 이 비율은 2000년 무렵에는 30%였다. 버크셔해서웨이가 2010년 2월에 자사의 역사상 가장 큰 돈을 들여 철도회사인 벌링턴노던샌타페이를 인수했으니 투자주식 비율은 아마도 더 낮아졌을 것이다.

투자주식을 뺀 나머지는 대부분 비상장 기업이다. 버크셔해서웨이는 사업보고서에 보험업종과 비보험업종으로 구분해 자회사를 77개나 열거했다. 버크셔해서웨이는 이들 자회사의 주식을 대부분 100% 보유하고 있다. 이에 대해 《워런 버핏이 선택한 CEO들》이라는 책은 "버핏은 초기에는 보험회사를 운영하면서 보험금 지급에 필요한 유동성을 확보하기 위해 상장 대기업 주식에 투자했지만, 회사가 성장해 유동성이 풍부해지자 기업을 직접 사들이는 쪽으로 선회했다"고 풀이했다.

다음으로 워런 버핏이 투자와 관련해 벌이는 행보에 주목해야 한다. 그는 매년 축제처럼 여는 주주총회를 비롯해 다양한 흥행거리를 만들어내 언론을 끌어들인다. 이런 행사에서 기자회견을 할 때마다 그의 탁자에는 체리 코카콜라가 놓인다. 건강과 젊음의 비결을 묻는 질문에는 "코카콜라 덕분"이라고 대답하곤 한다. 그가 코카콜라를 좋아한다는 이유만으로 그러는 것이라고 믿는 사람은 거의 없다. 버크셔해서웨이는 코카콜라의 지분 8.6%를 보유하고 있다. 버핏은 이처럼 기회가 있을 때마다 코카콜라의 투자자관리(IR)를 대신 해준다. 아니, 코카콜라의 이익은 곧바로 버크셔해서웨이의 이익이 되는 것이니 사실은 자기 회사의 IR를 하는 셈이다.

그는 자신이 투자한 회사와 관련해 필요한 일은 마다하지 않는다. 이런 그의 태도는 그의 명성에 기대어 IR를 하고자 하는 기업에게 더없이 고마운 것이다. 2010년 1월에는 정준양 포스코 회장이 버크셔해서웨이의 본사가 자리 잡고 있는 오마하를 찾아갔다. 버핏은 예상대로 투자대상 기업으로서 포스코가 갖고 있는 장점을 거듭 강조했다.

"포스코는 세계 최고의 철강회사다. 포스코를 좀 더 일찍 찾아냈더라면 더 많이 투자했을 텐데 아쉽다."

"결혼은 배우자가 될 사람의 있는 그대로가 마음에 들어서 하는 것이다. 포스코의 모든 부분이 만족스럽기 때문에 포스코 주식을 샀다."

버크셔해서웨이는 포스코의 지분 4.5%를 보유하고 있다. 평가금액 기준으로 포스코 주식은 버크셔해서웨이의 투자주식 가운데 11번째 종목이다.

포스코 주가가 부진한 상황에서 면담 요청을 받았다면 버핏이 정 회장을 만났을까? 버크셔해서웨이가 포스코 주식을 사들인 뒤로 포스코 주가가 큰 폭으로 뛰었기 때문에 그가 '중인환시리(衆人環視裡)'에 이벤트를 연 것이었다고 해석한다면 억측일까?

버핏은 버프셔해서웨이 산하의 비상장기업을 홍보하는 데도 열심이다. 2007년 10월 25일에 처음으로 한국을 방문한 그는 버크셔해서웨이의 손자회사인 텅스텐 절삭공구 제조업체 대구텍에 들렀다. 거기서 그는 "대구텍은 장기투자 대상으로 훌륭한 기업", "대구텍을 파느니 차라리 내 가족을 팔겠다"고 말하면서 이 기업에 대한 애착을 표현했다. 버핏은 이날에도 체리 코카콜라를 마시면서 예의 '건강음료 콜라론'을 폈다.

버핏은 정말로 머리가 좋은 사람이다. 주식과 기업으로 구성된 포트폴리오를 다양하고 건실하게 갖춰 놓고 관련 회사의 강점을 부각시키는 IR 활동을 통해 버크셔해서웨이의 주가를 계속 높게 유지하고 있다.

버크셔해서웨이의 주가수익비율(PER)은 2009년 7월에 52선이었다. S&P 500에 편입된 종목들의 PER 장기평균치가 15인 데 비하면 매우 높은 수준이다. PER이 높다고 해도 성장성이 뛰어나다면 주가가 너무 고평가됐다고 할 수 없다.

예를 들어 이익을 해마다 50%씩 늘리는 기업이 있다면 그 기업의 이익은 3년 만에 3.4배가 된다. 현재의 주가와 올해의 이익을 가지고 계산한 PER이 52라고 하자. 그러면 현재의 주가를 3년 뒤의 이익으로 나누면 15를 조금 넘는 수준의 답이 나온다. PER가 지금은 매우 높은 수준이지만, 급성장하는 기업의 향후 가치를 적용한다면 평균 수준이 되는 것이다.

이제는 버크셔해서웨이의 성장성을 들여다볼 차례다. 버크셔해서웨이의 주당순이익은 2004년의 4753달러에서 2006년에는 7144달러로 증가했다. 이 기간의 연평균 순이익 성장률은 약 22%다. 같은 기간에 S&P 500 기업들의 주당순이익 성장률은 15% 수준이었다. 버크셔해서웨이가 시장평균보다 빠른 성장세를 보인 셈이지만, 이런 성장세가 이 회사의 그렇게 높은 PER를 뒷받침할 정도인지는 의문이다.

버크셔해서웨이의 주당순이익 증가세가 앞으로는 어떻게 될까? 딱 떨어지게 밝은 전망을 하게 할 만한 요인이 보이지 않는다.

버핏은 사업보고서에서 인수대상 기업을 고르는 기준으로 세전 7500만 달러 이상의 이익, 강한 현금창출 능력, 전혀 없거나 미미한 수준의 부채, 높은 주당순이익률, 이해하기 쉬운 사업 운영 등을 들었다. 이렇게 모은 자회사들의 업종은 보험에서 캔디, 보석, 가구, 신발, 의류, 에너지, 전세기에 이르기까지 매우 다양하다. 자회사들은 대부분 성장성이 뛰어난 업종에 속하지 않고, 치열한 경쟁에 부대끼고 있다. 이런 자회사들이 버크셔해서웨이의 PER를 높게 떠받칠 힘을 갖고 있는 것으로 보이지는 않는다.

여기서 나는 두 개의 가설을 제시하고자 한다. 그 가운데 하나는 버크셔해서웨이의 높은 주가 가운데 상당부분은 워런 버핏 덕분이고, 앞에서 든 예에서 볼 수 있는 그의 매력적이고 창의적인 IR 활동에 의해 뒷받침되고 있다는 것이다. 따라서 1930년생인 그가 은퇴한 뒤에 그에 버금가는 능력을 갖춘 후계자가 나오지 않는다면 버크셔해서웨이의 주가는 고공행진을 멈출 것 같다. 이 가설은 세월이 흐르면 저절로 검증될 것이다.

다른 또 하나의 가설은 버핏이 버크셔해서웨이의 포트폴리오를 비상장기업은 빼고 상장주식으로만 구성했다면 버크셔해서웨이의 주가가 그토록 높게 형성되지 못했으리라는 것이다. 상장된 기업의 주가가 어떻게 될지는 워런 버핏도 모르는 일이고, 그의 뜻대로 되는 일이 아니다. 이 가설은 코카콜라, 질레트 등 그가 고른 종목의 주가상승률과 우량주로 구성된 S&P 500의 상승률을 비교해보면 별 차이가 없는 것이 확인되면서 입증될 것이다. 상장주식의 비중을 낮추면서 비상장기업을 끌어 모은 워런 버핏은 우량 상장기업 띄우기와 알짜 자회사 홍보를 통해 버크셔해서웨이의 주가를 성공적으로 관리해왔다.

버핏이 투자의 귀재인 것은 분명하다. 그러나 주식투자자들이 그에 대해 알아야 할 점이 또 하나 있다. 버핏은 자신이 아무리 똑똑하더라도 시장에서 평균 이상의 수익률을 장기간 내는 게 불가능함을 잘 알고 있다는 측면에서 현명하다. 그는 그러는 게 불가능하다고 해서 좌절하지 않는다. 그는 투자주식과 인수기업을 혼합한 '하이브리드형 기업' 을 만들어나가면서 창의적인 IR로 그 주가를 높게 띄우고 유지하는 묘기를 보여주고 있다.

버크셔해서웨이의 PER는 2010년 2월 현재 33선으로 낮아졌다. 철도회사 노던벌링턴샌타페이를 인수한 것에 대해 S&P가 부정적으로 평가해서 버크셔해서웨이의 신용등급을 최고등급에서 한 단계 강등한 탓으로 보인다. 워런 버핏과 버크셔해서웨이가 다시 과거의 고평가를 되찾을 수 있을지는 지켜볼 일이다.

워런 버핏 말고도 주식투자를 둘러싼 모든 난관을 극복하고 장기간에 걸쳐 시장평균보다 높은 수익률을 기록한 투자자들이 또 있다. 여기서는 그런 투자자들 가운데 피터 린치와 짐 로저스를 다루기로 한다. 이 두 사람은 시장을 남들과 다르게 보고 분석하고 투자했다. 이들의 투자방식을 들여다보면, 주가는 물론 불가지의 대상이지만 주식투자에서 상당기간 남들보다 높은 수익률을 올리는 접근방법은 있는 것 같다는 생각이 든다. 다만 이 두 사람이 투자에 성공했다는 것은 과거의 얘기임을 명심해야 한다. 이들의 접근방법을 새로운 상황에 적용해서 비슷하거나 버금가는 수익을 낼 수 있는가 하는 것은 완전히 다른 문제이고, 이 문제를 어떻게 풀 것인가는 투자자 개개인에게 달려 있다. 과거의 성공방법을 배웠다고 해서 앞으로의 성공이 보장되는 건 아니라는 말이다.

떠날 때를 잘 택한 피터 린치

피터 린치는 전 세계 가치투자자들의 구루다. 1944년생인 그는 1977년에 피델리티의 마젤란펀드를 운용해, 2000만 달러였던 운용자산을 13년 사이에 660배인 132억 달러로 불렸다. 수익률이 연평균 64%에 이른다. 그가 이 펀드를 운용하는 동안에 수익률이 시장평균보다 좋지 않았던 기간은 단 2년에 불과했다. 이로써 피터 린치는 '주식투자의 황제'로 불리게 된다. 그는 1990년에 한창 일할 나이인 46세로 은퇴해 투자길잡이 책 《One Up on Wall Street》를 썼고, 이 책은 밀리언셀러가 됐다.

이 책은 우리나라에서는 《전설로 떠나는 월가의 영웅》이라는 제목으로 번역됐다. 상당히 독특한 원제의 제목이 다소 상투적으로 바뀌었다. 원제의 뜻과 맥락은 잠시 후에 설명하기로 한다.

부친은 피터 린치가 10살 때 뇌종양으로 타계했다. 수학 교수였던 부친은 강단을 떠나 생명보험회사의 감사로 일하다가 병을 얻었다. 모친이 직장에 나갔고, 피터 린치는 이듬해인 11살 때부터 파트타임 캐디로 사회에 첫발을 내디뎠다. 캐디로 반나절 일하고 받는 수당이 신문배달을 일주일 하는 것보다 나았으니 "더할 나위가 없었다"고 그는 회고했다.

고등학생이 되면서 그는 캐디라는 직업의 다른 이점을 이해하게 됐다. 그의 직장은 회원제 클럽이었고, 그 클럽의 고객은 질레트, 폴라로이드, 피델리티와 같은 쟁쟁한 회사의 CEO들이었다. "주식을 공부하는 데 거래소에 버금가는 장소가 골프 코스다. 회원들은 드라이버 샷에서 슬라이스나 훅이 나면 열을 올리며 최근의 투자성과를 자랑하곤 했다. 한 라운드를 마치면 골프 팁 다섯에 주식투자 팁도 다섯을 얻었다."

그가 쓴 책의 제목으로 돌아가자. 《One Up on Wall Street》라는 제목은 골프 경기 가운데 매치 플레이와 관련이 있다. 매치 플레이란 홀마다 승자와 패자를 정하고, 누가 이긴 홀의 수가 더 많은가로 승부를 가르는 경기방식을 말한다. 각 홀에서 적은 타수로 홀 아웃한 쪽이 이기는 것으로 한다. 양쪽이 같은 타수로 홀 아웃하면 비긴 게 된다.

매치의 상태를 표현할 때는 예컨대 "A가 두 홀 업(two holes up)"이라고 말한다. A가 두 홀 앞섰다는 뜻이다. 비긴 상태이면 "올 스퀘어(all square)"라고 말한다. 경기는 18홀을 다 돌지 않아도 끝날 수 있다. 한 쪽이 남은 홀의 수보다 더 많은 홀 차이로 앞서게 되는 경우에 그렇다. 예컨대 한 쪽이 세 홀을 앞섰는데 두 홀밖에 남지 않았다면 경기가 거기서 마무리된다.

《One Up on Wall Street》라는 제목에서 'One Up'은 'One Hole Up'이라는 뜻이니 이 제목은 '월가에서 한 홀 앞섰다'는 뜻이다. 피터 린치가 소년일 때 캐디로 일하면서 주식투자에 눈을 뜬 경험이 제목에 반영된 것이다. 아울러 그는 눈부신 투자수익률을 올렸음에도 자신의 실력이 대단한 것은 아니며, 골프로 치면 단지 한 홀 앞선 정도라고 말하는 겸양의 태도를 책 제목을 통해 보였다고도 할 수 있다.

피터 린치는 1967년부터 1969년까지 ROTC 포병장교로 복무하던 중에 결혼했다. 군 생활은 텍사스에서 시작한 뒤에 다행스럽게도 전쟁 중인 베트남이 아닌 한국에서 마쳤다. 한국에서 지낸 기간에 대해 그는 이렇게 회고했다. "한국의 유일한 단점은 주식투자를 할 수 없다는 것이었다. 월가는 너무 멀었고, 한국에는 증시가 없었다(이것은 피터 린치의 오해였다). 그래서 가끔 돌아오는 휴가 때마다 난 서둘러 귀국해 친구와 동료들이 추천한 주식을 사들이며 공백기를 채웠다."

피터 린치의 투자방식을 살펴보기 전에 재미난 이야기 하나를 소개하겠다. 주식투자에서 번번이 실패한 남자가 히말라야의 설산에 은둔하고 있다는 현자를 찾아 나섰다. 마침내 찾아낸 현자는 결가부좌 자세로 앉아 눈을 감고 명상에 잠겨 있었다.

"저는 지금까지 주식투자에서 돈을 잃기만 해 이제는 파산 직전입니다. 주식투자에 성공하는 비결을 알려주십시오." 현자는 눈을 천천히 뜨면서 딱 한마디를 던졌다. "블래시(BLASH)!" 그러고는 홀연히 사라졌다.

히말라야에서 내려온 남자는 만나는 사람마다 붙들고 BLASH라는 말의 뜻을 아느냐고 물어봤다. 아무도 명쾌한 설명을 내놓지 못했다. 그는 집으로 돌아와 머리를 싸맸다. 사연을 들은 그의 아내가 타박했다. "그것도 몰라? 싸게 사서 비싸게 팔라(Buy low and sell high)는 얘기잖아!"

블래시를 할 수 있다면 얼마나 좋겠는가. 바닥에서 사서 천장에서 파는 게 불가능하다면 무릎에서 사서 어깨에서 팔아도 대만족일 것이다. 그러나 증시의 전반적인 상황이 어느 위치에 있는가는 지나간 다음에야 알 수 있다. 게다가 활황장에서도 엉터리 주식을 고를 수 있다. 물론 약세장에서 괜찮은 주식에 투자해 고수익을 내는 경우도 드물긴 하지만 있기는 하다.

그래서 피터 린치는 "숲을 보지 말고 나무를 보라"고 조언한다. 그는 싹수가 있는 어린 묘목을 고르는 게 고수익을 내는 비결이라고 말한다. 골라낸 여러 개의 묘목 가운데 몇 그루만이라도 우람한 나무로 성장한다면 나머지는 다 시들더라도 전체적으로 훌륭한 수익률을 거둘 수 있다고 그는 설명한다.

싹수 있는 묘목을 고르는 방법은 무엇인가? 그는 상식을 바탕으로 분석을 하라는 평범한 대답을 내놓는다. 통화량이니 금리니 하는 복잡한 이론은 다 밀쳐놓으라고 단언한다. 그는 한 스타킹 제조회사를 예로 든다.

속옷과 스타킹 등을 취급하는 헤인스(Hanes)라는 회사는 백화점이 아닌 슈퍼마켓과 잡화점에서 줄이 덜 가는 스타킹을 계란 모양의 플라스틱 통에 담아 레그스(L'eggs)라는 이름으로 판매했다. 여성들은 백화점에는 평균 6주에 한 번 들르지만 슈퍼마켓이나 잡화점에는 일주일에 두 번 들른다는 점에 착안한 것이었다.

레그스는 소리소문 없이 히트 상품이 됐다. 그러나 레그스를 만들어 파는 헤인스의 주식이 뉴욕증권거래소에서 거래된다는 사실을 아는 주식투자자는 별로 없었다. 많은 투자자가 몇 년 뒤에야 비로소 그러한 사실을 알게 됐다. 피터 린치는 레그스가 인기를 끈다는 이야기를 아내에게서 들었다. 그는 "남편들은 태양에너지 관련주나 위성수신 안테나 관련주 같은 주식을 사느라 그런 주식은 눈여겨보지 않는다"고 지적한다.

피터 린치는 자신의 저서에서 종목을 분류하고 분석하는 방법을 이것저것 보여준다. 여기서는 싹수 있는 '묘목'을 그가 어떤 잣대로 판단했는지를 살펴보자. 그는 다음과 같이 말한다.

"어느 한 회사의 경영진이 같은 업종의 다른 어떤 회사로부터 깊은 인상을 받았다고 한다면 그 어떤 회사는 뭔가를 잘 하고 있다고 판단할 수 있다. 경쟁자가 내키지 않으면서도 그렇게 평가하는 것만큼 투자자에게 좋은 지표는 없다."

피터 린치 자신의 경험이 좋은 예다. 그는 전미숙박업협회 부회장에게서 "라퀸타(La Quinta)가 휴스턴과 댈러스에서 우리를 죽이고 있다"는 말을 듣는다. 이것이 그가 라퀸타에 대해 처음으로 들은 말이었다. 그는 라퀸타에 전화를 건다. 마침 그쪽 사람이 이틀 뒤 보스턴에 들를 예정이라고 한다. 그는 '뭐가 이리 척척 들어맞는 거지. 사기 아닌가?' 하고 의심했지만, 그쪽 사람을 만나 설명을 듣고는 무릎을 친다.

라퀸타는 홀리데이 인 호텔 수준의 방을 무려 30%나 싼 값에 제공하고 있었다. 이러한 가격파괴는 예식장, 회의실, 리셉션 공간, 주방, 식당을 없앰으로써 가능했다. 대신 모텔 옆에 식당을 두었다. 식당을 반드시 직접 운영할 필요는 없었다. 홀리데이 인이 음식 때문에 유명한 것도 아니고, 호텔이나 모텔이 레스토랑에서 돈을 버는 것도 아니기 때문이었다. 피터 린치와 라퀸타 관계자 사이에 오고간 문답은 이랬다.

Q: 모텔 방이 사방에 널렸는데, 어떤 틈새가 있나?

A: 싸구려 모텔은 싫어하면서도 지갑이 얇아 홀리데이 인에서 묵기는 부담
스러운 중소 사업가들이다.

Q: 라퀸타가 중소 사업가들에게 어필하는 다른 강점이 있다면?

A: 홀리데이 인은 모든 여행자에게 모든 걸 제공한다. 그렇게 하기 위해 고
속도로 진출입로 부근에 자리를 잡는다. 반면에 우리는 도시의 상업구
역, 관공서구역, 공업단지 같은 데 모텔을 짓는다. 비즈니스 여행을 하는
사람들을 겨냥한 전략이 우리에게 좋다. 다른 종류의 여행객들을 상대
로 하는 경우보다 예약비율이 높아, 고객 수를 전망하고 그에 따라 미리
대응하는 게 가능하다.

Q: 비용은? 부채를 많이 끌어다 모텔을 짓고 있는 것 아닌가?

A: 라퀸타는 250객실 모텔이 아닌 120객실 모텔을 지어 비용을 줄였다. 또
쿠키 판으로 쿠키를 찍어내듯이 한 가지 설계로 모텔을 짓고 건축에 대
한 감독을 자체적으로 함으로써 비용을 더 낮췄다. 120객실 모텔은 은퇴
한 부부가 거주하면서 운영할 수 있는 규모여서 운영경비가 덜 든다. 특
히 우리는 수익을 나누는 조건으로 보험회사로부터 유리한 조건으로 돈
을 빌렸다.

Q: 매출성장률과 PER는?

A: 라퀸타는 연 50%라는 놀라운 속도로 성장하고 있다. PER는 10이다.

피터 린치는 그렇게 빨리 성장하는 기업의 PER가 10이라면 그것은 낮은 수

준이라고 판단했다. 그는 그 해, 그러니까 1978년에 라퀸타에 대한 분석보고서를 낸 증권회사는 단 세 곳뿐이고 라퀸타의 기관투자가 지분이 20%에 불과하다는 점에 주목했다. 남이 미처 알아채지 못한 진주를 발견한 것이었다.

피터 린치는 그 뒤 출장길에 사흘 밤을 라퀸타에서 묵으면서 투자대상을 체험해본다. 라퀸타의 주가는 이미 그전 일 년 사이에 곱절로 뛰었지만, 그는 이에 개의치 않았다. 그는 라퀸타 주식을 사서 10년간 보유한다. 그 기간에 주가는 11배가 됐다.

짐 로저스가 서울 강북 땅을 샀더라면

짐 로저스는 일찌감치 다섯 살 때 야구장에서 빈 병 줍기 아르바이트를 하는 것을 시작으로 비즈니스의 세계에 입문했다. 그는 장학금을 받아가며 예일대학을 다닌 뒤에 옥스퍼드대학에서도 공부했다. 처음에는 단돈 600달러를 들고 주식투자에 뛰어들었지만, 얼마 지나지 않아 월가에서 엘도라도를 찾는 데 성공했다. 그는 조지 소로스와 함께 퀀텀펀드를 만들게 됐고, 이 펀드를 운영해 10년 동안에 4000%를 넘는 수익률을 기록했다. 연평균 44%라는 경이적인 수익률을 거둔 것이다.

돈은 그가 원하던 자유를 안겨주었다. 그는 서른일곱 살에 은퇴한 뒤 컬럼비아 경영대학원에서 금융을 가르쳤다. 그는 두 차례 전 세계를 여행했다. 투자대상을 물색하기 위해 여행을 한 건 아니었지만, 여행하면서 새로운 투자관련 정보를 얻을 수 있었다. 그는 여행의 기록을 두 권의 책으로 남겼다. 《월가의 전설 세계를 가다》와 《모험자본가》다.

첫 번째 세계일주는 1990년대에 마이크를 몰고 다녀왔고, 두 번째 세계일주는 1998년 연말에 시작해 2002년 연초에 마무리했다. 그는 두 번째 세계일주 중이던 2000년 1월 1일에 영국에서 결혼했다. 그는 58세, 여자는 32세였다. 두 사람은 연사와 청중으로 만났다. 그는 나중에 "보기 드문 금발에 푸른 눈을 지닌 미국 남부의 미인"을 보고 한눈에 반했다고 털어놓았다. 그는 그 다음날 여자에게 전화를 걸었다. "마술 같은 일이 생겼어요. 함께 가서 확인해봅시다."

그는 첫 번째 데이트에서 그 여자와 나눈 대화를 《모험자본가》에 다음과 같이 적었다.

"나는 세계일주를 다시 할까 합니다. 누구한테도 말하지 않은 건데, 시기는 새 천년으로 넘어가는 즈음으로 생각하고 있어요."

"대단한 여행이 되겠군요."

"나랑 함께 갈래요?"

잠시 멍한 모습을 보이던 그녀는 이내 "좋아요, 나를 명단에 넣어줘요"라고 대답했다.

물론 당시만 해도 그 여자는 한가한 농담을 나눈 것으로 여겼다. 그러나 농담에 진심이 섞여 있었고, 그 농담은 결국 현실이 됐다. 둘은 노란색 맞춤형 컨버터블로 주문해 배달받은 메르세데스 벤츠 스포츠카를 타고 116개국을 돌았다. 강이나 바다는 자동차를 실을 수 있는 선박을 타고 건넜다.

짐 로저스는 투자와 도박은 다르다고 말했다. 그는 라스베이거스에 들른 일을 이야기하는 부분에서 이런 견해를 내놓았다. 여행 중에 결혼한 로저스 부부는 라스베이거스에서 며칠 머물게 된다. 짐 로저스는 "라스베이거스에 들르지 않는 건 성경시대의 매체가 소돔과 고모라를 언급하지 않고 지나치는 것이나 마찬가지"라고 너스레를 떤다. 그는 전에도 강연을 하러 라스베이거스에 들렀던 적이 있지만, 그 도시가 자기에게는 맞지 않는다고 말한다. 그는 그 이유로 "우선 나는 도박을 하지 않기 때문"이라고 한다. 그는 도박을 하지 않는 자세를 투자에서도 견지한다고 했다.

"나는 결코 내 돈으로 위험을 감수하지 않는다. 성공적인 투자자는 돈이 저기 모퉁이에 놓여 있어 그리로 가서 줍기만 하면 되기 전에는 전혀 움직이지 않는다. 투자는 그렇게 하는 법이다."

짐 로저스는 "그런 기회는 매우 드물게 찾아온다"면서 "주식투자에서 많은 사람들이 저지르는 실수가 높은 수익률을 거둔 뒤에 바로 다음 투자처를 물색하는 것"이라고 경고한다. "그때가 바로 은행에 돈을 넣어두고 마음이 진정될 때까지 해변에 가서 지낼 시기다. 왜냐하면 대단한 기회는 연달아 오지 않기 때문이다."

언제가 그런 기회인가? 다른 사람들이 다 포기해서 주식이 휴지가 됐을 때가 그런 기회 중 하나다. 짐 로저스는 독일계 은행가 로스차일드의 말을 인용한다. "거리에 피와 공포와 혼란이 가득하고 시장이 낙망에 빠져있을 때면 꼭 주식을 샀다. 그리고 항상 '너무 일찍' 매도했다."

데이비드 드레먼도 역발상을 중시했다는 점에서 짐 로저스와 비슷하다. 요트의 이름을 '반대론자(Contrarian)'라고 지을 정도였다. 그는 대다수 투자자들과 거꾸로 갔다. 1936년에 캐나다의 위니펙에서 태어난 그는 매니토바대학과 컬럼비아대학에서 잇달아 학사와 석사 공부를 한 뒤에 매니토바대학에서 법학박사 학위를 받았다.

그는 위니펙 상품거래소 회원으로 활동했던 투사전문가인 아버지의 영향을 받아 주식에 관심을 갖게 됐다. 그는 1965년에 캐나다를 떠나 월가로 가서 투자자문과 증권분석 업무에 종사했다. 1977년에는 미국 뉴저지 주의 레드뱅크에서 드레먼밸류매니지먼트라는 회사를 설립해 빠르게 성장시켰다.

드레먼은 "위기나 공황이 한창일 때에는 정상적인 가치의 기준이라는 게 없는 가운데 곤두박질치는 가격에만 시선이 쏠린다"고 말한다. 게다가 앞으로 상황이 더 나빠진다는 얘기가 돌아다니기 때문에 가격하락세가 그만큼 더 심해진다는 것이다.

그는 《역발상 투자》라는 저서에서 2차 세계대전 이후에 발생한 11번의 위기상황을 분석했다. 1948년의 베를린 봉쇄에서부터 1987년의 블랙 먼데이와 1990년의 걸프전쟁에 이르기까지 각각의 위기 이전과 이후의 다우존스지수를 추적했다. 그가 분석해본 결과 위기 때마다 투자를 했다면 11번의 위기 가운데 10번은 큰돈을 벌 수 있었다. 이것은 위기가 발생한지 1년 뒤의 주가를 기준으로 분석한 결과다. 위기가 발생한 뒤로 2년 동안 주식을 보유하고 있었다고 가정하면 수익률이 극적으로 더 높아지는 것으로 확인됐다. 그는 이런 방식으로 11번의 위기 모두에서 돈을 벌 수 있었다는 결론을 내렸다. 그리고 그렇게 할 경우의 수익률은 평균 37.5%, 최고 66.5%로 나왔다.

다른 투자자들을 따라가지 않았다는 점에서는 짐 로저스도 마찬가지였다. 그는 《모험자본가》에서 "월가에서의 경험은 '전문가들'이 대개 끌려 다닌다는 걸 알려줬다"며 "내가 시장에서 거둔 성공은 세계를 다른 시각으로 본 결과"라고 말했다. 그는 "몰려다니는 무리는 서로 행동을 합리화하고 부추긴다"면서 "다른 투자자 백 명이 '대단하군' 할 때 나는 공매도를 검토한다"고 밝혔다.

로저스는 지리적으로도 남들이 거들떠보지도 않는 곳의 주식을 쌀 때 사들여 막대한 차익을 거뒀다. 그는 전 세계를 대상으로 펀드를 운용했고, 멀리 가나, 보츠와나, 잠비아, 짐바브웨와 같은 아프리카 나라들에도 투자했다. 원자재 가격이 강세를 보일 것이라는 전망을 갖게 됐을 때에는 특히 원자재가 풍부한 아프리카 지역의 주식을 사들였다.

그가 투자대상 지역을 고르는 기준은 행정이 얼마나 잘 돌아가느냐, 물가는 안정적인가, 정치사회적으로 안정돼있는가 등이다. 그는 처음에는 예를 들어 3000달러 정도만 투자했다. 이렇게 한 것은 해당 지역의 투자관련 시스템이 얼마나 잘 돌아가는지를 확인한다는 취지에서이기도 했지만, 해당 지역에 사 둘 만한 주식이 많지 않기 때문이기도 했다.

운칠기삼(運七技三)이라는 말이 있다. 주식투자도 마찬가지가 아닌가 한다. 난다긴다하는 투자자라도 운이 따르지 않으면 만사휴의가 될 수 있다. 마지막으로 독자들에게 경고하고 싶은 것과 그 사례를 이야기하는 것으로 이 장을 마무리하겠다.

짐 로저스가 언제나 정확하게 판단하고 투자해서 탁월한 성과를 거둔 것은 아니었다. 그에겐 운도 따랐다고 봐야 한다. 그가 1999년에 한국에 와 보고 적어 놓은 여러 가지 얘기는 오류투성이다. 게다가 한국에 대한 그의 투자의사 결정도 형편없었다.

그는 한국에서 부도난 피임약 회사 주식만 사들였다. 그는 한국의 경제와 산업을 전반적으로 어둡게 봤기 때문에 한국의 다른 주식은 우량주에도 손을 대지 않았다. 피임약은 처음에는 잘 팔리지 않지만 일단 거부감이 없어지면 판매가 급속하게 늘어나기 때문에 피임약 회사는 유망하다고 그는 판단했다. 한국의 대표적인 주식을 도외시하고 피임약 주식을 사서 과연 얼마나 성과를 거두었는지는 아마도 로저스 자신은 언급하고도 싶지 않으리라.

짐 로저스는 서울에서 한강 이남의 부동산 가격이 유난히 비싼 것은 전쟁에 대한 두려움 때문이라고 썼다. 서울에 사는 한국인들은 북한이 침공하면 서울까지 쉽게 진격해 오더라도 한강에서는 주춤할 것이라고 생각하기 때문에 안전한 강남을 선호하는 것이고, 그래서 그런 현상이 나타나는 것이라는 설명이었다. 그래서 그는 한국에 평화와 통일이 결국은 찾아올 테니 그때를 대비해 강북의 부동산을 사두면 좋겠다고 생각했다. 그러나 "나는 부동산에 투자하지 않기 때문에 아쉽지만 그냥 지나쳤다"는 것이다. 그러길 참 잘했다.

미네르바를 둘러싼 오해와
경제학의 한계

미네르바 현상

2008년 3월부터 포털 다음의 아고라 게시판에 '미네르바'라는 필명으로 경제이슈를 분석한 글이 올라온다. 미네르바는 9월에 투자은행 리먼브라더스가 파산하면서 급부상하게 된다. 그가 한 달 앞서 8월에 리먼브라더스의 파산을 예측했다고 해서였다. 그 뒤로 그는 환율과 증시의 변동을 정확하게 내다본다는 소문이 퍼지면서 '온라인 경제 대통령'으로 불리게 된다.

미네르바 박대성 씨는 '공익을 해할 목적으로 허위의 통신을 했다'는 혐의로 2009년 1월 9일 구속됐다가 4월 20일 무죄 선고를 받고 풀려났고, 그 뒤로도 경제분석가로 활동했다. 그는 《미네르바 경제노트》와 《미네르바의 생존경제학》이라는 책을 냈고, 인터뷰와 기고 등의 방식으로 언론을 통해 경제에 대한 분석과 전망을 계속 내놓았다.

'미네르바 현상'은 불확실성이 커지고 불안이 고조될수록 역술인의 집이 북적대는 것이나 마찬가지라고 볼 수 있다. 한치 앞도 보이지 않는 상황이 오면 앞날의 운세를 알아보고 싶은 마음이 생기기 마련이다. 혹시나 하며 운에 기대보려는 심리도 고개를 든다. 그래서 선거철이나 경기가 어려울 때가 역술인에게는 좋은 시절이다.

유명한 역술인들은 자신이 알아맞힌 사례를 내세우며 '족집게 같은' 신통력을 갖고 있다고 자랑한다. 역술인 모 씨는 김일성의 사망과 김대중의 대통령 당선을 예견했다고 해서 유명세를 탔다. 그러나 그가 2007년 대선 때에는 누가 다음 대통령이 될 것인지에 대한 예측을 잘못 했다는 사실은 별로 거론되지 않았다. 역술인을 찾는 사람의 마음에는 역술인이 과거에 미래를 알아맞히지 못한 사례보다는 미래를 알아맞힌 사례가 더 크게 다가온다. 그래서 역술인의 틀린 예언은 뒷전으로 밀려난다. 말하자면 역술인은 사람들의 '차별적인 기억' 덕분에 틀린 예언을 남발하면서도 영업을 계속할 수 있는 것이다.

미네르바 박대성 씨가 대중에게서 '경제 대통령'이라는 찬사를 받게 된 과정도 비슷하다. 한 증권사 관계자는 나에게 이렇게 말했다. "미래와 관련한 예측과 그에 대한 반응을 살펴보면, 불안심리가 극도로 팽배한 상황에서는 어떤 사람이 내놓은 수많은 예언 가운데 어느 하나만 맞아도 그 사람과 그 하나의 예언이 엄청나게 부각된다."

이어 그는 "미네르바가 뜨거운 관심의 대상이 된 배경은 두 가지로 생각할 수 있다"고 했다. 우선 그는 오프라인 언론과 온라인 언론 사이에 생겨난 괴리를 들었다. 오프라인 언론이 내놓는 외환시장과 주식시장 전망과 온라인 언론을 통해 형성된 네티즌들의 여론 사이에 괴리가 생겨나 갈수록 커졌고, 이런 가운데 금융시장이 악화되면서 미네르바가 깃발을 들고 내놓은 비관적 전망이 기세를 떨치게 됐다는 설명이다. 그리고 그렇게 되자 미네르바에게 열광적인 네티즌 추종자들이 따라붙었다는 것이다.

또 하나의 배경은 증권사를 비롯한 금융회사들이 내놓은 전망과 미네르바가 내놓은 전망 사이에 큰 간극이 있었다는 점이다. 앞에서 언급한 증권사 관계자는 "사람들은 대개 긍정적인 전망을 듣고 싶어 하고, 증권사들도 대개 낙관론을 편다"고 말했다. 반면에 미네르바는 극단적인 비관론을 견지했다는 것이다. 그 증권사 관계자는 "낙관론이 다수인 가운데 소수가 강한 비관론을 내놓았는데 때마침 주가가 폭락하게 되면 낙관론이 맞았을 경우보다 훨씬 큰 반향이 일어난다"고 설명했다.

역술인의 예언과 마찬가지로 미네르바의 예측도 틀린 게 더 많았다. 그는 원화의 가치가 달러당 1100원대이던 2008년 10월 초에 그 뒤로 환율이 달러당 1400원을 넘을 정도로 원화의 가치가 급락할 것이라고 내다봤고, 이 예측은 그대로 들어맞았다. 하지만 환율을 제외하고 보면 그의 예측은 신통치 않았다.

과녁에서 가장 많이 벗어난 것은 물가에 대한 예측이었다. 미네르바는 2008년 8월 이후로 몇 차례에 걸쳐 국제 원자재 가격의 상승을 외쳤다. 그는 "원자재 펀드에 투자하면 적어도 25% 이상의 수익률이 보장된다"고 했다. 그러나 국제 원자재 가격은 그 뒤로 오랫동안 상승할 기미를 보이지 않았고, 국내 원자재 펀드는 수익은커녕 손실만 키웠다.

미네르바는 한발 더 나아가 2008년 하반기에 물가가 폭등할 것이라고 점쳤다. 그는 경기가 하강하는 가운데 물가가 치솟는 스태그플레이션이 닥칠 것이라면서 사람들에게 생필품을 비축하라고 권했다. 그러나 물가상승세는 그해 8월 이후에 점차 진정됐다. 소비자물가 상승률은 그해 8월에 5.6%였다가 점차 낮아져서 12월에는 4.1%를 기록했다.

미네르바는 또 금리가 오른다는 관측을 2008년 7월부터 줄기차게 내놓았다. 물가가 오르면 한국은행이 기준금리를 올릴 것이고, 이에 따라 시중금리도 상승할 것이라는 예언이었다. 하지만 앞에서 얘기한 대로 경기침체기에는 물가가 안정될 수밖에 없다. 물가불안 우려보다 경기침체의 압박이 더 큰 상황에서 한은이 기준금리를 높일 리가 만무하다.

세계의 주요국 중앙은행들은 리먼브라더스가 파산한 뒤로 나란히 금리를 낮췄다. 한국은행은 2008년 8월에 5.25%였던 기준금리를 그 뒤로 여섯 차례에 걸쳐 줄기차게 떨어뜨렸고, 특히 그해 10월 27일에는 긴급 금융통화위원회를 소집해 무려 0.75%라는 사상최대 폭으로 기준금리를 인하하는 조치를 취했다. 이로써 기준금리는 2009년 2월에는 2%까지 낮아졌다.

2008년 11월 중순에 미네르바는 한 월간지를 통해 종합주가지수(코스피)가 연내에 500까지 내려간다고 예측했다. 그는 "한국은 500선, 미국은 5000선이 올해의 바닥"이라면서, 상황이 더 심각해질 경우에는 "500선도 붕괴될 수 있다"고 했다. 그러나 코스피는 그 뒤로 1000선 위에서 등락했을 뿐 강한 하락 추세는 전혀 보이지 않았다.

미네르바가 그동안 내놓은 몇 가지 예측을 찬찬히 들여다보면 그의 예측이 틀린 경우가 많았을 뿐 아니라 그의 분석 틀이 적합하지 않음을 알 수 있다. 그는 수요가 급격히 위축돼 세계적으로 경기가 후퇴하는 상황에서 물가와 금리의 상승을 예측했다.

그는 또 한물간 종속이론적 시각을 어설프게 드러냈다. 그는 한국 경제가 일본 자본에 종속될 것이라고 주장했다. 이미 상당한 규모의 일본 자금이 국내에 유입된 상황을 배경으로 일본이 앞으로 금융위기의 과정에서 국제통화기금(IMF)을 통해 한국을 점차 옭아맬 것이라는 얘기였다. 일본이 한국 금융회사의 채권을 더 많이 매입해서 한국 경제에 대해 지배력을 행사하게 될 것이라는 그의 논리는 미국 재무부 채권을 가장 많이 보유하고 있는 중국이 미국을 쥐고 흔들게 될 것이라는 논리나 마찬가지로 엉뚱하다는 게 전문가들의 말이다.

미네르바가 경제에 대해 내놓은 분석이나 예측 못지않게 따져봐야 할 것이 경제에 대한 사람들의 오해다. 미네르바가 뜨거운 관심의 대상이 된 것은 일반인들은 물론이고 경제전문가들조차도 경제에 대해 충분히 이해하고 있지 못한 탓이 컸다. 미네르바는 미래의 경제지표를 정확하게 알아맞혔다고 해서 대단한 전문가로 떠받들어졌지만 사실 주가나 집값, 환율 등을 미리 알아맞히는 것은 불가능할 뿐더러 그렇게 하는 것은 경제전문가가 할 일이 아니다.

미네르바 열풍이 불면서 그를 대단한 인물로 띄워 올리는 온갖 추측이 난무했다. 정부 정책을 비판하고 한국 경제의 미래를 암울하게 그린 그의 글은 거칠었지만, 그럼에도 불구하고 그가 대단한 학력과 경력의 소유자라는 말들이 많았다.

어느 정부 당국자가 "미네르바는 50대 남자이고, 증권사에서 일했던 적이 있으며, 해외에서 생활해본 경험도 있다"고 말했다는 소문이 퍼졌다. '미네르바의 친구' 라고 자신을 소개한 한 네티즌은 포털 사이트 게시판에 "미네르바는 사회활동도 많이 해 존경받는 기업인" 이라고 썼다. 그는 "미네르바는 1%의 상위층 중에서도 상위에 속하는 0.1%의 극상위층" 이라고 주장하기도 했다.

검찰이 박대성 씨를 붙잡아 기소하면서 미네르바가 공고와 전문대를 졸업한 백수임이 드러났다. 그러나 사람들은 기존의 인식과 어긋나는 새로운 사실을 접하게 되면 기존의 인식을 깨기보다는 새로운 사실에 무언가 착오가 있을 것이라고 생각하곤 한다. 네티즌들은 "검찰이 잡아들인 박대성 씨 말고도 다른 미네르바가 있을 것" 이라면서 '다수의 미네르바' 설을 내놓았다.

미네르바 열풍에 기름을 부은 건 일부 언론과 국회의원, 학계 인사들이었다. 신문들이 경쟁적으로 미네르바 정체 추적기를 써대는 와중에 MBC 뉴스데스크 앵커는 "미네르바의 한수에 귀를 기울이는 게 맞아 보인다"고 했다. 한나라당 홍일표 의원은 대정부 질문에서 "이 사람(미네르바)이 대단한 경제적 식견을 가지고 리먼브라더스 부실 사태도 예언했고, 여러 가지 예리한 비판도 하고 있는데…"라고 말했다. 민주당 최문순 의원은 한 행사에서 "제도권 언론과 정치인을 모두 합쳐도 미네르바만 못하다"고 말했다.

미네르바 띄우기의 압권은 경제수석과 금융통화위원회 위원을 지낸 김태동 성균관대 교수의 말이었다. 김 교수는 미네르바와 관련된 TV 프로그램의 인터뷰에 응한 뒤에 그 프로그램의 인터넷 게시판에 이런 극찬의 글을 올렸다. "미네르바가 맞힌 경제예측이 얼마나 힘든 것인가. 당신은 제가 아는 한 가장 뛰어난 국민의 경제스승…."

이러한 미네르바 우상화는 그러나 경제학자의 역할에 대한 몰이해에서 비롯된 것이었다. 신장섭 싱가포르국립대학 교수는 "경제에 대한 예측은 틀리게 돼 있다"고 말했다. 홍기석 이화여대 교수는 "경제를 전망할 때는 수많은 변수를 다 정확하게 예상하지 못하기 때문에 정확하게 예측하기란 불가능하다"고 설명했다. 홍 교수는 "점쟁이라면 결과만 얘기하고 결과로 평가받는 반면에 경제학자는 주요 요인이 어떻게 작용해서 경제가 어떤 경로를 갈지를 예상한다"고 덧붙였다.

한 경제연구소 간부는 익명을 전제로 이렇게 말했다. "환율과 주가는 수많은 국내외 경제적, 비경제적 요인이 반영된 최종 수치이기 때문에 이런 수치를 맞힌다는 건 그야말로 게임의 영역이다. 숫자를 맞히는 게 전문가라면, 로또 숫자를 맞힌 1등 당첨자야말로 최고의 전문가란 말인가?"

신장섭 교수는 비슷한 맥락에서 '잘못된 구체성의 위험'을 지적했다. 불확실성이 매우 큰 상황에서 어떤 지표가 어떻게 변할지를 정확히 맞혔다고 해서 그 예측이 정확하다고 말하는 건 잘못이라는 얘기다. 신 교수는 "잘못된 구체성의 위험은 경영학의 대가 피터 드러커가 경고한 것"이라며 이렇게 설명했다. "어떤 수치가 예를 들어 4%와 8%의 중간에 있다는 것밖에는 확인할 길이 없는 상황에서 6%가 될 것이라는 예측이 나왔다고 하자. 그리고 실제 결과가 그렇게 됐다고 해서 그 예측이 정확한 것은 아니다."

드러커는 잘못된 구체성의 위험은 논리학자이자 철학자인 앨프레드 화이트헤드가 경고하곤 했던 것이라면서 "어떤 현상이 50~70% 범위에 있다는 것만 확인하는 게 가능한 상황일 때 그 수치를 소수점 아래 여섯 자리까지 계산해냈다고 해서 더 정확하다고 할 수는 없다"고 설명했다. 그는 "이게 바로 잘못된 구체성이고, 사람들을 오도할 위험이 있다"고 덧붙였다. 드러커는 아래와 같이 말했다.

어떤 현상을 정확하게 측정할 수는 없지만 어떤 범위 안에서 묘사될 수 있다는 것도 중요한 정보다. … 경영자는 측정하고자 하는 현상에 어떤 종류의 계측방식이 적합한지를 판단해야 한다. 그는 상세하게 계산되어 치밀해 보이는 숫자보다 '대략'이 더 정확한 때를 분별해야 한다. 그는 하나의 근사치보다 어떤 범위가 더 정확한 경우도 있음을 알아야 한다. 그는 '더 큰', '더 작은', '이른', '늦은', '위', '아래'가 양적인 용어이며 종종 구체적인 수치나 범위보다 더 정확하고 엄밀함을 이해해야 한다.

신장섭 교수는 경제전망이 빗나가는 원인으로 분석모델이 정교하지 않은 것이나 변수에 예상치 못한 변화가 일어나는 것 외에 다른 것도 들었다. 그는 경제는 순수한 관찰대상이 아니라고 말한다. "경제는 멀리 떨어져 독자적으로 움직이는 게 아니라 정부, 기업, 금융, 가계 등 우리 경제주체들이 들어가서 만들어가는 영역이다. 경제에 대한 전망이 경제주체의 심리에 영향을 줘서 경제에 다시 피드백될 수 있다. 또 우리가 어떤 결정을 내리고 실행에 옮기느냐에 따라 결과가 크게 달라진다."

신 교수는 "경제는 우리가 하기 나름"이라며 한국의 외환위기 극복 경험을 예로 들었다. 우리가 외환위기에 빠져 발버둥치던 1998년에 한국 경제의 전망은 어둡기 그지없었다. 한국개발연구원(KDI)은 그해에 1999년도 경제성장률을 1.5~2%로 내다봤다. 다른 연구소의 예측도 비슷했다. KDI는 기업과 금융산업의 구조조정이 성공적으로 이뤄지면 경제성장률이 2% 안팎이 되겠지만, 그렇지 않을 경우에는 1.5%에 머물 것이라고 설명했다.

그러나 결과는 예상을 기분 좋게 벗어났다. 한국 경제는 1999년에 10.9%나 성장했다. 공적자금을 투입하며 과감하게 실시한 금융 구조조정과 금융회사를 통한 기업 구조조정, 그리고 재정지출 확대와 소비 진작 등이 어우러져 만들어낸 성과였다. 그렇다면 경제전문가가 할 일이란 무엇인가?

이정조 리스크컨설팅코리아 대표는 "아무리 경제가 어려워져도 문제해결의 가능성이 없진 않다"고 말했다. 이 대표는 "고통을 최소화하거나 침체를 최단기로 끝내기 위한 대안을 제시하는 게 경제전문가의 역할"이라고 설명했다.

그는 "상황이 악화된 뒤에 앞으로 더 안 좋아질 거라는 비관론을 펴기보다는 상황이 악화되기 전에 미리 경고해서 각 경제주체가 대응책을 마련하게 하는 일을 해야 한다"고 강조했다. 예컨대 아파트 가격이 대폭락하리라고 전망하는 것보다는 일찌감치 정부나 은행으로 하여금 부동산 버블에 대비해 담보대출에 한도를 설정하게 하는 것이 경제전문가가 해야 할 역할이라는 것이다. 홍기석 이화여대 교수도 "경제가 아무런 문제 없이 잘 돌아가는 것으로 여겨질 때 잠재적 위험을 정확히 진단해내는 일이 중요하다"고 말했다.

신용카드가 내수를 불러일으키자 일부 경제분석가들이 "이제 한국은 내수 중심으로 성장할 것"이라는 예측을 내놓은 적이 있다. 2001년 무렵이었다. 그때 제대로 된 경제전문가라면 "신용카드 남발이 당분간은 내수를 활성화시키겠지만 개인의 신용불량 문제를 일으키며 내수침체를 야기할 것"이라고 지적하고 소비자신용에 대한 규제를 주장했어야 한다.

황혼이 내린 뒤에 비로소 나래를 펴는 미네르바는 경제에 도움이 되지 않는다. 다들 한창 왕성하게 활동하는 대낮에 나서서 목소리를 높이는 경제전문가가 필요하다.

경제전망이나 《토정비결》이나

"남부지방을 중심으로 비가 오다가 저녁 무렵부터 개겠다."
"귀인이 와서 도우니 묘계(妙計)가 반드시 맞으리라."

일기예보와 《토정비결》 점괘의 공통점은 무엇일까? 하나의 공통점은 둘 다 앞날이 이러저러하리라 하는 예상이라는 것이다. 또 하나의 공통점은 둘 다 예상하는 대상이 우리가 통제하지 못하는 외생변수라는 것이다.

우리는 일기예보를 보거나 듣고 옷을 든든하게 입거나 우산을 준비한다. 비가 올 가능성이 크다는 예보가 나왔을 때 인위적으로 비가 오는 것을 막거나 비가 올 시점을 나중으로 미룰 수는 없다, 적어도 현재까지의 과학기술에 비추어 보면 날씨는 외생변수다. 운세 역시 우리가 통제할 수 있는 영역의 바깥에 있다. 우리를 도울 귀인을 반드시 오게 만드는 묘책은 없다. 로또에 당첨될 확률을 높이는 통계적 비법이 없는 것처럼.

일기예보가 번번이 틀린다지만 경제예측에 비하면 매우 정확하다. 기상예보관은 먼 미래는 맞히지 못하지만 날씨가 지금 어떠한데 오늘이나 내일 중에 어떻게 바뀔지는 맞힌다. 현재의 상황과 가까운 미래의 변화방향은 비교적 정확히 알려주는 것이다. 기상학자가 아닌 보통사람도 누구나 지금 날씨가 어떠한지는 알 수 있다. 지금 눈이 오는지 비가 내리는지, 따뜻한지 추운지를 모르는 사람은 아무도 없다. 그러나 경제학자는 현재의 상황을 모른다. 지금 경기가 어디쯤인지, 정점을 지났는지, 아니면 바닥을 쳤는지를 모른다. 다만 추측할 뿐이다. 그래서 경제통계를 다루는 기관에서는 항상 사후적으로만 과거의 어느 시점이 저점이었느니 고점이었느니 하고 말한다.

경제전망의 정확도는 《토정비결》이나 다름없이 낮은 수준이다. 경제전망과 실제의 수치 사이에 괴리가 생기게 하는 데는 여러 가지 요인이 작용한다. 경제에 영향을 주는 변수는 우리가 다 감안하기가 아예 불가능할 정도로 많다. 게다가 예상치 못한 돌발변수가 경제에 큰 충격을 주는 때도 있다.

그러나 경제전망은 일기예보나 《토정비결》과 종류가 다르다. 경제는 앞에서 인용한 신장섭 교수의 말처럼 우리의 의사결정과 행동에 따라 달라진다. 이 점을 좀 더 자세히 살펴보자.

우선 고지혈증을 앓는 사람을 떠올려보자. 그 사람의 건강이 연말에 어떤 상태일지를 예측한다고 할 때 가장 먼저 점검해야 할 것은 무엇일까? 그 사람의 의지와 행동이다. 그 사람이 '살을 깎는' 과정을 거쳐서라도 고지혈증을 줄이겠다는 결심을 했고 그 결심에 따라 몇 가지 준수사항을 충실히 실천하고 있다고 한다면 바로 그러한 사실을 예측의 출발점으로 잡아야 한다. 또한 그가 '나는 괜찮아질 거야' 라는 긍정적인 마음을 먹고 그런 마음을 유지한다면 그렇지 않을 때보다 몸이 훨씬 좋아질 수 있다.

경제도 이와 비슷해서, 기계적으로 예측할 수 있는 대상이 아니다. 경제는 우리가 하기 나름이라는 말이다. 또 경제전망이 우리의 심리와 행동에 영향을 주고 우리의 심리와 행동이 다시 경제에 되먹임되는 과정을 통해 전망이 '자기실현적 예언' 이 되는 때도 있다. 자연과학의 개념을 이용해 말한다면, 경제는 주체와 객체가 나뉜 데카르트의 이분법적 세계가 아니라 관찰자의 관찰행위가 관찰대상에 영향을 미치는 양자역학적 세계다.

비유를 한 가지 더 들어보자. 경제가 학생이라고 생각해보자. 국어, 영어, 수학, 과학, 사회, 음악, 미술, 체육 등 모든 과목에서 쉽게 우수한 성적을 받는 학생도 있다. 그러나 상당수 학생은 모든 과목을 다 잘 하지는 못한다. 잘 하는 과목이 있는가 하면, 어떤 과목에는 취약하다. '투입시간당 점수' 값이 과목마다 다르다고 할 수 있다. 그래서 과목별 점수는 대체로 상충관계를 벗어나지 못한다. 어느 한 과목에서 점수를 어느 수준 이상 높이려면 다른 과목의 점수를 어느 정도 포기해야 한다.

이와 마찬가지로 경제성장률, 물가상승률, 실업률, 국제수지 등 경제전망의 대상이 되는 여러 경제변수는 서로 긴밀히 맞물려 움직이며, 그 관계는 종종 상충적이다. 어느 것 하나가 바람직한 방향으로 가면 어떤 다른 것은 안 좋은 쪽으로 달아난다. 대표적으로 필립스 곡선이 설명하는 실업률과 물가상승률의 관계가 그렇다. 실업률이 낮아지면 물가상승률은 높아지고, 실업률이 높아지면 물가상승률은 떨어진다. 또 수출을 촉진하기 위해 원화의 가치를 낮게 유지하면 경제성장률은 끌어올릴 수 있을지 모르지만 수입 원자재나 수입 제품의 가격이 상승해 물가가 억제선을 넘을 공산이 커진다.

이처럼 여러 경제지표를 동시에 바람직한 수준으로 달성하는 것은 마치 제각각 달아나는 여러 마리의 토끼를 혼자서 동시에 잡는 것처럼 어려운 일이다. 그러므로 정책당국이 어느 한 변수를 목표로 잡고 정책조합을 적절히 구사해서 그 변수의 목표를 달성하면 다른 변수가 악화되는 경우가 발생한다. 경제전망에서 정책의지를 중요한 요소로 반영해야 하는 까닭이 바로 여기에 있다. 정부가 가장 중시하는 변수가 있고 그 변수를 목표하는 방향으로 끌고 가기 위해 적절한 조치를 취한다면 그 변수를 독립변수로, 그리고 다른 변수는 종속변수로 잡고 전망을 하는 게 제대로 된 순서다.

경제가 경제주체의 의지, 그 중에서 특히 정부의 의지가 무엇인지에 따라 달라지는 실제 사례를 살펴보자. 이 사례는 경제지표란 서로 맞물려 돌아가기 때문에 경제를 전망할 때에는 정부가 무엇을 목표변수로 삼고 있느냐를 살피는 것이 중요함을 일깨워준다. 다른 변수는 목표변수의 움직임에 의해 좌우된다. 이 사례는 또한 경제의 여러 목표변수가 상충관계에 있어 어느 하나를 달성하려면 다른 걸 희생해야 한다는 사실도 알려준다.

때는 1997년 3월. 압축성장의 온갖 문제가 불거진 시기였다. 기업과 금융회사가 세계화 구호에 의해 잘못 인도되어 외채를 잔뜩 빌려 짊어진 뒤였다. 대마불사 신화를 믿은 대기업들은 무모한 외형확장 경쟁을 벌인 끝에 하나 둘 제 몸을 추스르지 못하고 넘어졌다. 대마불사 신화를 믿은 건 금융회사도 마찬가지였다. 금융회사는 상업적인 판단은 제쳐두고 기업의 규모만 보고 돈을 빌려줬다. 결국 기업이 무너지고 금융회사가 부실해졌다.

경제가 어려우면 원화의 가치가 떨어지게 해서, 다시 말해 환율이 올라가게 해서 경상수지를 방어하는 역할을 하게 해야 하는데, 어찌된 영문인지 정부는 경쟁력 10% 높이기 운동을 벌이며 원화의 가치를 경제여건에 상응하는 수준보다 높게 유지했다. 그 결과로 1996년에 우리나라의 경상수지 적자가 230억 달러라는 사상최대 규모를 기록했다. 경상수지 적자가 누적되면서 외환보유액이 줄어들었다. 한국 경제에 대한 해외의 신뢰가 흔들릴 수밖에 없었다.

이규성 전 재정경제부 장관은 《한국의 외환위기》라는 저서에서 "이때 한국 경제는 이미 외환위기를 맞고 있었다고 할 수 있을 것"이라고 했다. 어떤 이유에서든 통화의 가치에 대한 예상이 바뀌면서 동일한 방향으로 투기적인 단기 자금의 이동이 일어나고 외환당국이 그것은 옳은 방향이 아니라고 보고 그러한 이동을 막기 위해 개입하기 시작하는 것이 외환위기라고 본다면, 우리는 1997년 2~3월에 이미 외환위기를 맞고 있었다고 할 수 있을 것이다.

이런 상황에서 취임한 강경식 경제부총리 겸 재정경제원 장관은 당연히 국제수지 방어에 정책의 최우선 순위를 둔다. 강 전 부총리는 《환란일기》에서 "입각 후 제일 먼저 한 일은 환율 유동화와, 외자도입을 위해 규제를 푸는 것이었다"고 들려준다. "취임 당시는 물론 그 후에도 기업들이 연쇄도산하는 상황에 몰리면서 경기부양을 요구하는 소리가 매우 높은" 상황이었지만 그는 국제수지 방어를 위해 긴축을 택한다. 수출을 늘리기 어려운 상황이었기 때문에 긴축을 통해 수입을 줄이기로 한 것이었다. 세금이 덜 걷히는 데 대응해 1998년에 정부의 씀씀이도 졸라매기로 방향을 잡는다. 대통령 선거를 앞둔 때에 그가 그런 예산운용을 하리라고 예상한 사람은 거의 없었다.

강 전 부총리는 환율을 시장원리에 따라 움직이도록 하되 일시에 대폭 조정하는 방식은 택하지 않기로 한다. 대신 환율이 시장 실세환율 수준까지 올라가는 데 걸리는 시일은 최대한 단축되도록 배려하기로 한다. 아울러 외환보유액을 확충하기 위해 은행과 기업의 외자도입을 자유화하는 방안을 시행한다.

경제를 이렇게 운용하면 원화의 가치가 떨어져 수출은 이전보다 탄력을 받게 되는 반면에 수입과 해외여행은 줄어들어 경상수지가 개선되기 마련이다. 그러나 정부지출이 억제됨과 동시에 내수도 억눌러 경제성장률은 예전과 같은 수준을 유지하기 어렵다. 실업도 무릅쓸 수밖에 없다. 그런데 당시에 KDI는 강전 부총리에게 '기존의 발상' 그대로의 보고를 한다. 성장률이 크게 떨어질 경우에 경기부양을 하기 위한 긴급계획을 가지고 있어야 한다는 내용이었다. 강전 부총리는 '국제수지 방어가 초미의 과제가 된 상황에서 너무나 안이한 발상' 이라고 생각한다.

정부는 대외균형을 유지한다는 목표를 달성하지 못했다. 1997년에 한국경제는 경제성장률 5.5%, 경상수지 81억 7000만 달러 적자, 가용 외환보유액 88억 7000만 달러라는 성적을 냈다. 경제성장률은 1996년의 7.1%에 비해 1.6%포인트 낮아졌고, 경상수지는 큰 폭으로 개선되기는 했으나 균형을 이루거나 흑자로 돌아서지 못했다. 그리고 1996년 말에 294억 2000만 달러였던 외환보유액은 곧 바닥을 드러내게 될 정도로 줄어들었다. 성장률을 희생시켜 경상수지를 개선하는 노력을 기울였음에도 불구하고 그 전에 둔 자충수의 후유증을 극복하지 못한 데다가 해외의 악재에도 시달린 끝에 한국 경제는 결국 외환위기를 맞게 됐다.

당시에 한국 경제가 파산에 이르게 된 것에 대해 정부에만 책임을 돌리면 안 된다. 정부 외에 정치권, 기업, 노조, 언론 등도 상호작용하면서 한국 경제를 파산으로 몰고 갔다. 경제는 단순한 전망의 대상이 아니며, 정부를 비롯한 경제주체가 어떻게 행동하고 반응하는지에 따라 경제의 모습은 판이하게 달라진다.

정부가 어떤 변수를 중심으로 정책을 펼 때 다른 변수의 움직임은 그 변수와의 관계 속에서 전망해야 한다. 이런 관점에서 이번에는 경제의 독립변수와 종속변수 가운데 종속변수만 맞힌 사례를 하나 들여다보자. 종속변수가 움직이는 방향을 비교적 정확하게 맞혔지만 독립변수에서는 크게 헛발질을 한 경우다.

삼성경제연구소는 2008년 여름에 "투기적인 수요가 줄고 중국 경제의 성장이 둔화되면 내년에 원유 가격이 현재의 절반 수준인 배럴당 60~70달러대로 하락할 것"이라고 예측했다. 고유가가 한국 경제 전체에 부담을 주어 경제성장률이 2% 수준으로 낮아지리라는 우울한 전망이 지배적인 상황이었기에 당시 삼성경제연구소가 내놓은 이 예측은 매우 과감한 것이었고, 그래서 많은 관심을 끌었다.

그러나 삼성경제연구소는 딱 부러지게 언급하지는 않았지만 '세계 경제가 침체에 빠져들어 수요가 전반적으로 크게 위축되고, 그래서 원유 가격이 떨어질 것'이라고 예상한 것이 아니라 '세계 경제는 중국의 성장 둔화로부터 영향을 받겠지만 큰 충격은 받지 않는 가운데 원유에 대한 투기적 수요가 줄어 유가에 낀 거품이 빠질 것'이라고 예상한 것이었다.

원유 가격만 놓고 보면 삼성경제연구소의 예측은 예상보다 이른 시기에 적중했다. 비우량 주택담보대출(서브프라임 모기지론) 사태가 번지더니 그해 9월에 투자은행인 리먼브라더스가 무너지면서 세계 경제가 급전직하했다. 원유 가격은 절반으로 추락한 뒤에도 하락세를 멈추지 않았다. 배럴당 30달러대까지 속락했다.

삼성경제연구소의 예측이 맞아떨어진 것일까? 세계 경제는 고유가라는 걱정거리를 덜었지만, 대신 유례없는 침체의 나락으로 굴러 떨어졌다. 고지혈증은 싹 사라졌지만 그것이 식이요법과 운동의 결과가 아니라 먹을거리가 떨어져 굶은 결과라면 결과는 예상대로 됐어도 원했던 결과는 아니다. 늑대를 피한다는 말은 맞았지만 예기치 못하게 호랑이 굴로 들어간 꼴이었다.

'원유 가격이 반토막날 것'이라고 하기보다는 '세계 경기가 동반 급랭할 것'이라고 했어야 정확한 전망이었을 것이다. 세계 경기의 동반 급랭은 원유 가격을 반토막나게 할 테니 말이다. 이렇게 볼 때 '경제전망에서는 어느 하나의 지표를 맞히는 것보다 가장 중심이 되는 변수의 움직임을 짚어내는 것이 더 중요하다'는 결론을 얻을 수 있다.

또 경제는 정책당국과 기업, 소비자를 포함한 경제주체의 판단과 의사결정, 심리와 행동에 영향을 받기 때문에 단순히 일정한 기간이 지난 뒤의 지표를 예상하는 것보다는 바로 그 기간 중에 중요하게 고려하거나 손봐야 할 변수에 대해 조언을 하는 것이 제대로 된 전문가의 역할이라는 점도 알 수 있다. 예컨대 아파트 가격에 버블이 생기고 있다면 "아파트 가격이 머지않아 반토막날 것"이라고 예언하기보다는 "아파트 가격에 버블이 형성되고 있는데 이것을 걷어내려면 이러저러한 조치를 취해야 한다"고 훈수하는 것이 더 적절하다.

심리는 중요하지만 독립변수는 아니다

경제는 경제행위를 하는 주체들의 심리와 판단과 행위에 크게 좌우된다. 또 경제를 연구하고 분석하고 전망하는 사람들의 영향도 받는다. 이런 방향에서 몇 가지 생각을 해본다.

미래 가운데 사람들의 관심을 가장 집중시키는 것은 경제의 미래이고, 경제의 여러 분야 가운데 사람들의 이목이 가장 많이 쏠리는 분야는 주식시장이다. 주식시장에서 매수 주문이 몰리면서 주가가 오를 종목을 계속 알아맞힐 도리는 없다. 주가는 기본적으로는 해당 기업의 매출과 순이익, 그리고 주가수익배율과 같이 수치로 객관화될 수 있는 요인들에 의해 움직여지기는 하지만, 주식시장에 투자하는 주체들의 심리와 의사결정에 의해 영향을 받기도 하기 때문이다.

주시시장에 투자하는 주체의 입장에서는 투자대상 자체나 나의 판단보다 다른 사람들의 판단이 더 중요할 수 있다. 케인스는 이런 측면을 '미인대회'에 비유했다. 즉 주식시장은 많은 참가자들이 미인이라고 생각하는 후보(종목)를 자신도 미인으로 찍은 사람에게 상을 주는 방식으로 움직인다는 것이다. 투자자의 관심이 이상한 방향으로 돌아가거나 방향은 옳지만 지나치게 그쪽으로만 쏠리는 탓에 이전의 기준으로나 이후의 기준으로나 유망주가 아닌데도 불구하고 어떤 종목이 많은 투자자들의 관심을 받으면 그 종목의 주가가 급등하게 되고, 주식시장은 그 종목에 투자한 사람에게 큰 보상을 안겨준다는 말이다.

또 하나 생각해봐야 할 점은 위와 같은 과정에서 시간이 흐르면서 상호작용이 일어난다는 것이다. 투자자는 저마다 다른 투자자들이 어떤 결정을 내리는지를 모르는 가운데 자신의 선택을 한다. 그러나 주가 추이를 보면서 다른 투자자들이 어떤 결정을 내리고 있는지를 알게 되고, 그것에 영향을 받는다. 이처럼 투자자들이 서로 영향을 주고받는 과정이 차수를 거듭하며 반복된다.

주식시장에서 이루어지는 투표는 향후의 경기에 대한 전망을 보여준다. 이 전망은 다시 경제활동 전반에 영향을 준다. 주식시장을 통해 나타나는 '주식시장을 비롯한 각종 시장에 대한 투자자들의 판단과 전망'은 경제의 주요 변수 가운데 하나이기도 하다.

　이런 점을 고려할 때 경제는 경제주체들의 판단과 전망에 따라, 그리고 그 판단과 전망이 다시 경제주체들에게 되먹임되는 과정에 따라 달리 움직인다. 경제가 지금 어떤 단계에 있고 앞으로 어떻게 될지는 지금 우리가 경제에 대해 어떻게 생각하느냐에 달려 있다. 바로 이 점이 내가 얼마 전에 〈뉴스위크〉에서 읽은 컨설팅회사 대표 재커리 캐러벨(Zachary Karabell)의 칼럼 '우려가 낳은 심리적 공황'에 상당부분 공감한 까닭이다. 그 칼럼 중 한 문단을 옮겨본다.

요즘 시기는 심각한 경기침체와 심각한 '심리적 공황'의 시기로 기억될 듯하다. 오늘날 세계가 필요로 하는 사람은 뛰어난 은행가보다는 심리치료사인지도 모른다. 인류의 집단적 두려움증을 치료할 수 있는 사람, 혹은 적어도 나쁜 소식을 끊임없이 보도하는 언론매체로부터 우리의 관심을 다른 데로 돌려줄 수 있는 사람 말이다. 대공황과 비교하는 일만큼 집단적 공황심리를 부추기는 건 없다. 게다가 그런 얘기는 이미 질리도록 들었다.

　무엇보다 심리를 먼저 안정시켜야 한다는 주장은 경기가 악화될 때 나오는 단골 메뉴다. 1933년에 프랭클린 루스벨트 미국 대통령은 취임연설에서 "우리가 가장 두려워할 것은 두려움 그 자체"라고 말했다. 그런 그가 대통령이 됐음에도 미국 경제는 1939년까지 극심한 침체에서 탈출하지 못했다. 정부의 정책이 하강하는 경기를 떠받쳐 올리지 못했기에 두려움이 두려움을 확대재생산하는 악순환이 이어졌다.

　경제에서 심리가 중요하다고 해서 심리만 바로잡는다고 경제문제가 풀린다는 말은 아니다. 경제에 대한 우리의 생각이나 심리는 현실의 경제적인 조건으로부터 완전히 자유로워질 수가 없기 때문이다.

기업과 금융의 부실이 커지는 상황에서는 설령 낙관론이 우세해진다고 해도 그런 낙관론은 오래 가지 못한다. 점점 커져가면서 경제기반을 무너뜨리는 부실을 늦기 전에 걷어내지 않는다면 그런 낙관론은 다시 주저앉고 비관론에 자리를 넘겨주게 된다. 낙관적인 전망이 부실을 없애지는 못한다. 그러나 부실을 없애면 비관론이 사라지고 낙관론이 되살아난다.

미래를 가로막는
장하준의 잘못된 관념

악한 사마리아인? 약한 사마리아인!

장하준 케임브리지대학 경제학 교수는 2009년 3월 〈중앙SUNDAY〉에 실린 기고에서 "선진국들이 겉으로 자유무역을 외치면서 '숨은 보호주의'를 펴는 것이 걱정스럽다"고 지적했다. 장 교수는 이 글의 다른 곳에서는 "전 세계 선진국들이 경제위기에 빠지면서 보호주의 물결이 일고 있다"며 다음과 같이 썼다.

아직은 공식적으로 관세를 올린 나라는 없지만, 미국을 비롯한 대부분의 선진국이 환경친화적 기술 개발 지원 등을 명목으로 자동차 산업에 보조금을 퍼붓고 있다. 미국에선 앞으로 정부가 투자하는 사회간접자본 사업을 할 때 미국 철강제품을 우선적으로 사서 쓰겠다고 발표해 논란을 일으키고 있다. 앞으로 더 많은 산업이 곤란에 빠지면서 보호주의적 정책은 더 광범하게 퍼질 것이다.

　선진국들이 보호주의 경향을 보이는 것은 사실이다. 한국경제연구원의 송원근 연구위원은 2009년 11월에 '오바마 정부의 통상정책은 자유무역을 외면하는가?'라는 제목의 글을 통해 "현재까지 나타난 오바마 정부의 통상정책은 자유무역을 지향하는 기존의 미국 통상정책에서 벗어나고 있음을 알 수 있다"고 분석했다.

　이 분석을 뒷받침하는 명확한 사실이 있다. 중국산 타이어에 대한 미국의 반덤핑 관세 부과가 그것이다. 미국 정부는 2009년 9월 승용차와 경트럭용 중국산 타이어에 대해 이후 3년 동안 35~25%의 추가관세를 부과하기로 결정했다. 이로써 중국산 타이어에 기존 관세 4%에 첫해에는 35%, 2년째에는 30%, 3년째에는 25%가 더 얹히게 됐다. 미국 정부는 필요할 경우에는 '몰래'가 아니라 '드러내놓고' 보호주의를 택했다.

　장 교수가 이런 사실을 염두에 둔 듯 선진국이 보호주의로 기울고 있다고 인정하고 앞으로 이런 경향이 더 강해지리라고 전망하면서도 선진국이 그렇게 '숨은 보호주의'를 펴는 것이 걱정스럽다는 기묘한 논리를 개발한 이유는 뭘까? 그는 선진국이 자유무역을 외친다면서도 구체적인 사례는 들지 않았다. 선진국이 자유무역만을 외친다는 건 사실이 아니다. 장 교수는 왜 사실과 거리가 먼, 스텝이 엉킨 주장을 칼럼에 썼을까?

　그는 그동안 《사다리 걷어차기》와 《나쁜 사마리아인들》에서 선진국은 자국의 이익을 위해 자유무역을 세계 각국에 강요하고 권고한다고 주장해왔다. 이런 자신의 주장을 뒤엎는 사례가 너무나 뚜렷해지자 그는 그런 사례를 자신의 기존 이론과 절충시켜줄 복잡한 말을 궁리해낸 건 아닐까? 판단은 지금부터 펼

처지는 이 장을 읽는 독자의 몫이다.

장 교수가 2007년에 낸 《나쁜 사마리아인들》은 2002년에 낸 《사다리 걷어 차기》를 풀어서 쓴 책이다. 두 책의 관계는 《나쁜 사마리아인들》의 서문에서 짐 작할 수 있다. 일부를 인용해보자.

세계화 및 경제발전에 대해 독자들이 이해하기 쉬우면서도 현재의 지배적 인 정설에 대해 비판적인 입장의 책을 쓰자는 제안은 몇 년 전에 던컨 그린 이 내놓은 것이다. 그는 내가 이런 주제와 관련하여 색다르고도 흥미 있는 이야깃거리를 가지고 있고, 따라서 보통 글을 쓸 때 생각하는 것보다 훨씬 넓은 독자층을 겨냥하여 이야기를 종합하는 것이 좋겠다고 설득했다.

속편은 전편에 비해 과녁을 명확히 했다. 그 과녁은 신자유주의라는 개념 이다. 장 교수는 토머스 프리드먼이 《렉서스와 올리브나무》에서 정리한 신자유 주의의 개념을 아래와 같이 전한다.

세계는 렉서스를 만들어 파는 부유한 나라와 누가 어떤 올리브나무를 차지 할 것인지 싸움에 골몰하는 나라로 나뉘고, 렉서스의 세계는 다음 준칙을 따른 결과다. 국영기업 민영화, 물가 안정, 정부조직 규모 감축, 재정균형 달성, 무역 자유화, 외국인 투자와 자본시장에 대한 규제 해제, 외환 자유 화, 부정부패 감소, 연금 민영화.

이 부분은 이른바 '워싱턴 콘센서스'를 옮긴 것이다. 워싱턴 콘센서스는 세계은행 등에서 근무한 바 있는 존 윌리엄슨이 1990년에 '워싱턴이 말하는 개

혁이란 무엇인가' 라는 글을 통해 정리한 개념이다. 윌리엄슨은 이 글에서 1980
년대에 국제통화기금(IMF)의 구제금융을 받은 멕시코, 칠레 등 라틴아메리카
국가들의 사례로부터 바람직한 정책조합을 추출해 제시했다. 이 정책조합이 워
싱턴 콘센서스라고 불리게 된 것이다. 여기서 '워싱턴' 은 미국 워싱턴 시에 본
부를 둔 IMF와 세계은행을 가리킨다. 워싱턴 콘센서스의 내용으로는 절제된 재
정, 재정지출 우선순위 조정, 세제개혁, 금리 자유화, 경쟁력 있는 환율, 무역 자
유화, 외국인투자 자유화, 민영화, 진입 및 퇴출과 관련한 규제완화, 재산권 보
호 등 열 가지가 꼽혔다.

워싱턴 콘센서스 가운데《나쁜 사마리아인들》이 가장 집중적으로 문제 삼
은 항목은 역시 자유무역이다. 이런 점에서 속편은 전편과 대동소이하다. 이 글
에서는 '대동' 한 부분을 주로 다루겠다. 대표적으로 '대동' 한 부분을 인용해
보자.

선진국은 나쁜 사마리아인이다. 그들은 개발도상국에게 저희가 부자가 된
방법을 따라 하지 말라고 금지한다. 그들은 자국 시장을 관세를 비롯한 무
역장벽으로 보호하고 유치산업을 지원함으로써 산업 경쟁력을 확보했다.
영국을 필두로 그런 과정을 거쳐 산업화된 서구 선진국은 자유무역을 기치
로 내걸고 부유하게 됐다. 그들은 그러나 1980년대 이후 개도국이 정부 주
도 유치산업 육성 전략을 펴지 못하도록 가로막았다. 개도국은 수입대체
자국 산업 육성 같은 정책을 포기하고 시장을 개방하라고 했다. 경쟁자가
더 올라오지 못하도록 자신들이 타고 올라온 사다리를 걷어차 버린 것이
다. 그 결과 개도국 형편은 이후 전혀 나아지지 않았다. 자유무역 체제는 선
진국에 유리한 방식이다. 이젠 국제무역 체제를 개도국에게 유리하도록 개

편해야 한다. 개도국이 관세와 보조금을 자국 산업을 육성하는 쪽으로 활
용하도록 허용해야 한다. 적어도 이런 정책의 사용을 전면적으로 금지해서
는 안 된다.

그러나 장하준 교수는 현실로 돌아와서는 이렇게 쓴다.

제2차 세계대전 이후 경제개발에 성공한 개도국은 거의 모두 관세와 보조
금을 비롯한 갖가지 형태의 정부개입을 활용하는 민족주의적 정책을 폈다.
한국의 성공 비결은 새로운 유치산업이 발전해 노련해지고 국제적인 경쟁
력을 가지게 됨에 따라 보호하는 분야를 끊임없이 바꾸어가면서 보호와 개
방 무역정책을 적절히 혼합한 데 있다. 대만, 싱가포르, 중국과 인도의 경제
성공사례 역시 무조건적이 아닌 민족주의적 입장에 기반해 전략적으로 세
계경제에 통합되는 것이 중요함을 보여준다. 일례로 중국은 1990년대까지
평균 수입관세율이 30%를 넘을 정도였다.

현실을 장 교수의 관념에 비춰보자. 장 교수는 신자유주의라는 세계질서가
유치산업 육성 정책을 허용하지 않았다고 했으나 한국, 대만, 싱가포르, 중국,
인도는 그런 정책조합을 구사했다. 이들 나라를 개도국의 예외로 치기엔 세계
경제에서 차지하는 비중이 매우 크고 성공의 정도 역시 현저하다. 장 교수는 현
실과 상충되는 주장을 폈다.

정부 주도의 유치산업 육성 정책을 미국의 경제학자 폴 크루그먼이 《번영
의 행상들(Peddling Prosperity)》(한국에서는 《경제학의 향연》이라는 제목으로
번역됐다)에서 이름 붙인 대로 '전략적 무역정책'이라고 하자. 한국이 실행에

옮긴 전략적 무역정책의 내용은 《나쁜 사마리아인들》의 프롤로그에 상세히 소개돼있다. 중국이 전략적 무역정책을 한동안 거침없이 구사했음은 장 교수도 인정했다. "중국은 1990년대까지 평균 수입관세율이 30%를 넘을 정도였다"고 쓴 대목에서 우리는 그것을 알 수 있다.

최근에도 중국이 전략적 무역정책을 펴고 있음을 보여주는 증거는 쉽게 찾을 수 있다. 중국은 2007년 11월에 철강, 정보통신, 목재 등의 산업에 대한 수출보조금과 세제혜택을 철폐하기로 했다. 미국이 중국에 대해 불공정무역을 벌이고 있다며 세계무역기구(WTO)에 제소하는 등 압력을 넣자 취한 조치다. 또 미국 상무부는 2009년 9월에 중국 강관업체들이 정부보조금을 받아 저가로 미국에 수출을 한다는 미국 업계와 노조의 주장을 받아들여 중국산 강관에 최고 31%의 상계관세를 부과하기로 결정했다.

이것은 선진국이 사다리를 걷어찬 사례다. 그러나 요즘도 여전히 개도국이 선진국 시장을 위협할 수준에 오를 정도로 사다리를 타고 있음을 보여주는 사례이기도 하다. 사다리는 없어진 것이 아니다. 개도국이 받혀놓고 위로 올라가면 선진국은 걷어차는 과정이 반복될 뿐이다. 이런 과정을 통해 개도국은 선진국에 접근해가는 중이다.

사실에 눈 감은 장하준 교수의 관념

장 교수는 신자유주의 국제무역 질서 속에서 개도국의 형편이 악화됐다고 주장했다. 이것은 한참 전에 퇴장한 종속이론의 아류다. 1950년대에 생겨난 종속이론은 주변부에 있는 개도국은 세계 무역체제에 통합될수록 중심부 선진국의 부를 키워주면서 자신은 빈곤해진다고 주장했나. 종속이론은 가난을 벗어나지 못하는 주변부 국가의 상황을 가리켜 '저개발의 개발'이라고 표현했다. 경제개발을 시도해보지만 저개발을 벗어나지 못한다는 뜻이다.

그러나 개도국이 경제성장의 길에 들어서고 다시는 이전의 빈곤 상태로 주저앉기가 불가능할 정도로 경제수준을 높여갈 수 있는지의 여부를 좌우하는 요인은 외부의 세계 무역체제에서 찾을 것이 아니라 내부의 의지와 역량, 시스템에서 찾아야 한다.

현재의 국제질서를 무엇이라고 하든지 간에 교역이 더 많이 이루어질수록, 그리고 부의 격차가 큰 상태에서 그렇게 될수록 가난한 나라가 부자나라를 상대로 돈을 벌기가 쉬워진다. 비유하면 두 수조의 수위 차가 클 때에는 파이프를 하나만 연결해도 '윗물'이 아래로 빠르게 내려온다. 부의 격차는 임금수준의 격차로 직결되고, 임금이 낮은 나라일수록 예를 들어 부자나라 시장을 뚫을 저가 상품을 여러 가지로 만들어 많이 팔 수 있다.

한국에 이어 중국과 인도가 급속하게 부상한 데는 전략적 무역정책 외에 이런 이치도 작용했다. 중국과 인도는 수십 년 동안 세계경제에서 매우 낮은 위치에 머물렀던 나라다. 부자나라를 상대로 돈을 버는 방법은 크게 두 갈래로 나뉜다. 우선 부자나라보다 값싼 인력을 투입해 제품을 제조하고 저가에 수출하면 된다. 다음으로는 저렴한 품삯을 앞세워 부자나라에서 일감을 따오는 길이 있다. 중국은 첫째 경로에서, 인도는 둘째 경로에서 상대적인 강점을 갖고 있다.

현실과 반대되는 장하준 교수의 또 다른 주장은 선진국이 자유무역을 강요한다는 것이다. 사회주의가 무너지고 신자유주의가 패권을 쥐게 됐다는 1990년대에 한국과 미국의 통상관계가 어떠했는지를 돌아보자. 미국은 한국을 상대로 자유무역을 밀어붙였나? 오히려 정반대로 미국은 자국 시장을 보호하기 위해 보호주의 장벽을 높이 쌓았다. 1993년에 어느 국내 신문은 다음과 같이 보도했다.

> 빌 클린턴 미국 행정부가 출범 직후부터 철강제품에 대한 반덤핑관세 부과, 유럽공동체(EC) 제품에 대한 정부입찰 제외 예비결정 등 일련의 보호무역주의적인 조치들을 취하는 데 대해 미국 내에서조차 강한 비판이 일고 있다. 〈월스트리트저널〉은 "이들 조치는 미국의 경제성장에 도움을 주기보다는 엄청난 퇴보를 가져다줄지 모른다"고 주장했다. 〈뉴욕타임스〉는 최근의 사설에서 "클린턴은 선거기간 중 자신이 천명했듯이 자유무역주의자가 될 것인지, 아니면 보호무역을 요구하고 있는 막강한 기업체들의 '뚜쟁이'가 될 것인지를 빨리 결정해야 할 것"이라고 주장했다.

또 1998년에 한 국내 신문이 내보낸 사설은 아래와 같다.

> 미국이 한국산 반도체와 철강 제품에 덤핑 판정을 내리는 등 아시아산 제품에 대한 수입규제를 대폭 강화하고 있다. 미국의 수입규제 강화는 한마디로 값싼 아시아 수출상품에 대한 장벽 쌓기다. 이같은 신보호무역주의로의 회귀는 미국에 그치지 않고 유럽을 자극해 다른 선진국들도 다투어 수입장벽을 높이는 계기가 되지 않을까 우려된다. …
> 미국은 지금까지 신자유주의를 주창해왔다. 이를 위한 자유변동환율 시스템과 자유시장 경제, 자본거래의 전면 개방을 전 세계 모든 신흥시장에까지 강요해왔다. 그것이 이른바 미국식 자본주의의 세계화 과정이었다. 그래놓고 그 부작용이 부메랑이 되어 미국으로 되돌아오는 듯싶자 서둘러 무

역장벽부터 쌓는다면 세세경제를 이끌고 있는 미국의 리더십은 돌이킬 수 없는 상처를 입게 될 것이다.

반도체산업을 키워나가던 한국에 대해 미국이 자유무역을 관철하기보다 보호무역 장벽 구축으로 대처한 과정을 살펴보면 사안이 구체적으로 이해될 성싶다. 미국 반도체업계는 1992년 5월에 자국 상무부와 무역위원회에 한국산 반도체업체들을 덤핑 혐의로 제소했다. 한국 반도체업체들은 "대미 반도체 무역에서 우리나라의 수입이 수출을 초과해 역조를 보이고 있는데도 미국 업계가 한국산 반도체에 대해 13%에서 283%까지의 덤핑을 주장하며 터무니없는 반덤핑 제소를 한 것은 한국 반도체산업의 기반을 무너뜨리기 위한 기도"라며 반발했다.

미국 상무부는 1992년 10월에 한국산 반도체에 대해 덤핑마진율을 6~87%로 예비판정한 다음 1993년 3월에 평균 3.2%의 반덤핑관세율을 확정해 부과했다. 나중에 삼성전자는 국제무역재판소(CIT)에서 0.22%의 극소마진을 확정받아 반덤핑관세를 돌려받았지만 현대전자와 LG반도체는 각각 11.16%와 4.28%의 반덤핑관세를 부담했다.

이후 한국 반도체업체들은 1995년부터 1997년까지 3차에 걸쳐 덤핑 여부를 재심받는 동안에도 반덤핑관세를 물었다. 현대전자와 LG반도체는 3년 연속 덤핑마진 0.5% 미만의 판정을 받았다. 원칙대로라면 두 업체도 반덤핑관세 부과 대상에서 면제돼야 했다. 그러나 미국 상무부는 "반도체시장 전망이 불투명해 앞으로도 이들 한국 업체가 덤핑을 하지 않을 것이라고 확신할 수 없기 때문에 반덤핑관세 부과 명령을 철회하지 않기로 했다"고 발표했다. 한국 정부가 이 조치를 WTO에 제소해 1998년 12월에 승소하면서 한미 반도체 무역분쟁은 일단

락된다.

유럽의 대응 또한 자유무역과는 거리가 멀었다. EC는 1991년 3월에 한국산 D램에 대해 반덤핑조사에 착수한 다음 1992년 9월에 한국산 D램에 6~87%의 반덤핑관세를 잠정 부과했다.

일본의 수출을 견제하던 미국 정부는 1990년대에는 한국의 수출을 집중적으로 견제했다. 그런 다음에는 무역전쟁의 상대를 중국으로 바꿨다. 미국은 자유무역을 가능하면 강요하거나 권고하는 게 아니라 사다리를 걷어차면서 기회만 있으면 자국 시장에 울타리를 쌓고 보호무역을 강화하고 있다. 앞에서 든 미국의 중국산 수입 강관에 대한 상계관세 부과는 사다리 걷어차기이자 울타리 둘러치기다.

지금까지 주로 미국의 사례를 들어 선진국이 개도국을 상대로 보호무역 정책을 쓴 사례를 들었다. 이는 선진국이 자유무역을 과거에도 강요했고 지금도 여전히 강요한다는 주장을 반박하기 위해서다. 미국이 보호무역 조처만 동원한 것은 아니었음을 부인하는 것은 아니다. 미국은 한국에 자동차와 농산물 등의 분야에서 자유무역을 하자면서 수시로 시장개방 압력을 넣었다.

1990년대에는 지금보다 미국이 자유무역으로 이득을 챙길 수 있는 산업이 많았다. 이런 배경에서 미국은 샬린 바셰프스키 당시 무역대표부(USTR) 대표가 표현한 대로 '냉혹하리만큼' 사정없이 다른 나라들에 시장개방 압력을 가했다. 그 덕분에 1990년대에 미국의 수출은 큰 폭으로 증가했다.

미국 정부가 자국 산업이 경쟁력을 가진 분야에서 자유무역을 강요하고자 전가의 보도처럼 휘두르려고 했던 게 '슈퍼 301조'다. 슈퍼 301조는 미국이 1988년에 종합무역법을 제정하면서 만든 조항이다. 종전의 통상법 301조와 달리 슈퍼 301조는 무역분쟁 상대방 국가의 통상마찰 품목뿐만 아니라 모든 수출품에 대헤 무차별적인 보복조치를 미국 정부가 취할 수 있노록 허용했다. 슈퍼 301조는 부시 행정부에서 한시적으로 운용된 뒤에 1990년에 폐기됐다가 클린턴 대통령의 행정명령으로 1994년부터 1997년까지 한시적으로 부활했다.

미국 정부는 한국에 대해서도 1997년 말에 슈퍼 301조를 발동했다가 한국이 IMF 구제금융을 받게 되자 슬그머니 칼집에 도로 넣었다. 미국은 IMF를 앞세워 원하던 것 이상으로 한국 시장을 열었고, 따라서 슈퍼 301조까지 동원해 한국의 기세를 꺾을 필요가 없어졌기 때문이었다.

미국은 보호무역과 자유무역을 필요에 따라 섞어서 구사했음을 알 수 있다. 미국뿐 아니라 어느 나라나 자국이 강한 산업분야에서는 자유무역을 주장하고, 아직 허약하여 더 키우고자 하는 산업분야에서는 보호무역을 주장한다. 자유무역은 상대국 시장을 뚫는 창이고, 보호무역은 자국 시장을 보호하는 방패다. 경쟁력이 뛰어난 산업을 많이 갖고 있는 선진국은 보호무역보다는 자유무역을 더 강요하거나 권하거나 주장했다. 그러나 개도국이 치고 올라오는 산업에서는 언제나 보호무역으로 돌아섰다. 더 많은 개도국이 더 많은 산업분야에서 경쟁력을 확보하게 되면서 선진국은 점점 더 보호무역에 의존하게 됐다.

‘선진국은 자국의 이익을 챙기려고 자유무역을 앞세우다가도 필요할 때에는 보호무역을 주저하지 않는 이중성을 지니고 있고, 그래서 ‘나쁜 사마리아인’ 이다.’ 장하준 교수의 주장을 이런 것으로 오해하는 사람이 있을지도 모르겠다. 그러나 그는 선진국의 그런 양면성과 그 양면성의 변천과정을 지적한 게 아니다. 그는 단순히 ‘선진국은 자유무역을 개도국에 강요하며, 자유무역이라는 룰은 선진국에 일방적으로 유리하다’ 고 단순화했다.

이런 그의 주장은 한국 정부와 미국 정부가 추진한 한미 자유무역협정

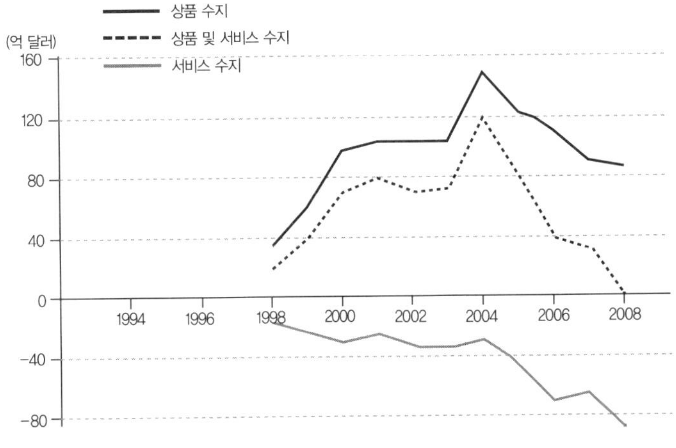

(FTA)에 대한 반대로 이어졌다. 장 교수는 2009년 10월 중순에 한 일간지와 가진 인터뷰에서 한미 FTA와 관련해 "선진국과 FTA를 하면 우리에게 손해이고, 후진국과 FTA를 하면 우리에게 이익이라는 생각엔 변함이 없다"고 말했다. 그해 4월에는 민주당 초청 강연에서 "우리나라는 아직 15등짜리 나라인데 1등 그룹에 들어가면 (무슨 소리들을 하는지) 알아듣지도 못하고 졸다가 더 도태된다"면서 지금은 때가 아니라고 말했다. 그는 "양국간 자유무역을 하더라도 수준이 비슷해진 다음에야 득을 본다"고 주장했다. 한미 FTA를 반대하는 여러 논리가 있겠지만 적어도 이런 논리라면 그건 현실과 부합하지 않는다.

한국은 선진국의 무역장벽을 넘어 산업경쟁력을 키워왔고, 선진국과의 자유무역으로 이전보다 더 득을 볼 수 있게 됐다. 이해관계 때문에 한미 FTA에 반대하는 것은 이해된다. 하지만 잘못된 관념에 근거를 둔 반대는 없어야 한다.

존 메이너드 케인스는 《일반이론》에서 "경제학자와 정치철학자의 관념은 옳거나 그르거나 일반적으로 생각되는 것보다 훨씬 강력하다"면서 "사실 이것 외에 세계를 지배하는 것은 거의 없다"고 말했다. 이와 같은 맥락에서 영국의 주간매체인 〈이코노미스트〉는 1843년에 창간의 이유를 "도도히 전진하는 지성과 우리의 진보를 가로막는 겁 많고 무가치한 무지와의 치열한 싸움에 참여하기 위해서"라고 천명했다. 내가 이 글을 쓰는 까닭도 그렇다.

내적 정합성마저 갖추지 못한 논리

장하준 교수가 《사다리 걷어차기》에서 한 이야기들을 옮겨보면 이렇다.

— 후진국들에 권고되고 있는 자유무역과 자유방임주의적 산업–무역–기술 정책….
— 현 선진국들은 어째서 최근 수세기 동안 성공한 나라들의 대다수가 사용한 정책을 (개발도상국들에게) 권고하지 않는 것일까?
— 이들은 어째서 현 선진국들이 현 개발도상국들과 유사한 발전단계에 있었을 때 사용하지 않았던 '가장 훌륭한' 제도들을 개발도상국들에게 강요하는 것일까?
— 역사에서 거듭 반복되어온 것처럼 어느 나라나 자신의 개발연대에는 사용하지 않았지만 선두 기술국의 위치에 도달한 지금에 와서는 자신에게 유리한 정책이나 제도를 후진국에 강요하는 것이 유리하기 때문일까?

— 대부분의 현 선진국들이 개발을 진행 중이던 시기에 매우 효과적으로 사용하던 '바람직하지 않은 정책'을 개발도상국들이 사용할 수 있도록 적극적으로 격려하지는 않는다 하더라도, 양해는 해주어야 한다. 적극적 산업—무역—기술 정책이 때로는 관료적 형식주의나 부정부패로 변질될 수 있는 것도 사실이지만, 그렇다고 이런 정책의 사용을 전면적으로 금지해서는 안 될 것이다.

— 세계무역기구의 규칙 및 다른 다자간 무역협의들은 (개발도상국이) 보호관세나 정부보조금과 같은 유치산업 진흥수단을 더욱 적극적으로 사용할 수 있는 방향으로 재정비되어야 한다.

그는 《나쁜 사마리아인들》에서는 다음과 같이 주장했다.

평평한 국제무역 경기장은 실은 부자나라에 유리하다. 세계 무역체제는 개도국들이 유치산업을 장려하기 위해 필요한 도구들을 보다 자유롭게 사용할 수 있도록 허용함으로써 개발도상국들의 경제발전 노력을 지원해야 한다.

내가 장하준 교수의 책에서 여러 문장을 인용한 것은 선진국은 후진국이 자신이 걸어온 길을 따라 걷지 못하도록 한다는 그의 주장이 일관되지 않다는 점을 보여주기 위해서다. 장 교수는 어느 곳에서는 자유무역을 '강요'한다고 하다가 다른 대목에서는 '권고'한다고 쓴다. 상대국에 따라서, 그리고 상황에 따라서 가능하면 강요하고 필요하면 권고한다는 뜻일까? 그러나 개도국이 자유무역을 강요받았더라도 따르지 않은 사례는 앞에서 언급한 것처럼 충분히 많다. 또 권고에 그치는 간섭을 받은 개도국은 전략적 무역정책을 큰 제약 없이 활용할 수 있었고, 실제로 그렇게 했다.

전략적 무역정책에 대한 서술 역시 모호하다. 어디서는 '금지해서는 안 된다'고 하더니 다른 데서는 '더욱 적극적으로 사용할 수 있어야 한다'고 주장한다. 어쨌든 그는 개도국의 전략적 무역정책 구사가 가능했고 여전히 가능함을 인정한 것이다.

그렇다면 선진국이 자유무역을 강요하고 권고한다는, 실제와 어긋난 주장을 그는 무엇에 바탕을 두고 하는 것일까?《나쁜 사마리아인들》에서 여러 가지가 제시된다.

그중 가장 비중 있게 서술된 것은 세계은행이 1993년에 펴낸 '동아시아의 기적'이라는 보고서다. 세계은행은 이 보고서에서 "개도국들은 일본이나 한국의 적극적 개입주의 무역―공업 정책을 따라가지 말라"고 충고했다. 세계은행은 "이런 정책은 일본이나 한국보다 '자질, 정치적 압력으로부터의 보호, 그리고 상대적으로 높은 청렴도'가 부족한 나라들, 즉 거의 모든 개도국에서는 효과를 볼 수 없다"고 설명했다. 그러나 이 권고는 개도국이 전략적 무역정책을 성공적으로 펴는 데 필요한 전제조건을 제시한 것으로 풀이할 수도 있다.

장하준 교수는 또 "제프리 삭스와 앤드루 워너가 논문에서 개도국들이 '1964년 관세 및 무역에 관한 일반협정(GATT)에서 확보한 비대칭적인 보호무역'의 권리는 '자국 경제의 목을 옥죄는 밧줄'로 묘사했다"고 전한다.

내가 보기에 제프리 삭스와 앤드루 워너는 잘못 주장한 것이다. 그 이상도 이하도 아니다. 두 교수가 그 논문을 통해 개도국의 전략적 무역정책을 금지해야 한다고 주장했다고 보기도 어렵다. 게다가 그 논문에서 다뤄진 전략적 무역정책의 틀은 옛날 것이다. 장 교수가 '1980년대 이후, 특히 WTO가 출범한 1995

년 이후의 신자유주의 질서는 개도국에 불리했고, 개도국에 전략적 무역정책이 긴요했는데 선진국 학자들은 오히려 전략적 무역정책에 대해 효과가 없다고 비판했다'는 말을 하고 싶었다면 '1964년 이후' 보다는 '1995년 이후' 의 전략적 무역정책에 대해 쓴 논문을 찾아내 인용해야 했다.

장 교수가 또 드는 '강요' 와 '권고' 의 흔적은 아래와 같다.

— 브라질 중앙은행 총재를 지낸 구스타보 프랑코는 한 잡지의 좌담에서 "유일한 선택은 신자유주의자가 되느냐, 신바보주의자가 되느냐는 것" 이라고 발언했다.
— 유럽부흥개발은행(EBRD)의 수석 이코노미스트였던 윌렘 뷔터는 2003년 9월 〈파이낸셜타임스〉 독자투고에서 "호혜적인 무역자유화는 무역의 이익을 더 늘리지만, 호혜적이 아니더라도 무역의 자유화는 이익을 가져온다" 고 주장했다.

그러나 이들의 발언이 어떤 경로로, 예를 들어 어느 선진국의 정부기구와 무슨 국제기구의 어떤 움직임을 통해 어떤 제도를 거쳐 개도국에 '강요' 되고 '권고' 됐는지에 대해서는 전혀 언급이 없다.

장 교수는 레나토 루지에로가 WTO의 초대 사무총장을 맡으면서 "이런 새로운 세계질서 덕분에 우리는 다음 세기 초반에는 전 지구적인 차원에서 빈곤을 일소할 수 있는 잠재력을 가질 수 있게 됐다"고 선언한 것을 예로 든다. 그러나 루지에로 사무총장의 선언은 강요나 권고가 아닌 선언이며, 이상에 가까운 과장이긴 해도 방향이 틀린 것은 아니다.

전략적 무역정책이 효력 내는 기간 줄어

"자유무역은 경제를 지배하는 나라가 자국이 걸어온 길을 타국이 따라오지 못하도록 막기 위한 무기다."

독일의 철혈재상 비스마르크가 한 말이다. 그는 19세기 말에 독일제국 총리를 지냈다. 19세기 독일의 경제학자 프리드리히 리스트는 전략적 무역정책을 체계화했다.

유치산업을 보호해야 한다는 주장은 오래 전부터 있었다. 예컨대 미국의 초대 재무장관인 알렉산더 해밀턴은 1791년 미국 의회에 '제조업에 관한 보고서'를 제출했다. 그는 "미국과 같은 후진적인 나라는 외국의 경쟁으로부터 유치산업을 보호하고, 자기 발로 설 수 있을 때까지 그 산업을 육성해야 한다"고 주장했다.

유치산업을 보호하고 육성하는 전략적 무역정책을 사다리에 비유한 이는 리스트다. 리스트는 1841년에 출간된 《정치경제의 국민적 체계》에서 "자유무역은 이 사다리를 타고 위로 올라가 산업의 우위를 확보한 나라가 그렇게 하지 못한 나라에 권장하는 것"이라면서 다음과 같이 설명했다.

사다리를 타고 정상에 오른 사람이 그 사다리를 걷어차 버리는 것은 다른 이들이 그 뒤를 이어 정상에 오를 수 있는 수단을 빼앗아 버리는 행위로, 매우 잘 알려진 교활한 방법이다. …
보호관세와 항해규제를 통해 다른 국가들이 감히 경쟁에 나설 수 없을 정도로 산업과 운송업을 발전시킨 국가의 입장에서는 정작 자신이 딛고 올라온 사다리는 치워 버리고 다른 국가들에게 자유무역의 장점을 강조하면서,

지금까지 자신이 잘못된 길을 걸어왔고 뒤늦게 자유무역의 가치를 깨달았다고 참회하는 어조로 선언하는 것보다 더 현명한 일은 없을 것이다.

리스트는 영국과 비교해 뒤떨어진 독일의 산업수준을 고려할 때 독일은 사다리를 받쳐놓고 올라가 대등한 힘을 갖춘 뒤에야 자유무역을 받아들여야 한다고 주장했다. 리스트의 주장은 속담으로 돌려 말하면 '개구리는 올챙이 적 기억을 하지 못 한다'는 것이다. 다시 말하면 올챙이는 개구리한테 "올챙이 적에 꼬리로 헤엄치던 것을 기억하지 못 한다"고 비난하면서 "우리도 꼬리를 쓸 수 있게 해달라"고 요구해야 한다는 것이다.

그런데 언젠가부터 상황이 달라졌다. 요즘의 올챙이는 겨우 꼬리를 흔들며 헤엄을 좀 치는가 싶으면 단숨에 꼬리를 떼어내고 맞장 뜨자며 개구리에게 덤빈다. 이전에 비해 후발 산업화 국가가 선발 주자를 따라잡는 데 걸리는 기간이 놀랄 만큼 단축됐다는 얘기다.

옛날에는 후발 국가가 선발 국가와 겨룰 만큼 경쟁력을 갖추는 데 오랜 시일이 걸렸다. 《나쁜 사마리아인들》을 보면, 영국이 보조금을 주고 수입을 규제해 모직물 산업을 키운 기간이 무려 100년이었다는 사례가 나온다.

이제는 그 기간이 대폭 줄었다. 한국 반도체산업의 경우는 그 기간이 10년도 채 안 된다. 삼성전자는 1984년에 공장을 준공해 가동했는데 미국 반도체업계는 1992년에 한국 반도체업체를 덤핑 혐의로 제소했다. 한국의 반도체는 태어난 지 불과 8년 만에 미국 업체들로부터 강한 견제를 받은 것이다. 이는 삼성전자를 기준으로 한 이야기다. 1989년에 설립된 금성일렉트론(LG반도체)을 기준으로 하면, 한국의 반도체가 경쟁력을 갖추기까지 걸린 기간은 3년으로 더 줄어든다.

후발 주자가 선발 주자를 따라잡는 기간이 단축되도록 한 요인은 무엇일까? 후발 주자는 선발 주자보다 인건비를 비롯한 원가를 덜 들이게 된다는 측면을 생각할 수 있다. 또 후발 주자는 선발 주자보다 효율이 뛰어난 생산설비를 더 저렴하게 구입할 수 있다. 추격에 걸리는 기간이 왜 단축됐는지, 그리고 언제부터 두드러지게 단축됐는지를 규명하는 일은 전문 연구자의 몫으로 남겨둔다.

추격기간 단축이라는 현상은 학술적인 관심사만은 아니다. 추격기간이 짧아도 수십 년이었을 때에는 선발 주자는 자국 시장이 잠식될까봐 걱정할 필요 없이 자유무역을 앞세워 느긋하게 제품을 팔면 됐다. 그러나 추격기간이 짧아지자 "경제를 지배하는 나라가 타국이 따라오지 못하도록 막기 위한 무기"였던 자유무역이 사실상 무력화됐다. 그 결과 선발 주자는 자유무역 운운할 겨를 없이 자국 시장을 관세장벽, 비관세장벽으로 감싸지 않을 수 없게 됐다.

선진국의 끊임없는 잽과 훅, 스트레이트를 맞거나 피하면서 성장하던 개도국이 이제는 선진국 시장을 두드리는 양상으로 전세가 뒤집어졌다. 선진국은 가드를 높이 올리고 있다. 이런 경쟁구조를 경제학은 받아들이려 하지 않는다. 경제학은 국제무역이 비교우위의 원리를 통해 모두에게 이익을 가져다준다고 가르친다. 그래서 이론에만 충실한 경제학자들은 상당수가 전략적 무역정책의 실효성에 의문부호를 단다. 그들은 교역을 하면 생산성이 낮은 부문은 축소되고 비교우위가 있는 부문은 확대되는 과정을 통해 경제 전체의 효율이 높아지고 소비자인 일반 국민도 이득을 본다고 주장한다.

경제학자들은 이런 관점에 따라 "예를 들어 자동차 수입을 규제해 국내 자동차회사의 일자리를 하나 보장해주는 데 드는 사회적 비용은 그 일자리가 제공하는 급여의 몇 배에 이른다"고 분석한다. 또 전략적 무역정책에 따라 어떤 산업에 수출보조금을 줘서 해외에 수출하는 가격을 국내에서 판매하는 가격보다 낮출 수 있게 하는 것은 우리 국민에게서 세금을 걷어 해외 소비자에게 주는 꼴이라고 비판한다.

이런 주장을 가장 강하게 편 경제학자로 폴 크루그먼 미국 프린스턴대학 교수를 꼽을 수 있다. 크루그먼 교수는 1995년에 펴낸《경제학의 향연(Peddling Prosperity)》에서 "전략적 무역정책은 실제적인 유용성이 의심스럽다"고 주장했다. 그는 또 "전략적 무역정책의 주장은 개입주의적일뿐 아니라 국제적 대결의 요소를 포함하는 무역정책을 정당화한다"고 우려했다. 그는 이어 "무역을 승자와 패자가 갈리는 일종의 시합으로 보는 것은 통속적 견해로, 이치에 맞지 않는다"고 주장했다.

크루그먼 교수가 선진국을 추격하기 위한 개도국의 정책조합을 비판한 것은 아니다. 당시 미국인들은 외국 제품이 자국 시장을 잠식하는 탓에 일자리가 줄어든다고 걱정하고 있었다. 이에 대응해 그들 자신이 더 잘할 수 있는 쪽으로, 즉 국제경쟁력이 높은 방향으로 미국의 산업구조를 재편해야 한다는 전략적 무역정책 류의 주장이 제기됐다. 크루그먼이 도마에 올린 것은 바로 이런 주장이었다. 말하자면 그는 선진국의 전략적 무역정책을 비판한 것이었다. 크루그먼 교수는 "미국이 국제경쟁에서 패배해 제조업 일자리가 줄어드는 것이 아니라 농업에서처럼 인력수요가 점점 감소하기 때문에 일자리가 줄어드는 것"이라고 풀이했다.

10여 년 뒤인 2007년 12월에 그는 자신의 주장을 부분적으로 뒤집었다. 〈뉴욕타임스〉에 실린 칼럼 '무역을 둘러싼 고민(The Trouble with Trade)'에서 그는 "1990년대에 제3세계의 대미 수출이 미치는 영향이 처음 쟁점이 됐을 때 나를 포함한 몇몇 경제학자들은 부정적인 영향이 크지 않다고 봤다"고 돌아봤다. 그는 그러나 "제3세계에서 제조된 상품의 수입이 늘어났다"는 상황변화를 이유로 들며 "부정적인 영향이 더 이상 작지 않게 됐다"고 썼다. 특히 그는 "제조업에서는 무역 제한이 다수의 미국인에게 이익을 주는 반면 피해를 끼치는 대상은 소수에 불과하다"고 인정했다. 자신이 조롱했던 '무역에서 승자와 패자가 갈리며 미국이 국제경쟁에서 뒤처지고 있다' 는 견해를 수용한 것이다.

무역에서 승자와 패자가 갈린다면 "(승자가 되기 위한) 전략적 무역정책의 실제적인 유용성이 의심스럽다"던 그의 주장도 무너질 수밖에 없다. 무엇보다 후발국이 선진국을 따라잡은 실제 사례들이 그의 주장을 무너뜨린다. 바로 우리나라가 수출산업 육성 전략을 추진해 눈부신 성과를 거두지 않았던가!

세계무역 질서는 자유무역 쪽으로

현재의 세계무역 질서는 겉으로는 자유무역이 표방되고 있지만 실제로는 개도국의 전략적 무역정책과 선진국의 수입장벽이 맞서는 보호주의 질서일까? 이 문제는 역사적인 관점에서 접근해야 한다.

유럽이 새로운 항로를 개척하며 국제무역 체제를 출범시킨 이후 18세기 말까지는 중상주의 시대였다. 중상주의 아래서 정부는 경제 전반을 강력하게 통제하면서 산업을 진흥하고, 수출을 늘리고, 이와 관련해 식민지를 획득하는 데 치중했다. 정부는 자국 산업의 진흥을 위해 기업에 독점 영업권을 부여하는 동시에 보조금도 주었다. 해군력을 증강해 무역업자와 해운업을 보호하고 육성하기도 했다. 중상주의는 식민지 쟁탈전으로 번졌고, 식민지에서는 공업제품 원료의 생산이 장려된 반면에 본국과 경합할 수 있는 공업은 억제됐다.

영국은 산업혁명을 이룬 뒤에 자국 상품의 판로를 넓히고자 자유무역주의를 채택했다. 애덤 스미스의 중상주의 비판과 자유무역 옹호는 이런 배경에서 비롯된 것이다. 영국은 1786년에 프랑스와 이든(Eden) 조약을 체결하고 자유무역을 향해 닻을 올렸다. 영국은 프랑스산 포도주, 올리브유 등에 대한 수입관세를 낮췄고, 프랑스는 영국산 면제품, 철제품, 도자기 등에 대한 수입관세를 내렸다. 이든 조약은 즉각 효과를 발휘해, 이 조약이 체결된 후 3년간 양국간 무역량이 3배로 증가했다.

유럽에서 영국에 이어 여러 나라가 공업을 일으킨 다음에는 더 많은 나라가 자유무역을 채택했다. 문호를 열면 일방적으로 밀리게 되는 단계에서 벗어나 서로 이익을 거둘 수 있게 됐기 때문이었다. 유럽 전체적으로 보면 1850년대에 들어서면서 중상주의적인 보호무역이 퇴조하고 자유무역이 대신 들어서서 자리를 잡게 된다.

뚜렷한 구분선을 긋기는 어렵다는 전제 아래 그래도 시대를 구분해보면, 중상주의는 16세기부터 18세기 말까지, 그리고 자유무역주의는 19세기 초부터 1870년대까지 유럽 중심의 국제교역 질서를 구축하고 뒷받침했다.

그 뒤로 세계는 1차 세계대전이 발발하기까지 제국주의의 광풍에 휩싸였다. 산업혁명 이후 생산력을 비약적으로 증대시킨 유럽의 여러 나라가 자국의 상품을 소화해줄 새로운 시장과 식량 및 원료 공급지를 찾아 나섰다. 식민지는 그런 유럽 나라가 축적된 자본을 투자해 더 많은 이윤을 남길 수 있는 곳이기도 했다. 존 홉슨은 《제국주의론》에서 "국내에서 판매하거나 사용할 수 없는 상품 또는 자본을 들어내기 위해 외국시장 및 투자처를 구하고, 그럼으로써 남아도는 부가 흘러갈 경로를 넓히려고 하는 산업의 대(大) 관리자들의 노력"이라고 제국주의를 정의했다.

제국주의는 유럽에서 산업화에 뒤졌던 나라들을 중심으로 보호주의적 경향을 띠었다. 이탈리아 통일과 독일제국 확립 등을 계기로 내셔널리즘이 고조된 상황에서 미국과 러시아에서 값싼 곡물이 대량으로 유입되는 가운데 경기가 침체되자 농민과 기업 모두 보호를 요구했다. 각국은 경쟁적으로 관세를 높였다. 그러나 보호관세는 수입을 중단시킬 정도는 아니었고, 이 시기에도 국제무역은 확대됐다.

중상주의와 자유무역주의 및 제국주의는 서로 중첩되며 전개됐다. 자유무역주의를 내세운 나라도 중상주의를 따르던 시절에 획득한 식민지를 포기하지 않았고, 필요할 때에는 제국주의적인 완력행사를 서슴지 않았다.

1차 세계대전은 무역망을 파괴하고 수입대체와 경제적 민족주의를 자극해 국제무역에 타격을 줬다. 이후 회복세를 보이던 국제무역은 대공황에 휩쓸려 다시 침체됐다. 세계가 2차 세계대전에 휩싸이면서 국제무역은 더 감소했다.

국제무역은 2차 세계대전 이후 세계경제의 회복과 더불어 점차 복구되고 확대됐다. 이런 추세는 제도적으로도 뒷받침됐다. 먼저 1947년에 '관세 및 무역에 관한 일반협정(GATT)'이 120개국 사이에 체결됐다. GATT는 수출입에 대한 제한을 원칙적으로 폐지하고, 수출상품에 보조금을 지급하지 않으며, 회원국끼리는 최혜국 대우를 한다는 등의 조항을 골자로 한 협정이다.

GATT는 1995년에 WTO로 확대개편된다. WTO는 GATT와 달리 서비스, 지적재산, 농산물 등 거의 전 무역분야를 대상으로 한다. 따라서 공산품은 물론이고 농산물, 서비스, 기술 등 국경을 넘을 수 있는 것이라면 대부분 자유무역체제에 흡수한다. 아울러 관세가 대폭 낮아진다. 회원국 수도 늘어나 이제는 150여 개국이다.

WTO 체제에 자유무역협정(FTA)이 엮히면서 세계 각국의 무역관계는 더욱 긴밀하게 연결됐다. 자유무역협정은 회원국간 관세 철폐를 중심으로 한다.

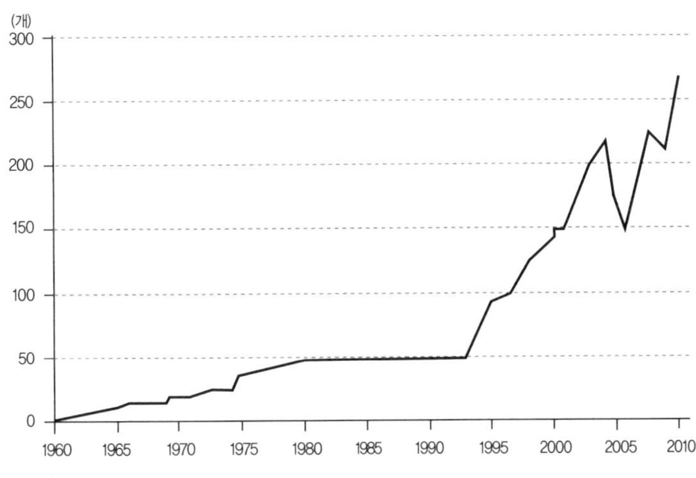

외교통상부에 따르면 자유무역협정은 특정 국가들이 배타적인 무역특혜를 서로 부여하는 가장 느슨한 형태의 지역경제통합이며, 지역무역협정의 대종을 이룬다. 지역무역협정은 WTO 출범 이후 급속히 확산되어 발효 중인 것 기준으로 1990년 초에 10여 개였던 것이 2010년 2월 현재는 270여 개에 이른다. 자유무역협정은 미국, 유럽연합(EU), 한국, 싱가포르, 호주, 뉴질랜드, 캐나다, 멕시코, 칠레 등을 중심으로 체결되고 있다.

요컨대 2차 세계대전 이후에는 세계경제가 전반적으로 무역의 문호를 넓혀왔고, 이런 기반 위에서 많은 나라가 자국의 경제수준을 끌어올리는 데 성공했다.

자산버블 억제장치와 출구전략

중앙은행이 버블 파이터로 변신한 까닭

자산버블과 이에 대응하는 중앙은행의 역할에 대한 경제 전문가들의 인식이 예전과 상당히 달라졌다.

벤 버냉키 미국 연방준비제도이사회(FRB) 의장은 자산거품이 경제안정을 위협한다면 금리인상 등 통화정책 수단을 동원할 의향이 있다는 견해를 밝혔다. 그는 2009년 12월 FRB 의장 연임에 대한 미국 상원 은행위원회의 인준청문회에서 "금융시스템에 대한 감독과 규제가 버블에 대처하는 가장 강력하고 효과적인 방법이지만, 위협적이고 우려되는 상황에서 필요하다고 판단되면 통화정책 수단을 동원하는 것도 배제하지 않는다"고 말했다.

이런 발언은 '중앙은행은 물가에 초점을 맞춰야 한다' 던 그의 기존 입장에서 벗어난 것이어서 눈길을 끌었다. 버냉키는 프린스턴대학에서 가르치던 시절인 1999년에는 FRB의 연례 심포지엄에 제출한 논문에서 "중앙은행은 인플레이션을 억제하는 데 초점을 맞춰야지 자산가치 버블과 붕괴를 관리하려 들면 안 된다"고 주장했다. 그는 "주가가 물가를 올리는 기미가 보이지 않는 한 주가상승에 통화정책으로 대응하지 말라"고 권고했다.

얼마 전까지만 해도 이런 견해가 다수설이었다. 우리나라 중앙은행인 한국은행은 부동산 가격 거품을 막기 위해 기준금리를 올린 적도 있지만, 이런 경우는 드문 사례에 속했다.

버냉키 말고도 많은 경제학자들이 거품이 끓어오르는 것을 막는 역할을 중앙은행이 수행해야 하는 것은 아니며, 중앙은행은 그렇게 할 방도를 갖고 있지도 않다고 봤다. 경제학자들은 중앙은행이 버블에 관여하면 안 되는 까닭으로 "거품의 발생을 정확히 알아차리는 것은 매우 어렵고 설령 알아차린다고 하더라도 거품을 터뜨려서 얻는 득보다 실이 더 클 수 있다"는 점을 들었다. 중앙은행이 동원할 수 있는 정책수단인 금리인상은 경제 전체에 영향을 주기 때문에 버블만 터뜨리는 게 아니라 건전한 부분까지 가라앉게 한다고 경제학자들은 지적했다. 중앙은행은 버블이 터진 뒤에 금리를 낮추어서 경제가 충격을 덜 받고 다시 성장세를 회복하도록 돕는 역할만 하면 된다고 그들은 주장했다. 버냉키는 2002년에 FRB 이사로 선임된 뒤에도 이런 견해를 유지했다.

중앙은행의 책무에 대한 인식의 전환은 버블이 연달아 부풀어 올랐다가 터지는 것을 중앙은행이 방치한 데 대한 자성에서 비롯됐다. 중앙은행이 그렇게 방치한 첫 번째 버블은 정보기술(IT) 분야에서 일어난 것이었고, 두 번째 버블은 부동산 부문에서 일어난 것이었다. 미국의 주택버블 붕괴는 금융시장을 통해 더욱 증폭되면서 전 세계 경제를 침체에 빠뜨렸다.

먼저 닷컴버블이 전개된 과정을 중앙은행의 역할과 연관시켜 되돌아보자.

버냉키가 앞서 언급한 논문을 FRB 심포지엄에 낼 때는 앨런 그린스펀이 FRB 의장으로 있었던 시절이었고, 주가급등을 놓고 논란이 전개되던 시기이기도 했다. 미국 주식시장은 2000년까지 신나게 질주했다. 우량주 중심으로 구성된 다우존스 산업평균지수는 1999년에 1만 선을 돌파했고, 2000년 초에는 1만 2000선을 넘봤다. 기술주의 움직임을 반영하는 나스닥지수의 오름세는 더욱 가팔랐다. 나스닥지수는 일 년여 동안에 1.5배로 뛰어올라 2000년 3월에 5000선을 무너뜨렸다.

그린스펀, "버블을 예측하는 일은…"

나중에 미국 주택시장의 거품을 경고하게 되는 로버트 실러 미국 예일대 교수는 그때에는 닷컴 주식을 중심으로 증시에 일어난 버블의 문제점을 이야기했다. 그 무렵에 다우지수가 세 배 이상으로 뛸 것이라고 주장하는 《다우 36000》이라는 책이 나왔다. 실러 교수는 어떤 TV 쇼에 그 책의 저자들과 함께 출연했다. 실러 교수는 그들에게 "혹시 책 제목을 바꾸기에는 너무 늦었나요? '다우 15000'은 어때요?"라고 물었다. 실러 교수는 2000년에 《비이성적 과열》이라는 책을 냈다. 실러 교수는 이 책 서문에서 "지금 주식시장은 투기적 버블의 전형적인 모습을 보이고 있다"면서 "사람들은 주식이라는 주문을 외우며 돈을 쏟아 붓고 있다"고 꼬집었다.

'비이성적 과열' 이라는 표현은 1996년 12월에 그린스펀 의장이 주가급등과 관련해 한 말이었다. 미국 기업가협회에서 주는 프랜시스 보이어 상을 수상할 때 한 연설에서 그는 "현재 자산가치가 비이성적 과열이 지나치게 밀어올린

1만 4000
1만 2000
1만
8000
6000
4000
2000
0
1975
1980
1985
1990
1995
2000
2005
2010

ㅣ 나스닥지수

5000
4000
3000
2000
1000
0
1975
1980
1985
1990
1995
2000
2005
2010

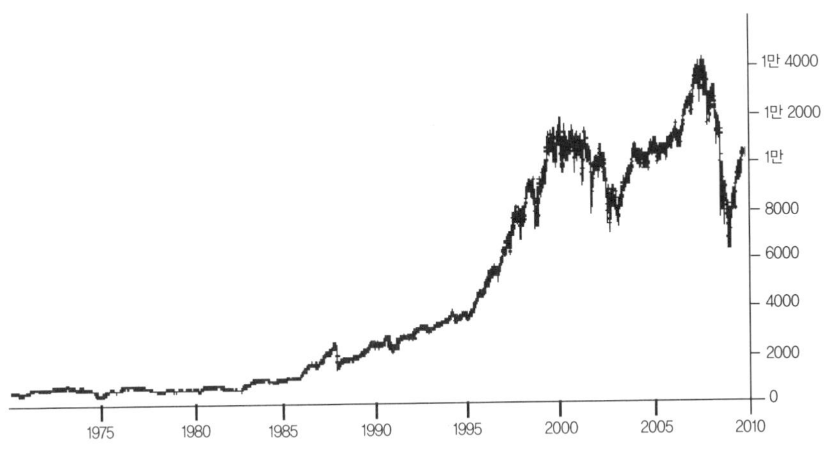

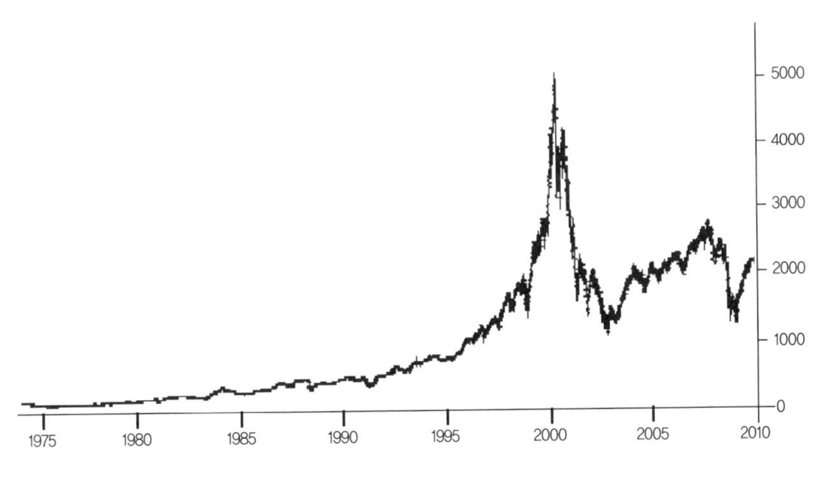

결과인지 아닌지를 우리가 아는 방법은 뭘까요?”라는 의문문 형식으로 증시과열에 대한 우려를 완곡하게 표현했다. 그는 “비이성적 과열로 오른 자산가치는 일본에서 그랬던 것처럼 예기치 못한 시기에 떨어지기 시작해 하락세를 지속하게 될 것”이라고 덧붙였다.

그때까지 그린스펀은 중앙은행이 자산시장 과열을 일정 부분 제어해야 한다고 봤다. 이런 생각에 따라 그는 이미 그 전인 1994년 1월에 주식시장이 투기적인 상태라고 판단해 금리를 올린 적이 있었다. 그는 연방공개시장위원회에서 “시장으로 하여금 우리가 증시의 투기를 누그러뜨리기 위해 금리를 올리리라는 기대를 하도록 하는 게 도움이 될 것”이라고 말했다. 그는 “현재의 주식시장은 어떤 기준으로 봐도 높은 수준”이라는 판단을 덧붙여 밝혔다. 당시 다우존스 산업평균지수는 4000에 가까웠다.

그린스펀은 그러나 그 뒤로 증시를 견제하는 역할을 내려놓는다. 처음에는 제대로 된 문제의식을 갖고 있었지만 그 자신도 장기호황에 도취된 나머지 ‘비이성적 과열’에 빠지고 만 것이었다. 1999년 8월에 그는 FRB의 연례 잭슨 홀 심포지엄에서 “어떤 이가 버블을 정확하게 예측하려 한다면 그는 자신이 판단하는 것에 대해 자신보다 더 잘 아는 사람들이 많이 포함된 수백만의 판단에 맞서는 것일지도 모른다”고 말했다.

그가 주가급등에 대해 마음을 놓은 것은 미국 경제가 생산성 혁명을 이뤄내면서 신기원을 개척했다는 생각에서 비롯된 이른바 ‘뉴 이코노미’ 환상에 빠진 탓이었다. 그는 이런 환상에 대한 믿음을 전파하기를 주저하지 않았다. 2000년 3월에 보스턴대학이 개최한 ‘뉴 이코노미 컨퍼런스’라는 행사의 강연장에서 그는 이렇게 말했다.

지난 반세기 동안의 누적적인 혁신을 통해 고도화된 새 기술은 상품과 서비스가 생산되고 유통되는 방식에 극적인 변화를 가져오기 시작했습니다. 인터넷 이용자의 급증으로 대변되는 이번 혁신은 기업 설립의 봇물을 텄습니다. 많은 신생 기업이 경제의 생산과 유통 가운데 많은 부분을 혁명적으로 바꾸면서 그것을 차지할 수 있노라고 호언합니다. 자본시장 참여자들은 경제구조의 불연속적인 변화에 불안해하면서도 이들 기업의 적정한 가치를 가늠해보려고 합니다. 일부에서는 고평가됐다고 말하는 신생 기업의 주가가 변동성이 크다는 점은 앞으로 수십 년 안에 지배적이게 될 기술과 비즈니스 모델을 점치기가 어려움을 말해줍니다. 지금 FRB가 추구해야 할 목표는 경제와 금융의 환경을 개선하고 구조적인 생산성 향상을 촉진할 기술적인 혁신과 투자를 장려하는 것입니다.

나흘 뒤에 나스닥지수는 5048.62에 마감해 사상최고치를 찍더니 그 뒤로는 급락세를 이어갔다. 닷컴버블 붕괴의 서막이었다. 버블 붕괴의 충격은 컸다. 엎친 데 덮친 격으로 이듬해에 9.11 테러까지 터지면서 미국 경제는 침체에 빠졌다. 버블이 커지지 않도록 미리 잘 관리했다면 증시가 그렇게까지 폭등하지는 않았을 테지만, 그 대신 버블이 터진 뒤에 경기가 경착륙이 아닌 연착륙을 할 수 있었을 것이다.

금리를 확 내린 뒤 늑장 인상

증시의 버블 붕괴와 함께 뉴 이코노미가 파산하는 것을 보고 가장 당황한 사람

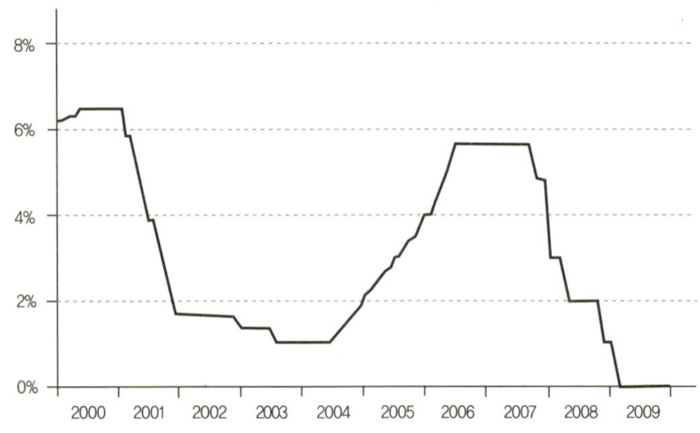

은 아마도 그린스펀이었을 게다. 그린스펀은 부서진 경제와 뉴 이코노미라는 환상의 잔해, 그리고 ‘경제의 신’으로 떠받들어지다가 추락한 자신의 이미지를 수습하기 위해 부랴부랴 금리를 내린다. 거품의 시기에는 기준금리인 연방기금금리를 5%에서 6.5%로 1.5%포인트 올리는 데 그쳤던 그린스펀이 거품이 터진 뒤인 2001년에는 무려 열 한 차례에 걸쳐 연방기금금리를 1.75%로 4.75% 포인트나 낮춘다. 그리고 그 뒤로 금리를 두 차례 더 낮춰 2003년에는 1%로 떨어뜨린다.

닷컴버블이 수습되는 과정에서 부동산 버블이 부풀어 오르기 시작했다. 버블 붕괴의 충격이 어느 정도 가시자 마음을 놓은 걸까? 그린스펀은 유동성을 회수하는 작업을 꾸물댔다. 그는 2003년 6월부터 2006년 6월까지 3년 동안 기준금리를 5.25%로 4.25%포인트 높이는 데 그친다. 그가 그러는 동안에 재선된 조지 W. 부시 미국 대통령은 '주택소유자의 사회'라는 구호를 꺼내들었다. 부시 대통령은 2005년에 취임식에서 "서민이 모두 자기 집을 갖도록 장려하는 정책을 펴겠다"고 밝혔다. 이런 방침에 따라 주택담보대출에 대한 각종 규제가 없어졌다. 봉급생활자가 주택담보대출을 받아 집을 사면 정부가 대출이자만큼 세금을 깎아줬다.

서민층의 지지를 받은 이 정책은 저금리와 결합되면서 주택구입 붐을 일으켰다. 그러자 집값이 올랐고, 대출을 받아 집을 사 두는 게 남는 일이라는 분위기가 퍼지면서 주택구입 열기가 더욱 달아 올랐다. 집값이 오르는 동안에는 채무상환 능력이 좀 떨어지는 사람에게 은행이 주택매입 자금의 상당부분을 대출해줘도 문제가 되지 않는다. 채무자 자신도 별로 걱정하지 않는다. 빚을 갚지 못할 정도로 형편이 어려워지면 집을 팔면 되기 때문이다. 이런 상황을 배경으로 해서 채무상환 능력이 기준에 못 미치는 사람들을 대상으로 한 비우량 주택담보대출(서브프라임 모기지론)이 빠르게 늘어났다. 게다가 금융회사들은 담보로 잡은 주택 가액의 거의 대부분에 해당하는 금액을 대출해줬다.

그러다가 경기가 꺾이자 비우량 주택담보대출을 받은 가계가 이자부담을 감당하지 못해 집을 매물로 내놓으면서 주택가격이 급속히 하락하기 시작했다. 이는 미국의 대표적인 주택가격 지수인 S&P 케이스—실러 지수의 그래프가 2006년에 꺾이는 모습에서 확인된다.

자산 가격의 상승이 자산의 구입을 자극하고 이에 따른 거래가 자산 가격의 상승을 견인하는 순환에는 거품이 끼게 마련이다. 또 언제라고 예상하지는 못하더라도 거품은 언젠가는 꼭 터지고 만다. 거품 붕괴는 건실하게 여겨졌던 자산의 가격을 급락시키고 그런 자산과 관련이 있는 투자자나 기업에 손실을 입

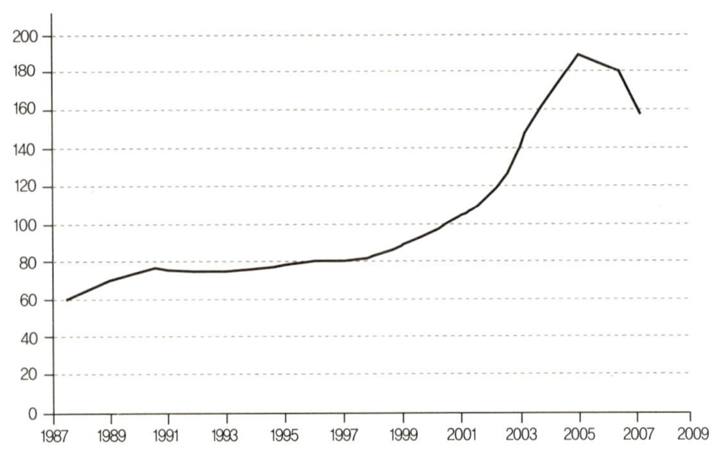

하기 때문에 파장이 크다.

거품 붕괴의 파괴력은 거품의 종류에 따라 다르다. 그린스펀 전 FRB 의장이 불러일으켰다고도 볼 수 있는 두 가지 거품, 즉 닷컴거품과 주택거품 가운데 어느 쪽이 더 규모가 컸는지를 측정하기는 쉽지 않다. 그러나 어느 쪽이 경제에 더 큰 충격을 줬는지를 묻는다면 주택거품이라는 쪽으로 답변이 모아질 것이다. 주택거품이 미국 경제와 세계 경제를 엄청난 무게로 덮친 것은 우선 그 거품에 부채가 높은 비율로 연계된 데다 그 거품이 다른 종류의 금융자산과 섞여 새로운 금융자산으로 판매되면서 전 세계로 번진 상태였기 때문이다.

새로운 금융자산이란 이런 것이다. 금융회사는 비우량 주택담보대출을 그대로 계속 관리하기보다 이것을 바탕으로 증권을 만들어 채권채무 관계를 제3

자에게 넘기곤 한다. 이런 증권을 주택저당증권(MBS)이라고 한다. 미국 금융회사들은 여기서 한 발 더 나아갔다. 비우량 주택담보대출을 바탕으로 만든 MBS는 수익률이 높은 대신에 위험도 크다. MBS의 기초자산이 우량하지 않으니 그럴 수밖에 없다. 미국 금융회사들은 그런 MBS를 잘 포장했다. MBS를 위험도에 따라 재분류한 뒤 다른 우량자산과 함께 묶어 부채담보부증권(CDO)이라는 신종 파생금융상품을 만들어 내놓은 것이다. CDO는 높은 수익률과 낮은 위험을 조합한 금융상품으로 '현대 금융혁신의 총아'로 각광받았다. 비우량 주택담보대출이 증가하면서 CDO가 나왔는데, 이제는 반대방향으로 CDO가 잘 팔리면서 비우량 주택담보대출의 확대를 도왔다. 주택거품이 증폭되는 데 파생상품까지 거든 셈이다.

서브프라임 사태는 2007년 2월에 HSBC가 미국의 주택담보대출에서 100억 달러 이상의 손실을 입었다고 밝히면서 처음 불거졌다. 이어 3월에는 미국 2위의 주택담보대출 업체인 뉴센추리 파이낸셜이 서브프라임 대출채권의 부실로 인해 신규대출과 증권환매를 중단한다고 선언했다. 6월에는 미국 5위의 투자은행인 베어스턴스 산하의 헤지펀드 두 곳이 CDO 투자의 부실화로 파산위기에 처했다는 사실이 알려졌다. 8월 초에는 프랑스의 최대 은행인 BNP파리바 산하의 헤지펀드 세 곳이 환매중단 결정을 내렸다. 2008년에 들어서는 베어스턴스가 3월에 부도위기에 몰린다. 베어스턴스는 JP모건에 인수됐다. 5월 들어 휘청대던 리먼브라더스가 9월에 파산하면서 금융위기의 뇌관을 터뜨렸다.

미국의 주택버블 폭탄이 미증유의 파괴력을 보이자 '일찌감치 정책수단을 동원해 버블을 걷어냈더라면…' 하는 후회와 반성이 나왔다. 아울러 서브프라임 사태 이후 각국이 유지하는 초저금리가 또 다른 버블을 조장하는 게 아니냐는 걱정이 고개를 들었다. "버블에 대처하는 데 필요하다고 판단되면 통화정책

수단 농원을 배제하지 않는다"는 버냉키 FRB 의장의 발언은 이런 맥락에서 나온 것이었다.

재닛 옐런 샌프란스시코 연방준비은행 총재는 2009년 4월에 "어떤 거품은 커지기 전에 대처하지 않을 경우 심각한 결과를 낳을 수 있다는 점이 분명해졌다"고 말했다. 2009년 11월에 열린 FRB 회의에서 참석자들은 "상당기간 매우 낮은 단기금리를 유지하는 것이 부작용을 낳을 가능성"을 우려했다. 또한 국제결제은행(BIS)의 연구원들은 거품을 더 적극적으로 제거하라고 각국 중앙은행을 압박했다.

일본의 버블에 놀란 한국의 과민반응

1980년대 후반의 일본 부동산버블이 바로 손쉬운 대출을 바탕으로 부풀어 오른 것이었다. 그런 탓에 버블이 터졌을 때 파괴력이 그토록 컸다. 일본은 1987년에 선진7개국(G7)이 맺은 '루브르 합의'에서 내수를 북돋워 미국의 대일 무역적자를 줄이는 데 협조하기로 한 뒤로 그 일환으로 금리를 낮게 유지한다. 이에 따라 금리가 계속 낮은 수준에 머무르리라는 전망이 자리를 잡게 되면서 주식, 땅, 그림 등 자산의 가격이 치솟는다. 1987년부터 1989년까지 3년 사이에 일본의 주가와 부동산 가격은 2배 이상으로 올랐다. 1981년을 기준으로 하면 4배 이상이 됐다.

부동산의 담보가치가 높아지자 부동산을 담보로 한 차입이 크게 늘었다. 은행은 땅이 담보로 제공되면 무조건 대출해줬고, 땅을 사들이는 용도의 자금도 대출요청이 들어오면 거의 조건반사적으로 빌려줬다. 가격이 계속 상승할 자산을 담보로 잡아 놓으면 원금을 상환받는 것은 물론이고 이자수입을 올리는 데도 아무런 문제가 없을 것이라고 판단했다.

증권회사는 '저금리가 계속되는 한'이라며 고객에게 주식 매입을 권했다. 기업은 낮은 비용으로 쉽게 조달한 자본으로 쉬운 돈벌이를 찾아 직접 주식투자를 하거나 간접투자 상품을 샀다. 어떤 기업은 부동산 투자에 전념해 골프장을 비롯한 해외 부동산 투기에 나섰다. 일본 기업들은 뉴욕의 유명 빌딩이나 할리우드의 영화사를 사들이기도 했다.

일본의 중앙은행인 일본은행은 1987년에 자산 가격의 과도한 상승과 이를 뒷받침하는 은행들의 과도한 대출에 대해 걱정하기 시작했다. 일본은행이 그때 긴축에 들어갔더라면 나중에 버블 붕괴의 충격이 실제보다 어느 정도는 작았을 것이다. 그러나 일본은행은 당시의 자산 가격이 버블인지 아닌지, 그리고 금리를 높일 때 자산 가격이 어떻게 반응할지에 대해 긴가민가했다. 또 엔고 덕에 물가가 낮았기에 긴축의 명분을 찾기도 어려웠다. 게다가 루브르 합의를 지키라는 미국의 압력 탓에 금리를 높일 여지가 크지 않았다.

버블의 절정기인 1989년에 일본은행 총재에 취임한 미에노 야스시는 주가와 부동산 가격을 낮춰 과열된 경기를 식혀야겠다고 결심한다. 그해 12월에 그가 이자율을 올리자 주가가 흔들리기 시작했다. 하지만 땅값은 상승세를 지켰다. 미에노 총재는 금리를 더 올렸다. 1989년에 2.5%였던 기준금리를 1990년 8월까지 6%로 높였다. 비로소 시장이 반응하기 시작했다. 1988년 12월에 정점에 올랐던 주가는 1990년 9월에는 절반으로 폭락했다. 이때부터 땅값의 버블도 꺼지기 시작했다. 채무불이행 사태가 빚어졌고, 부실채권을 뒤집어쓴 은행은 대출을 줄였다. 부채를 감당하기 어려워진 기업은 투자를 줄였고, 가계는 허리띠를 졸라맸다. 일본의 잃어버린 10년은 이렇게 시작됐다.

우리와 가까운 경제강국 일본이 맥도 못 추고 장기불황에서 벗어나지 못하는 모습을 본 한국 사람들은 우리나라도 일본과 비슷한 길을 밟을지 모른다고 걱정했다. 그래서 종종 버블에 대한 경보가 울리곤 했다. 그러나 한국의 부동산 버블 경보는 상당수가 일본의 사례와 자산거품의 위험에 대한 이해와 분석이 충분하지 않은 상태에서 나온 것이었다.

부동산 값 상승과 부동산 버블은 어떻게 다를까? 부동산 가격 상승은 버블의 전 단계일 수 있다. 값이 오르다 보면 버블로 연결되기도 한다는 말이다. 그러나 가격 상승이 진행되는 동안에 양자 사이의 경계를 정확히 알아차리기는 불가능하다. 버블은 붕괴된 뒤에야 파악된다. 그렇지만 우리는 경험으로 버블이 붕괴되는 양상이 어떤지를 알고 있다. 또 어떤 형태와 강도의 부동산 가격 상승세가 꺾일 때 충격이 커서 버블 붕괴가 되는지도 알고 있다. 이런 경험적 지식을 바탕으로 과거에 나왔던 버블 경고를 돌이켜보자.

신한종합연구소는 1997년 5월에 '부동산 신화의 붕괴'라는 보고서를 냈다. 신한종합연구소는 이 보고서에서 1990년대에 일본에서 일어난 부동산 가격 폭락의 원인과 전개과정을 설명한 다음 "한국에서도 그와 유사한 현상이 발생할 개연성이 있다"면서 이렇게 경고했다. "우리나라도 불황이 장기화되면 부동산 값이 폭락하고 금융위기가 발생할 수 있다. 정부와 은행은 미리 대비책을 강구해야 한다."

비슷한 시기에 산업연구원도 "한계기업이 내놓는 부동산 매물이 증가하면서 부동산 값이 급락하고, 거품이 붕괴해 금융회사가 부실해지고, 나아가 금융시스템 전체가 불안정해질 수 있다"고 우려했다.

당시는 한국 경제가 대기업의 과잉투자에 따른 후유증으로 어려움에 처해 있을 때였다. 이들 연구소는 경기가 나빠지면서 부동산 가격에 끼었던 거품이 무너지면 경제가 큰 충격을 받게 될 지도 모른다고 내다봤다. 버블은 풍선이 터지는 것처럼 급작스럽게 꺼진다. 버블이 끓어오르는 동안에는 경제가 활발하게 돌아간다. 버블이 터지면 그때 비로소 경기가 악화된다. 이런 순서와 반대로 경기가 먼저 나빠지고 그 다음에 버블이 꺼지는 경우도 있겠지만 이런 경우는 드문데다가, 경기가 하강하기 시작한지 한참 뒤에야 서서히 부동산 가격이 떨어진다면 그것은 버블이 아니었을 공산이 크다.

위와 같은 경고에 대해 다른 연구소들은 반박했다. 삼성경제연구소는 "국내 부동산 시장에 낀 거품의 비율은 1991년에 50%에 달했지만 이후 6년 동안 부동산 값이 하향 안정되면서 30% 정도로 줄어들었다"고 진단했다. 거품의 크기가 작기 때문에 크게 걱정할 일은 아니라는 말이었다. 국토개발연구원은 "은행 부실채권의 담보 부동산이 부동산 시장에서 차지하는 비중이 2.7%에 불과하기 때문에 부실채권의 담보였던 부동산이 토지시장에 나온다 하더라도 시장에 별다른 영향을 미치지 못할 것"이라고 진단했다.

결과만 놓고 본다면 부동산 가격은 급락했다. 그러나 이는 부동산버블 붕괴 때문이 아니라 경기침체와 외환위기, 그리고 국제통화기금(IMF)이 처방한 고강도 긴축정책 프로그램 탓이었다. 부동산 가격이 하락하리라는 경고는 맞았으되 그 내용을 들여다보면 적절한 경고였는지 의문이다.

비슷한 시기에 "가까운 미래에 실업 사태가 심각해지고 이는 사회불안 요인으로 작용할 것"이라는 보고서를 낸 연구소가 있었다. 이 예상도 맞았다. 그러나 그 보고서가 적절했다고 말하기는 어렵다. 충격 자체에 대해 분석한 것이 아니라 충격이 번져나간 뒤의 결과를 지적하는 데 그친 것이었기 때문이다. 적절한 보고서라고 할 수 있으려면 경기에 가해지는 충격의 원인을 분석하고 그에 대한 처방을 내놓은 것이어야 했다. 즉 부실해진 대기업을 구조조정하고 은행

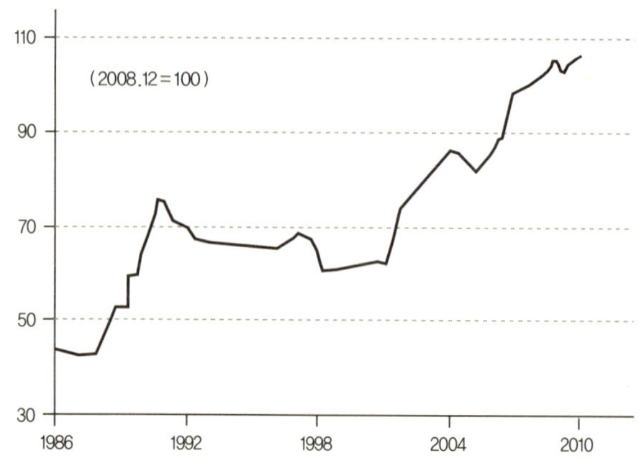

부문의 부실을 제거하는 방안과 외화 유동성 상황을 개선하는 방안을 포함한 종합대책을 거론했어야 한다.

그 다음번 버블 경고는 위의 경우와 반대로 부동산 가격이 한창 오를 때 제기됐다. 그 경고는 삼성경제연구소가 주도했다. 이 연구소는 2002년 3월에 발표한 보고서에서 "지금 우리 경제는 1980년대 후반 일본의 버블 초기단계와 흡사하다"며 "주택시장에는 이미 버블이 발생했고 주식에는 버블의 조짐이 있다"고 진단했다. '최근 자산가격 동향과 버블화 가능성'이라는 제목의 이 보고서는 당시의 버블이 일본식 장기침체로 연결될 우려가 있다고 경고했다.

삼성경제연구소는 주택의 경우에 '명목 경제성장률 수준을 초과하는 가격 상승'을 버블 여부 판단의 기준으로 삼으면 2001년에 주택 가격이 급등한 결과

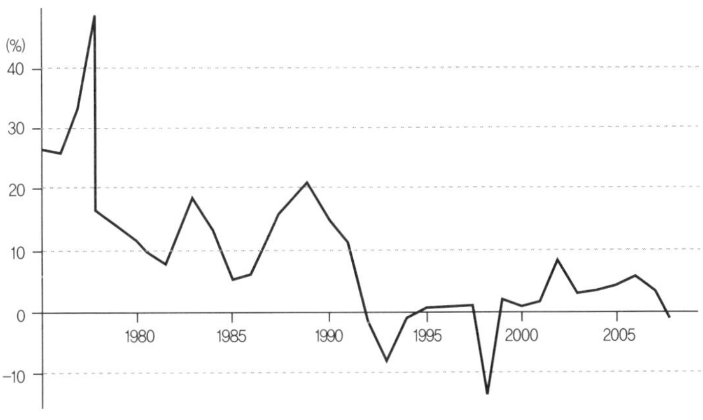

로 당시에 이미 버블이 발생한 것으로 봐야 한다고 주장했다. 왜냐하면 "2001년 주택 가격 상승률 9.9%와 아파트 가격 상승률 14.5%는 4.3%로 추산되는 명목 경제성장률을 2배 이상 웃도는 것"이기 때문이라는 것이었다.

삼성경제연구소는 "현재 우리 경제는 자산 가격이 급등했지만 아직 확장 국면에 들어서지 않았다는 점에서 본격적인 버블 형성기는 아닌 것으로 판단되지만, 1980년대 후반 일본 버블의 초기단계와 여러 면에서 유사하다"고 주장했다. 따라서 우리 경제가 일본식 장기침체에 진입하지는 않는다고 하더라도 버블이 심화된 뒤 파열하면 경제불안을 가중시킬 가능성은 농후한 시점이라고 진단했다. 따라서 경제정책의 기조를 경기부양에서 경기회복의 안정적 관리로 선회하면서 모니터링을 강화할 필요가 있다고 제안했다.

삼성경제연구소는 2003년 5월에는 '일본 버블경제의 교훈' 이라는 보고서를 냈다. 삼성경제연구소는 이 보고서에서 한국 경제가 1980년대 말 일본의 버블 팽창기와 비슷한 모습을 보이고 있다면서, 이런 상태는 일본식 장기불황으로 이어질 수 있다는 경보를 다시 울렸다.

이 보고서는 저금리 상황에서 부동산 가격이 상승하는 현상이 수도권에서 시작된 뒤 확산되고 부동산 관련 대출이 증가하는 양상이 버블 팽창기의 일본과 비슷하다고 분석했다. 또 일본 경제는 버블 붕괴 후 10년간 장기불황을 겪으면서도 견딜 수 있는 체력을 보유하고 있었지만 한국 경제는 그렇게 할 능력이 미흡하다고 비교했다. 따라서 정책당국은 버블에 대응해 과도한 금융완화책에서 벗어나 점진적으로 금리를 올려 부동산 자금을 흡수하는 동시에 부동산 관련 가계대출에 대한 억제책을 꾸준히 추진하라고 삼성경제연구소는 제안했다.

한국은행의 통화신용정책 보고서를 통해 당시의 경제상황을 되짚어보자. 2002년에는 경기가 비교적 빠른 속도로 회복되는 가운데 저금리를 배경으로 가계대출이 큰 폭으로 늘어나고 주택 가격도 급등했다. 한국은행은 이에 대응해 기준금리를 4%에서 4.25%로 0.25%포인트 높였다. 그 결과 가계대출 증가세와 주택 가격 오름세가 진정되는 모습을 보였다.

그 뒤로 경제가 계속 회복되는 가운데 주택 가격이 상승하고 가계대출이 다시 증가했다. 그러나 세계 전체의 경기회복 지연에 대한 우려가 제기되고 이라크전쟁이 발발할 가능성이 거론되면서 주식시장이 내림세를 이어갔다. 정부의 부동산시장 안정화 대책과 대출 규제로 주택 가격이 안정을 되찾았고, 가계대출 증가세도 둔화됐다. 이에 따라 한국은행은 2003년 5월까지 기준금리를 4.25%로 유지했다.

그러나 한국은행은 2003년 5월과 7월 두 차례에 걸쳐 기준금리를 0.25%포인트씩 내렸다. 이로써 기준금리는 3.75%로 떨어졌다. 세계경제 회복 지연, 북한 핵 문제, 중증급성호흡기증후군(SARS) 확산, 민간소비 부진 등의 영향으로 경제활동이 위축되는 것을 막기 위한 대응이었다. 한국은행은 "주택 가격 상승세가 지속되는 데 대한 우려가 높았지만 이에 대해서는 투기 억제를 위한 정부의 미시적 정책대응이 바람직하다고 판단했다"고 밝혔다.

삼성경제연구소의 진단과는 반대로 부동산 가격은 무너지지 않았다. 2003년에 들어서는 경기가 악화됐음에도 불구하고 부동산 값은 급락하지 않았다. 2001년 이후의 부동산 가격 상승이 버블은 아니었음이 드러난 것이다. 당시의 부동산 가격 상승은 1992년 이후로 하향 안정화되다가 외환위기 때 급락한 부분을 만회하는 차원이 아니었을까? 더구나 당시의 부동산 가격 상승은 삼성경제연구소의 분석과 달리 일본과 비슷한 양상이 아니었다. 일본의 부동산 버블이 개발 붐에 따라 대규모 프로젝트를 추진한 대기업의 주도 아래 일어난 것이었던 데다가 막대한 담보대출과 연결된 것이었던 데 비해 당시 한국의 부동산 가격 상승은 가계의 주택구입 수요가 주도한 것이었다. 그리고 그 과정에서 가계대출이 증가하긴 했지만 문제가 될 정도의 속도나 규모로 증가한 것은 아니었다.

당시 삼성경제연구소의 부동산 시장 분석은 금리를 올리라는 권고로 이어지곤 했다. 삼성증권도 가세했다. 삼성증권은 한국은행 금융통화위원회가 열리기 전날 "금리인상을 예상하는 목소리가 점점 커지고 있다"는 내용의 글을 한 일간지에 기고했다.

또한 삼성경제연구소는 2002년에 내놓은 자료에서 경기가 완만한 회복세를 보이면서 7%선이던 3년 만기 회사채 수익률이 2003년에는 8%로 높아질 것이라고 예상했다. 그러나 같은 자료는 경제성장률이 2002년 6.5%에서 2003년에는 5.8%로 둔화되리라고 전망했다. 성장률이 낮아지면 시중금리도 떨어진다.

그런데도 삼성경제연구소는 금리는 오르는 쪽에 무게를 두고 전망했나. 실수라고 보기엔 석연치 않은 대목이다.

이 밖에 삼성경제연구소는 2002년 10월에 부동산 버블을 억제하는 문제가 아닌 다른 이슈를 들어 금리를 인상할 것을 주장했다. 삼성경제연구소는 '저금리와 구조조정'이라는 보고서를 통해 저금리 기조가 기업과 금융회사의 구조조정을 가로막는 부정적 결과를 낳을 수 있는 만큼 금리를 적당한 수준으로 인상해야 한다고 지적했다. 이 보고서는 저금리로 인해 한계기업이 무리한 경쟁을 벌이게 되면 건전한 기업의 투자가 위축될 수 있으며, 저금리로 인해 기존 사업이나 신규 프로젝트가 과대평가될 수도 있다고 걱정했다.

한국은행은 그러나 앞에서 보았던 대로 "부동산 시장과 관련해서는 정부의 미시적인 투기억제책이 바람직하다"며 삼성경제연구소의 제안을 받아들이지 않았다. 미시적인 대책이란 주택 구입과 관련된 세금을 무겁게 매기고 대출을 규제하는 것을 뜻한다. 반면에 금리를 인상하는 것은 주택거래뿐만 아니라 경제 전체에 영향을 미치는 거시적인 대책이다.

삼성경제연구소의 줄기찬 금리인상론은 삼성생명과 무관하지 않다고 금융계는 풀이했다. 금리가 높아져야 삼성생명의 이자율차 수익, 즉 자산운용 수익에서 예정이자를 뺀 나머지 금액이 커지기 때문이다. 예정이자는 보험상품을 팔 때 고객에게 보장해주기로 한 이자를 말한다.

2006년 이후에도 부동산 가격이 상승하자 버블론이 강하게 제기됐다. 그러나 그 '버블'은 2010년 봄 현재까지도 아직 터지지 않고 있다. 대공황 이후 최악이라는 경기침체를 버텨낸 가격이라면 버블이 아니었다고 판단해도 무리가 아니라고 본다. 부동산 가격 급등이 버블로 가지 않도록 억제된 것은 무슨 이유에서였는지는 다음 절에서 출구전략과 관련시켜 살펴보기로 한다.

때 이른 출구전략, 무성한 논의

경기가 꽁꽁 얼어붙은 가운데서도 '출구전략' 논란이 끊이지 않았다. 출구전략을 조기에 시행해야 한다는 주장은 위와 같은 맥락에서 이해할 수 있다. 출구전략은 원래는 군사용어였다. 인명피해와 장비손실을 최소화하면서 전장에서 단계적으로 발을 빼는 전략을 뜻하는 말이었다. 이 말이 언젠가부터 경영에서도 쓰이게 됐다. 어떤 회사의 지분을 보유한 투자자가 주가가 가장 좋을 때 주식을 팔아 차익을 극대화하기 위해 취하는 일련의 수법이 출구전략으로 불렸다.

최근의 세계경제 침체기에는 출구전략이라는 말이 경기를 부양하기 위해 풀었던 돈을 다시 거둬들이는 조치를 가리키는 용어로 쓰이게 됐다. 정부와 중앙은행은 경기를 띄우고자 할 때에는 재정지출을 늘리고 금리를 낮춘다. 이런 확대 재정·통화정책을 시행하다 보면 물가가 안정권에서 벗어나거나 자산거품이 부풀어 오르는 부작용이 발생할 수 있다. 이를 방지하려면 출구전략을 마련해 적절한 시기에 시행해야 한다.

출구전략은 올바르게 시행하기가 어렵다. 이는 너무 일러도 탈이 나고 너무 늦어도 탈이 나는데, 언제 발을 빼야 가장 적당한지 그 시기를 아무도 모르기 때문이다. 경기가 확실히 좋아진 다음에나 재정지원 규모를 축소하겠다면서 차일피일 기다리다 보면 물가상승 압력이 어느새 걷잡지 못할 정도로 누적된 다음일지 모른다. 경기가 풀리기 전에 재정·통화정책을 긴축으로 선회할 경우에는 갓 올라오는 경기회복의 싹을 꺾어버리는 우를 범할 수 있다.

너무 일찍 돈줄을 조였다가 경기를 다시 침체에 밀어 넣고 만 정책실패가 대공황 때에도 빚어진 바 있다. 대공황은 1929년 10월의 뉴욕 주식시장 붕괴를 기점으로 볼 때 10년 넘게 세계경제에 고통을 안겨줬다. 그러나 이 기간에 미국 경기가 계속 바닥에만 머물러 있지는 않았다. 1935년과 1937년 사이에는 경제에 다소 생기가 돌았다. 당시 대공황의 상황을 기록한 어느 변호사의 일기가 그때의 분위기를 생생하게 전해준다. "점심을 먹고 방금 사무실로 돌아왔다. 다들 술 취한 뱃사람처럼 돈을 쓴다." 1936년 크리스마스 이브에 쓴 일기다. 일주일 뒤에 그는 "경기침체가 끝났다고 공식적으로 선언할 때가 온 듯하다"고 적는다. 그러나 웬걸, 증시는 1937년 9월에 속절없이 무너졌고 경제는 다시 뒤로 미끄러졌다.

원인은 때 이른 출구전략에 있었다. 1937년에 루스벨트 정부와 연방준비제도이사회(FRB)는 대공황이 마무리됐다고 판단하고 그동안 경기를 북돋우기 위해 열었던 돈줄을 잠그기 시작했다. 정부는 재정지출을 축소했고, FRB는 통화정책을 긴축으로 전환했다. 그러나 당시는 경기상승이 아직 추진력을 얻기 전이었다. 제 발로 설 기력을 회복하지 못한 상태였던 미국 경제는 정책당국이 영양제 투약을 중단하고 무거운 짐을 지우자 도로 주저앉고 말았다.

최근에 한국에서 거론된 출구전략 중에서는 중앙은행인 한국은행이 결정하는 정책금리를 인상해야 한다는 주장이 가장 많은 논란을 일으켰다. 여기서 정책금리란 기준금리라고도 하는데, 한국은행이 콜금리, 즉 은행간 초단기 대출에 적용되는 금리를 어떤 수준으로 유지시키려고 할 때 그 목표로 삼는 금리를 가리킨다. 한국은행은 리먼브라더스 사태에 기민하게 대응해 2008년 10월부터 2009년 2월까지 여섯 차례에 걸쳐 기준금리를 인하했다. 이로써 기준금리는 연 5.25%에서 2%로 낮아졌다. 그러나 그 뒤로는 한국은행 금융통화위원회가 기준금리를 거듭 동결했고, 기준금리를 올려야 한다는 주장도 여기저기서 나왔다.

흥미로운 대목은 금리인상 중심의 출구전략 제안이 누가 봐도 경기가 바닥을 기는 상황일 때부터 나왔다는 점이다. 출구전략 주장이 제기된 것은 2009년 여름부터였다. 국책 경제연구소인 한국개발연구원(KDI)이 나섰다. KDI는 7월 하순에 발행한 경제현안 분석 자료인 〈KDI 포커스〉에서 "현 기준금리는 지극히 부양적인 초저금리 수준이기 때문에 현 수준에서 조금 올리더라도 그것은 긴축기조로 전환하는 게 아니라 부양강도를 조정하는 것으로 봐야 한다"고 전제한 뒤 기준금리 인상을 이렇게 촉구했다. "시장의 충격을 최소화하려면 금리의 정상화는 점진적으로 이뤄져야 하고 시간이 많이 걸리는 만큼 가급적 빨리 시작하는 것이 바람직하다."

경기는 2010년 봄 현재에도 겨울이지만 2009년 여름에는 더 얼어붙은 상태였다. 경제의 현재 상태를 보여주는 경기동행지수 순환변동치는 2008년 여름에 101~102 사이에 있다가 리먼브라더스가 파산한 그해 9월 이후 점차 내려가 2009년 1월에 94.1을 기록했고, 그 뒤로도 2009년 내내 99를 넘어서지 못했다.

❘ 경기동행지수 순환변동치 (2005년=100)

2008년		2009년		2010년	
1월	103.6	1월	94.1	1월	99.3
2월	103.4	2월	93.9	2월	100.0
3월	103.3	3월	94.6		
4월	102.8	4월	95.9		
5월	102.6	5월	96.3		
6월	102.0	6월	97.7		
7월	101.8	7월	98.3		
8월	101.6	8월	98.7		
9월	101.4	9월	98.9		
10월	100.8	10월	98.9		
11월	99.1	11월	99.0		
12월	96.4	12월	98.9		

유례없는 한파에 모두들 몸을 잔뜩 움츠린 때였기 때문에 '기온이 그만큼 올라갈 듯하니 땀이 나기 전에 미리 옷을 하나씩 벗어두자'는 식의 출구전략 제 안은 별로 호응을 얻지 못했다. 출구전략을 가동하지 않을 경우에 빚어질 우려 가 있는 부작용 가운데 하나가 인플레이션이었다. 그러나 인플레이션은 상당기 간 걱정할 이유가 없는 상황이었다. 그렇다면 때 이른 출구전략 주장이 나온 것 은 인플레이션 걱정 때문은 아니었다고 할 수 있다.

인플레이션이 상당기간 걱정할 이유가 없는 상황이었다고 생각되는 이유 는 무엇일까? 우선, 경기가 호전되기 전에는 수요가 경제위기 이전 수준보다 한 참 아래에 머물러 있기 때문에 물가상승 압력이 형성되지 않는다는 점을 들 수 있다.

경기가 회복되면서부터는 수요가 증가하는데 이때 공급이 부응하지 못하 면 물가가 오른다. 하지만 세계적으로 보면 최근의 경제위기로 신흥경제국의 생산설비가 대거 폐기처분된 것은 아니었다. 따라서 수요 증가에 공급이 기민 하게 대응할 수 있는 상황이었다. 이번 경기침체가 닥치기 직전까지도 숱하게 거론되던 얘기를 떠올려보자. 중국을 필두로 신흥경제국들이 세계에 값싼 물건 을 무한대로 공급하면서 물가걱정이 쑥 들어갔고, 덕분에 대부분의 나라에서 중 앙은행이 물가안정 책무의 부담을 덜었다고 하지 않았던가? 세계경제 전체로 볼 때 수요 증가와 공급 제약으로 인해 물가가 오르는 일은 없을 것이라는 말이 었다.

출구전략을 빨리 시작해야 한다는 주장의 다른 근거는 저금리 기조를 계속 그대로 가져가다가는 자산 가격 거품이 재연된다는 것이었다. 이는 인플레이션 경계론에 비하면 호소력이 컸다. 금리를 너무 낮은 상태에 지나치게 오래 놔둔 탓에 미국 주택시장에 거품이 끼었고 이 거품이 터지면서 경기침체가 빚어져 고

생했는데, 바로 그 경기침체를 극복하는 과정에서 또 다시 거품을 조장하는 전철을 밟아서야 되겠느냐는 공감대가 형성됐기 때문이다.

　불경기에서 아직 벗어나지 못한 상태에서 일어나는 자산 가격 상승은 두 가지 측면을 갖고 있다. 주가가 오르고 부동산 가격이 상승하면 경기후퇴로 위축됐던 사람들이 재산이 회복되고 있다고 심리적으로 느끼게 되고 실제로도 그렇게 됨에 따라 지갑을 열게 된다. 이른바 '부(富)의 효과'가 나타나는 것이다. 그러면서 경기회복이 현실화되거나 앞당겨질 수 있다. 반면에 실물경제는 부진한데 자산시장만 홀로 치고 나가면서 거품이 부풀었다가 터지는 과정이 진행될 수도 있다. 경기가 뚜렷하게 회복되기 전에 일찌감치 출구전략을 실행해야 한다는 주장은 후자의 경우를 걱정하는 쪽에서 내놓은 것이었다.

　중앙은행이 물가만 잡으려고 할 것이 아니라 자산 인플레이션을 잡는 역할도 해야 한다는 주장은 서브프라임 사태를 계기로 힘을 많이 얻었지만, 이런 주장이 제기된 건 한참 전부터였다. 예를 들어 영국의 〈이코노미스트〉는 1998년 초부터 미국의 주가가 이상급등 조짐을 보이고 있다면서 FRB가 나서서 선제적으로 증시에서 김을 빼야 한다고 주장했다.

　자산버블이 형성될 때마다 그것이 물가를 밀어올린다고 한다면 중앙은행이 금리를 인상해서 자산버블과 물가를 함께 잡을 수 있다. 그러나 역사적인 버블기인 미국의 1920년대와 일본의 1980년대에는 물가가 안정됐다. 어떤 측면에서 보면 물가안정은 버블이 생겨나기에 좋은 여건이라고 할 수도 있다. 자산버블은 물가가 안정된 상태에서 형성되곤 한다. 물가가 안정되면 금리도 물가가 오를 때에 비해 낮게 유지된다. 금리는 물가상승률이 높을수록 높아지기 때문이다. 금리가 낮으면 경제주체는 이자가 별로 붙지 않는 예금을 줄이고 차입을 늘려 고수익이 예상되는 곳에 투자를 하는 성향을 띠게 된다.

버블은 크게 투기대상의 속성에 따라 둘로 나뉜다. 하나는 시세차익인 기본이득만 가져다주는 종류의 투자대상 자산에 끼는 버블이고, 다른 하나는 자본이득 외에 지속적으로 배당과 같은 수익을 가져다주는 주식과 같은 종류의 투자대상 자산에 끼는 버블이다. 투기의 역사가 거론될 때마다 빠지지 않는 17세기 네덜란드의 튤립 구근 버블은 전자에 속한다.

두 버블 모두 주로 자본이득을 노린 투자로 인해 부풀어 오른다. 투자자가 줄을 이어 투자에 나서면서 가격이 오르고, 지속적인 가격 상승은 더 많은 투자자를 부른다. 군집행동 성향을 부추기는 요소로 시샘만한 게 없다. 경제사학자인 찰스 킨들버거는 "투기로 부유해진 친구를 보는 것보다 행복과 판단을 흐트러뜨리는 것은 없다"고 갈파했다. 그는 "남이 투기적인 거래로 시세차익을 챙기는 걸 본 기업이나 가계는 따라 하게 마련"이라면서 "원숭이는 본 대로 따라한다고 하지 않나"라고 말했다.

탐욕과 성공, 시샘과 모방, 군집행동, 광기, 의심, 두려움, 공포, 탈출, 파국. 모든 버블은 이런 순환주기를 거쳐 생겨나 절정에 이르고는 사라진다. 희한하게도 모든 버블은 이번의 경우는 전과 다르며 거품이 아니리라는 믿음 속에서 부풀어 오른다. 19세기에 활동한 영국의 문예비평가이자 경제학자인 월터 배저트는 "가장 뛰어난 지성을 갖고 있는 사람이 읽거나 생각할 수 있는 것 전부보다도 훨씬 더 많은 글이 투기와 그로 인한 공포를 다뤘다"면서 "그러나 한 가지 확실한 것은 특정한 시기에는 엄청난 수의 어리석은 사람들이 어마어마한 규모의 눈먼 돈을 갖게 된다는 점"이라고 정리했다. 배저트가 이렇게 사람들이 집단적으로 미망에 빠져들 위험이 있음을 경고한 뒤에도 사람들은 거듭해서 버블을 만들고 버블에 속고 버블에 당했다.

버블이 커지다 보면 '가격이 너무 많이 오른 게 아닐까', '그 자산이 과연 기대만큼 수익을 내줄까' 하는 의심이 고개를 들면서 버블이 커지는 속도가 둔화된다. 자산의 가격이 너무 비싸다는 판단이 우세해지는 시점이 온다. 그러면 투자자들이 앞 다퉈 버블에 등을 돌린다. 투기대열은 탈출행렬로 바뀐다. 자산 가격은 날개를 잃은 듯 속락한다.

자산버블은 부채를 많이 끼고 있는 것일수록 터질 때 더 큰 충격을 가져온다. 대차관계가 얽혀 있지 않고 모든 사람이 자기 돈으로만 자산을 사들여 갖고 있는 상태에서는 거품이 터져도 그에 따른 충격은 가격이 떨어지기 직전에 자산을 손에 쥐고 있었던 경제주체에만 가해진다. 그러나 자산 매입 대금 가운데 빚의 비중이 큰 상태였다면 충격이 경제 전체로 파급될 수 있다. 금융회사가 가계나 기업에 돈을 빌려주고 가계나 기업이 그 돈으로 부동산을 샀는데 부동산 값이 폭락하게 되면 가계나 기업이 그 부동산을 팔아도 빚을 다 갚지 못하게 된다. 이렇게 되면 손실이 커지게 된 금융회사가 자기 앞가림에 급급해져서 신규대출을 줄이게 된다. 경제는 돈줄이 막혀 신용경색에 빠져든다. 신용경색은 실물경제에 추가로 부담을 안겨주게 되고, 결국 부도 발생과 부실채권 증가의 악순환이 꼬리를 물고 이어진다. 그래서 자산버블 가운데 특히 부채가 많이 얽힌 것에 대해서는 경계해야 하는 것이다.

서브프라임 모기지론의 부실화로 촉발된 미국의 금융위기가 전 세계의 경제침체로 번질 정도로 파급력을 갖게 된 배경에도 부채 문제가 있었다. 담보 가치의 100%에 가까운 대출이 미국 주택시장의 버블을 부추겼고, 그러한 대출이 버블에 가공할 파괴력을 안겨줬다. 서브프라임 시장에서 은행과 주택매입자가 채권채무 관계로 얽혔고, 은행과 금융회사, 기업 등이 파생상품으로 엮였다. 대차관계가 별로 끼어들지 않은 거품은 중앙은행이 무시해도 좋다는 건 아니지만, 중앙은행과 금융당국은 대차의 고리가 줄줄이 연결된 거품을 더 경계해야 한다, 자산 가격이 오르더라도 대차관계가 덜 끼도록 개입해야 하는 것이다.

자산버블이 일어나지 않게 하려면 어떻게 해야 할까? 우선 자산버블 자체도 문제이지만 더 큰 문제는 자산 매입에 끼어 들어가는 부채라는 데서 출발하자. 신현송 프린스턴대학 교수는 "버블이 위험한 것은 가격 상승 때문이 아니라 그 과정에서 엮이는 부채의 규모 때문"이라며 "따라서 부채의 규모를 억제해야 하는데, 그러려면 금리를 올려야 한다"고 주장한다.

버블을 잡으려면 금리인상도 불사해야 한다는 경제전문가 집단 즉 거시정책파를 이끄는 신 교수는 "거품을 방지하기 위해 금융규제 정책을 쓰는 건 큰 구멍이 뚫린 널빤지로 쳐놓은 울타리로 밀물을 막으려는 노력을 하는 것이나 마찬가지"라고 빗댄다. 그는 "금리를 조정하는 방안을 이용하는 것이 적극적으로 위험을 취하는 기업을 제어하는 데 가장 효과적"이라고 결론을 맺는다.

이에 반대하는 편에서는 금리인상은 거품이 일어난 부문만이 아니라 자산시장 전체를 조이는데다 더 나아가 기업과 가계 등 모든 경제주체에 부담을 주기 때문에 바람직하지 않다고 맞선다. 금리인상에 반대하는 미시정책파는 "압정을 박는 데 해머를 쓴다면 벽이 다 부서질지도 모른다"고 비유한다. 동원할 수 있는 미시정책 가운데 대표적인 것은 문제가 된 자산을 매입하기 위한 대출을 규제하는 정책이다. 이것은 거품이 일어난 자산시장만 겨냥한다는 점에서 금리인상보다 훨씬 정교한 정책수단이다. 또 자산 가격 상승을 억제한다는 목표를 달성하는 데도 효과적이다. 미시정책파의 모범답안을 잘 구사한 나라가 한국이다. 한국 금융당국은 부동산 담보대출을 두 가지 방법으로 억제했다.

하나는 주택담보인정비율(LTV; Loan to Value ratio)이고, 다른 하나는 총부채상환비율(DTI; Debt to Income ratio)이다. LTV 규제는 대출액을 담보가의 일정 비율 이하로 묶는 조치이고, DTI 규제는 돈을 빌리는 사람의 소득에 따라 상환할 원리금 규모를 제한하는 방식으로 대출 규모를 제한하는 조치다. DTI 규제는 빚을 갚을 능력을 기준으로 하며 LTV보다 대출을 더 억제한다.

금융감독원은 2003년 10.29 부동산종합대책에서 LTV 규제를 70~80%에서 40~60%로 강화했다. 그 전에는 아파트 담보가액 대비 대출을 70~80% 이하에서 해주었는데 그 후에는 이 비율을 40~60%로 낮춘 것이다. 투기지역에 대해서는 50%였던 이 비율을 40%로 강화했다. 2009년 7월에는 수도권 비투기지역의 LTV를 60%에서 50%로 내렸다.

금감원은 LTV 규제에 이어 2005년 8월에 DTI 규제도 내놓았다. DTI 규제는 남편이나 아내가 주택담보대출이 있는 사람이나 만 30세 미만으로 결혼하지 않은 사람이 투기지역 아파트를 담보로 대출을 받는 데 처음 적용됐다. 2006년 3월에는 투기지역의 6억 원 이상 아파트를 담보로 돈을 빌려 구입하는 데에도 확대 실시됐다. 2006년 11월부터는 투기지역 외에 수도권 투기과열지구로 적용범위가 넓어졌다. 이명박 정부가 들어선 뒤에는 DTI 적용지역이 강남구, 서초구, 송파구 등 강남3구로 대폭 축소됐다. 적용비율은 40%다. 연간 원리금 상환액이 소득의 40%를 넘지 못하도록 대출을 제한하게 한 것이다.

금감원은 2009년 9월부터 DTI 적용대상 지역을 다시 수도권으로 확대했다. 비율은 서울에는 50%, 인천과 경기도에는 60%를 적용했다. 강남3구에 적용되는 비율은 40%가 유지됐다. 이어 10월부터는 수도권 아파트 담보대출에 대한 DTI 적용을 보험사, 저축은행, 신협 등 제2금융권으로 확대했다. 은행권 대출을 규제하자 제2금융권의 주택담보대출이 급증하게 된 데 대응한 조치였다. 금감원은 제2금융권에 속하는 금융회사가 수도권 아파트를 담보로 잡고 대출하는 경우에 DTI를 50~65%로 적용하도록 했다.

거시정책과 미시정책 가운데 어느 걸 선택해야 하나? 나는 둘 다 일리가 있으며, 상황에 따라 단계적으로 적용하면 된다고 본다. 버블인지 아닌지가 헷갈릴 때에는 경제 전체에 부담을 지우는 금리인상을 단행하기보다는 대출규제를 통해 버블의 크기를 관리하고 거품이 붕괴하게 될 경우의 후유증을 제어하는 편이 낫다. 이런 규제에도 불구하고 버블이 걷잡기 어렵게 확산되는 단계에서는 금리를 인상해야 한다. 이렇게 단계적으로 하면 대출규제를 충분히 한 상태에서 금리를 인상하게 되므로 버블이 터진다고 해도 파장이 클 위험이 낮다. 금융권 전체의 LTV가 50% 안팎으로 낮기 때문에 집값이 떨어지더라도 대출금액보다 낮아져서 집을 팔아도 원금을 갚지 못하게 하는 이른바 '깡통주택'이 덜 생기기 때문이다. 따라서 우리는 자산거품을 막기 위한 출구전략으로 금리를 인상하는 조치를 다른 나라들에 비해 서두르지 않아도 된다.

이와 관련해 하나금융연구소는 2009년 9월에 '주택가격 상승의 주요 결정요인과 시사점'이라는 보고서에서 "주택가격의 안정을 위한 금리인상은 필요성과 효과가 의문"이라고 분석했다. 이 연구소는 이어 "집값 안정이 필요하다면 DTI 등을 이용해 주택 관련 유동성을 규제하고 주택 공급을 늘리는 등의 미시적 정책을 동원하면 된다"고 조언했다. 이런 판단의 배경으로는 "경기가 회복되고는 있지만 경기회복의 지속성이 의심스러운 상황이며, DTI 규제 이후 주택시장의 유동성이 주춤하고 있다"는 점을 들었다.

우리 정부가 동원한 LTV 규제와 DTI 규제는 적절한 수단이다. 세계적인 경기침체에도 아랑곳하지 않고 부동산 가격이 지역에 따라서 오히려 오름세를 보인 중국, 홍콩, 싱가포르 등의 금융당국이 보여준 대응은 우리와 비교하면 미지근하다. 2009년 9월까지 베이징, 상하이, 광저우, 선전 등 중국 4대 도시의 부동산 가격은 전고점보다 6~9% 높은 수준으로 올랐다. 파격적인 저금리 상황에서 부동산 가격이 이렇게 급등하자 돈이 부동산으로 몰려 버블을 일으키는 게 아니냐는 관측이 나왔다. 도널드 창 홍콩 행정장관은 2009년 10월에 "주택신축 건수가 상대적으로 줄어들고 거래가격이 사상최고치를 기록하는 주택이 생겨나면서 아파트 공급과 내집 마련의 어려움이 우려되고 있으며 자산버블의 가능성도 제기되고 있다"고 말했다.

중국의 금융감독 당국은 주택 감정가와 실거래가를 비교해보고 둘 가운데 낮은 금액을 담보가액으로 잡으라고 은행들에 지시했다. 홍콩의 중앙은행인 홍콩금융관리국은 2000만 홍콩달러 이상의 주택에 대한 담보대출 비율, 다시 말해 LTV를 60% 이내로 제한했다. 그 전에는 이 비율이 70%였다. 2009년 11월 초에는 싱가포르도 주택시장 과열을 식히는 조치를 도입할 뜻을 시사했다. 싱가포르 금융당국은 "주택 가격과 거래를 면밀히 주시하겠다"고 입장을 밝혔다.

홍콩만 한국과 같은 뚜렷한 과열억제책을 마련해 시장을 조였다. 홍콩금융관리국은 한국의 정책을 벤치마킹한 것으로 보인다. 홍콩금융관리국은 2006년 6월 금감원에 한국의 부동산 관련 금융정책에 관한 자료를 보내달라고 요청한 적이 있다.

경제학의 몰락과 새로운 기회

화려한 비상, 끝 모를 추락

"이번엔, 이번에는 맞겠거니 기대했건만…. 전문가들한테 의지하느니 우리 자신의 판단과 생각을 따르는 게 유일한 길이다."

미국의 어느 변호사가 대공황을 겪으며 쓴 일기의 결론이다. 그는 대공황이 시작된 지 2년이 지난 즈음인 1931년 초에 사태의 심각함을 기록으로 남겨야겠다고 마음먹는다. 당시 그의 나이는 37세였다.

그 역시 다른 모든 사람처럼 대공황이 곧 끝나겠거니 하고 기대했다. 당시에는 경기가 이전과 같은 주기적인 침체를 겪고 있는 것일 뿐이라는 인식이 지배적이었다. 그가 경기침체를 Depression이라고 쓰지 않고 depression이라고 쓴 이유다. 그러나 당시의 극심한 불황은 1939년 9월에 2차 세계대전이 발발하면서 경제가 전시 총동원 체제로 돌입하고서야 발길을 돌렸다.

그의 일기에는 전문가의 의견에 바탕을 둔 가설적인 예측, 즉 '최악의 상황은 지났다'는 예측이 가득하다. 그러나 실제의 결과는 번번이 그런 기대를 꺾어버린다. 다음은 그의 일기에 나오는 엉터리 전망의 사례들을 뽑아본 것이다.

— 1930년대 초에 증시가 몇 차례 솟구친다. 여러 전문가들이 시장으로 돌아갈 때라고 조언한다. 그 또한 그렇게 생각하기 시작했고, 그 주위의 부유한 친구들은 주식을 샀다. 전문가들이 틀렸다는 게 확인되는 데엔 6개월밖에 안 걸렸다.

— 1933년 초에 그는 이전의 경기침체가 얼마나 지속됐는지를 분석한 뒤 "역사가 반복된다면 불황은 2~3년 지속될 것"이라고 내다봤다.

— 1935년과 1937년 사이에 경기가 살아나기 시작했다. 그가 사무실을 낸 도시의 철강공장과 고무공장은 완전가동에 가깝게 돌아갔다. 1936년 크리스마스 이브의 일기: "점심 먹고 방금 사무실로 돌아왔다. 다들 술 취한 뱃사람처럼 돈을 쓴다." 일주일 뒤에 그는 이렇게 쓴다. "경기침체가 끝났다고 공식적으로 선언할 때가 온 듯하다." 웬걸, 1937년 9월에 증시는 속절없이 무너졌다.

— 1939년 3월에 상심한 그는 이렇게 쓴다. "침체 9년째를 맞이하고서도 앞이 보이지 않는다는 생각을 하면 끔찍하다."

— 몇 달 뒤에는 이렇게 쓴다. "지난 몇 년 동안 탁월한 경제학자들이 내놓은 예측을 다시 읽어보니 웃음밖에 안 나온다. 그들은 전부 틀렸다. 전문가에게 의지하는 건 시간낭비다."

일기를 쓴 변호사의 이름은 벤저민 로스다. 그의 아들이 아버지의 일기 중

1939년까지의 내용을 모아 편집해서 최근에 《대공황의 일기(The Great Depression: A Diary)》라는 책으로 펴냈다.

당시의 경제학자 가운데 벤저민 로스의 원망과 비난을 피할 수 있었던 사람은 아마 없을 것이다. 경제학자 중에서 명성에 가장 큰 타격을 받은 인물이 어빙 피셔다. 피셔는 예일대학에서 수학과 물리학을 공부하고 유럽에서 유학한 뒤에 예일대학에서 경제학을 가르쳤다. 그는 계량경제학의 선구자이며 경제분석에 수학적 방법을 도입했다.

피셔는 통화량의 증가는 물가상승으로만 그 효과가 나타나고 실물경제에는 영향을 미치지 않는다는 화폐수량설을 교환방정식으로 뒷받침했다. 교환방정식은 MV=pT로 표시되며, 여기서 M은 통화량, V는 화폐의 평균 유통속도, p는 거래량 한 단위당 평균가격, T는 거래량을 나타낸다. 실제의 거래에서 오가는 화폐의 총량은 통화량에 화폐의 평균 유통속도를 곱한 결과와 같다는 얘기다.

1929년 10월에 뉴욕 주식시장이 붕괴하기 며칠 전에 피셔는 "주가는 영원히 이어지는 높은 고원에 올라선 듯하다"고 말했다. 뉴욕 증시는 10월 3일부터 하염없이 떨어져 공황상태에 빠졌다. 그러자 피셔는 21일에 "시장이 미쳐서 날뛰고 있다"며 "주가가 아직 기업의 내재가치를 따라잡은 게 아니기 때문에 더 올라가야 한다"고 단언했다. 그는 증시가 붕괴한지 넉 달 뒤에도 투자자들에게 "경기회복이 멀지 않았다"고 장담했다. 그는 이런 자신의 전망과 믿음을 전파했을 뿐만 아니라 투자를 통해 직접 실행으로 옮겼다가 800만~1000만 달러를 날렸다.

최근에 미국의 주택버블 붕괴로 발발한 불황은 처음에는 '2차 세계대전 이후' 가장 심각한 경제위기라고 진단됐다. 충격이 더 심해지고 더 넓게 확산되자 비교대상 시기가 더 거슬러 올라가, 그 불황이 '대공황 이후' 최악의 침체라고 불리게 됐다. 그러면서 약 80년 전의 대공황 때처럼 경제가 파국을 향해 내리닫고 있음을 경고하지 못한 경제학자들과 그러한 상황에 대비하지 못한 경제전문가 출신 정책책임자들이 도마에 올려졌다. 경제학자와 경제학의 명성이 버블과 함께 붕괴된 것이다.

경제학과 경제학자, 경제정책 담당자가 추락해 지금 놓인 처지는 한때 그들에게 돌아간 영광이 어떠했는지를 알아야 제대로 이해된다. 미국 경제가 1980년대 중반 이후에 큰 경기변동을 겪지 않고 비교적 안정적인 경로를 이어가자 그런 상태를 가리켜 '위대한 적정(Great Moderation)'이라고 부르는 등 의미를 부여하는 작업이 잇따랐다. 미국 경제가 생산성 향상으로 새로운 경지에 올라섰다고 주장하는 이들도 있었다.

경제가 장기간 안정성장을 구가하자 한 몸에 칭송을 받게 된 이가 1987년 8월부터 2006년 1월까지 미국 중앙은행인 연방준비제도이사회(FRB)의 의장을 지낸 앨런 그린스펀이다. 그린스펀은 2003년에 "10년이나 20년 뒤에 역사가들은 1990년대 후반을 미국 경제사의 전환기로 평가할 것"이라고 선언했다. 그 근거는 사상 최고의 경제성장 기록이었다. 그는 "이같은 인상적인 성과는 노동생산성의 괄목할 만한 향상에 바탕을 둔 것"이라고 풀이했다. 그린스펀은 이런 판단에 입각해 미국 경제가 '뉴 이코노미'의 경지에 올라섰다고 주장했다. 뉴 이코노미란 생산성이 비약적으로 향상되어 물가가 자극되지 않는 가운데 경제가 지속적으로 성장하게 됐다는 뜻을 담은 표현이다.

거의 모든 이가 그린스펀을 떠받들었다. 언론이 특히 심했다. 제목만 일별해보자. 〈포춘〉은 '그린스펀을 믿나니(In Greenspan We Trust)'라고 했다. 〈비즈니스위크〉는 '앨런 그린스펀의 위대한 신세계(Alan Greenspan's Brave New

World)' 라고 기사제목을 달았다. 〈타임〉은 그린스펀이 주재하는 연방공개시장위원회를 '세상을 구할 위원회(The Committee to Save the World)' 라고 부름으로써 이 위원회에 막중한 임무를 부여했다. 〈뉴욕타임스〉는 '우리에게 그린스펀이 있는데 금을 원할 자가 누구냐?(Who Needs Gold When We Have Greenspan?)' 라고 물었다.

미국 대통령 자리를 놓고 버락 오바마와 겨룬 존 맥케인 공화당 후보는 한때 농담하기를 "그린스펀은 미국 경제에 없으면 안 될 존재이기 때문에 그가 타계하면 미국 대통령은 그의 시신을 일으켜 세워 검은 안경을 씌워 놓아야 한다"고 했다.

언론매체 가운데 오로지 영국의 〈이코노미스트〉만이 앨런 그린스펀에 대한 투자자의 신뢰가 도덕적 해이로 흘러갈 위험을 경고했다. 경기와 금융시장을 조절하는 그린스펀과 FRB의 능력을 과신하게 된 나머지 경제주체들이 이전에는 회피했을 위험까지 무릅씀으로써 시스템의 불안정성을 키우게 될 우려가 있다고 〈이코노미스트〉는 분석했다.

좀 더 따져보면 〈이코노미스트〉 또한 그린스펀을 비판했다기보다는 '그가 있는 한 경제가 탈 없이 성장할 것' 이라는 맹신의 위험을 지적한 데 그쳤다고 할 수 있다. 그러나 투자자 짐 로저스는 그린스펀의 실력을 냉정하게 저울질했다. 로저스는 2004년에 펴낸 책《모험자본가(Adventure Capitalist)》에서 "그린스펀은 아주 긴 실패의 기록을 갖고 있고, 그가 정부의 일자리를 얻게 된 건 이 때문" 이라고 주장했다.

그린스펀은 1974년에 백악관 국가경제위원회 의장을 맡았다. 그는 그때 인플레이션에 대한 처방으로 WIN 단추를 사람들에게 나눠주었다. WIN이란 '당장 인플레이션을 채찍질하라(Whip Inflation Now)' 라는 말의 세 단어 머리글자를 따서 이어붙인 것이었다. WIN 단추는 당연히 효과가 없었다. 인플레이션은 고삐가 더 많이 풀렸다.

1987년에는 그린스펀이 FRB 의장에 취임한 지 얼마 지나지 않아 뉴욕 증시의 다우존스 산업평균지수가 단 하루에 20% 넘게 폭락했다. 그날은 10월 19일로 월요일이었고, 그래서 그날의 주가폭락이 '블랙 먼데이'로 불리게 됐다.

짐 로저스는 블랙 먼데이의 원인 가운데 하나를 그린스펀이 제공했다고 주장했다. 그린스펀이 그 전주에 "미국의 무역수지가 훨씬 나아지고 있다"고 발언했는데, 막상 공개된 무역수지 통계를 보니 사상 최악의 적자였다. 짐 로저스는 "그때 나를 포함한 많은 투자자들이 그린스펀은 바보가 아니면 거짓말쟁이라고 생각했다"면서 "지나고 보니 그는 거짓말을 한 게 아니었다"고 덧붙였다. 그리고는 이렇게 말했다. "그린스펀은 주식시장도 경제도 이해한 적이 없다."

그린스펀은 2001년부터 경기후퇴에 대응해 유례없이 돈을 풀기 시작했다. 이에 대해 로저스는 주택버블을 조장하는 행동이라고 우려했다. 로저스는 "거품은 늘 안 좋게 끝난다"면서 "이번 거품이 터지면 훨씬 더 많은 사람들이 고통을 받게 될 것"이라고 예상했다.

그린스펀이 FRB 의장으로 재임하는 동안에 그에 대한 비판이나 경제상황에 대한 경고가 드물었던 이유 중 하나는 심리에서 찾을 수 있다. 별 문제가 없을 때 다수론을 거슬러 반대의견을 내려면 큰 용기가 필요한 법이다.

그린스펀의 명성은 최근 미국에서 전개된 부동산버블 붕괴와 이로 인한 세계적인 경기침체의 과정에서 한없이 추락했다. 미국 경제를 장기번영으로 이끌었다고 해서 신처럼 떠받들어지던 그가 이제는 닷컴버블과 부동산버블 등 두 차례의 버블을 일으킨 '버블 맨'으로 전락했다. 그린스펀을 칭찬하는 목소리는 이제 더 이상 듣기 어려워졌다. 그린스펀은 그러나 우리의 기억 속에 계속 남겨 둬야 한다. 그는 중앙은행이 물가뿐 아니라 자산 가치도 급등하지 않도록 유의 하면서 적절한 대응을 해야 함을 가르쳐주는 반면교사이기 때문이다.

그린스펀의 뒤를 이어 FRB 의장이 된 벤 버냉키 역시 따가운 눈총을 피하 지 못했다. 2010년 2월에 두 번째 임기를 시작한 버냉키 의장은 경제위기가 수 습국면에 접어들기 시작한 2009년 말에 〈타임〉에 의해 '올해의 인물'로 선정 되기도 했지만, 그 전만 해도 위기의 조짐을 간과하고 낙관론을 편 것 때문에 입 방아에 올랐다.

미국 주택시장이 한창 끓어오르는 동안에 버냉키는 미국의 금융시스템에 대해 "매우 강해졌다"고 과대평가했다. 그는 2005년에 상원에서 열린 인준 청 문회에서 "미국 금융시스템은 이미 여러 차례 위기를 거치며 어려운 시기를 이 겨내는 과정에서 역량이 강화됐고, 그 결과로 금융시장이 매우 깊어지고 그 유 동성과 유연성이 크게 향상됐다"고 주장했다. 이런 소식을 들은 경제주체들은 더 마음을 놓게 됐고, 이로 인해 다가오는 위기에 대한 대비를 그만큼 덜 하게 됐다.

클로드 트리셰 유럽중앙은행(ECB) 총재는 2008년 7월에 "유로지역은 2분 기와 3분기에 골짜기를 그린 뒤에 지속적인 성장으로 돌아설 것"이라고 내다봤 다. 그러나 유로지역은 그 뒤에도 하염없이 침체의 골짜기로 빠져들었다. 영국 의 중앙은행인 영국은행의 머빈 킹 총재도 낙관주의를 견지했다가 빈축을 샀 다. 킹 총재는 2008년 5월에 "경제가 어느 시점부터 한두 분기 동안 위축될 수 는 있겠지만 침체는 전혀 예상되지 않는다"고 장담했다. 국제통화기금(IMF)은 2007년 봄에 발표한 〈세계 경제전망〉 보고서에서 "전반적인 위험이 6개월 전보 다 덜 위협적"이라고 진단했다.

그러나 그 즈음부터 비우량 주택담보대출(서브프라임 모기지론)의 부실이 심각해짐에 따라 경제전망을 하향 수정하는 경제전문가들이 일부 있었다. 대학의 경제학자 가운데서는 드물게 서브프라임 버블을 일찌감치 경고한 누리엘 루비니 뉴욕대학 교수는 당시에 신용경색이 심화되는 상황에 따라 경제전망을 계속 하향 조정했다.

경제학에 대한 비판과 반성

"경제학자들은 지난 5번의 침체 중 9번을 예측했다."

"경제학자는 어제 예측한 일이 오늘 왜 일어나지 않았는지를 내일 알게 되는 전문가다."

"경제학자는 경제에 대해 틀리게 추측하면서도 돈을 받도록 훈련받은 전문가다."

"계량경제학자는 컴퓨터를 활용해 틀리게 예측하고 대가를 받도록 훈련받은 전문가다."

"신이 경제학자를 창조한 까닭은? 일기예보관을 격려하려고."

"경제학자들이 소수점 아래까지 경제변수 예측치를 내놓는 까닭은? 유머감각이 있음을 보여주려고."

"경제학자의 예측을 듣고 움직이는 것은 자기 눈을 가린 상태에서 뒷좌석에 앉은 사람의 말만 듣고 운전하는 것과 같다."

경제학자들을 비웃는 유머들이다.

미국의 저술가인 조지프 엡스타인은 〈뉴스위크〉 한국판 2009년 3월 18일
자에 실린 '경제학은 죽었다'라는 제목의 칼럼에서 "이번 경제위기로 경제학
자들의 예측이 얼마나 엉터리인지가 드러났다"고 꼬집었다. 엡스타인은 경제
위기를 맞아 경제학자들이 돌아가면서 한마디씩 하지만 결국은 "나도 잘 모른
다는 똑같은 말"이라고 비아냥댔다. 이어 그는 경제위기가 가져온 가장 중요한
변화 가운데 하나가 바로 경제전문가의 몰락이라고 지적했다.

그는 오류를 남발하면서도 자신만만하기 짝이 없는 대표적인 경제학자로
오바마 행정부에서 백악관 국가경제위원회 의장을 맡은 래리 서머스를 꼽았다.
"예측의 정확성을 타율로 바꾸면 서머스는 0.238 정도 될 듯싶다"면서 "앞으로
는 경제학자들이 TV에 나오면 야구선수들이 타석에 들어설 때와 마찬가지로 그
들의 자신감 넘치는 얼굴 밑에 평균타율을 보여줘야 한다"고 제안했다.

엡스타인은 그 다음으로 노벨 경제학상 수상자인 로버트 루커스 시카고대
학 교수를 거론했다. 엡스타인에 따르면 루커스 교수는 2003년 1월에 열린 미국
경제학자협회(AEA) 대회의 기조연설에서 "현대 경제학자들은 더는 불황에 신
경 쓸 필요가 없다"고 선언했다. "불황 예방에서 가장 핵심적이던 문제가 사실
상 수십 년 전에 실질적으로 해결됐다"면서 그와 같은 선언을 한 것이다.

그랬던 루커스가 최근의 경제위기에 대해서는 자신도 어떻게 해결해야 하
는지 모르겠다고 털어놓았다고 한다. 엡스타인은 "우리는 이제 별 도리 없이 경
제학자들의 오류투성이 조언에 기대기보다 우리 자신의 힘으로 능력껏 현재의
위기를 이겨내야 한다"고 글을 마무리했다.

최근 불황의 와중에 한국에서도 경제학자들에 대한 불만의 목소리가 나왔
다. 이동주 〈매일경제〉 논설위원은 2009년 8월에 '살아있는 경제학자의 죽은
아이디어'라는 칼럼에서 "금융위기 속에서 석학들이 넘친다는 경제학계의 형

편없는 예측능력에 좌절감을 느꼈다"며 지금과 같은 경제학이라면 무용지물이라고 질책했다. 그는 "서브프라임 부실 한파가 코앞에 닥친 뒤에야 '100년만의 위기'라고 법석을 떨더니 바보도 알 만큼 상황이 호전되자 슬그머니 '바닥론'을 꺼내놓는 식"이라고 경제학자들의 행태를 비판했다.

예측능력이 없는 건 물론이고 이미 발생한 상황에 어떻게 대응해야 하는지를 놓고도 우왕좌왕한 경제학자들의 행태에 대한 그의 관람평이다. 그는 경제학자들의 행태는 의사가 중환자에게 이렇게 말하는 격이라고 꼬집었다. "지금으로선 당신의 병세가 악화될 수도 있고 호전될 수도 있다. 수술 받는 게 나을 수도 있지만 꼭 그렇다는 보장은 없다." 그는 해외의 경제전문가들에 비해 한국 내 경제전문가들의 무기력증이 훨씬 심한 편이라고 지적했다.

이병기 〈동아일보〉 경제부 차장은 2009년 4월에 칼럼을 통해 "경제학 무용론이 확산되고 경제학이 점성술과 뭐가 다르냐는 비아냥거림까지 나오고 있다"면서 "밥그릇을 지키기 위해 비상대책회의를 열어야 할 처지"라고 경제학자들을 비꼬았다. 그는 "반성문 한 줄 없이 선진국 경제학자들이 금융위기를 넘어가고 있다"면서 "그들을 스승으로 모셔온 한국인에게는 허망함, 억울함, 전망의 부재 등 복잡한 느낌을 준다"고 썼다.

경제학계에 대한 외부의 비판이 강하고 따갑게 쏟아지자 경제학계 내부에서 화살을 남에게 돌리는 양상도 나타났다. 브래드 들롱 UC버클리대학 교수는 "로버트 루커스와 그를 추종하는 집단은 원시적이고 근본적인 분석오류 투성이"라고 공격했다. 폴 크루그먼 프린스턴대학 교수는 "로버트 배로는 정말 멍청한 주장을 한다"라고 말했다.

경제학자들이 도매금으로 매도당하면서 서로 헐뜯는 모습까지 보였지만, 최근의 경제위기를 경고한 학자가 전혀 없었던 건 아니다. 앞에서 언급한 바 있는 누리엘 루비니 교수 외에 나심 니컬러스 탈레브, 로버트 실러 같은 학자들은 경제가 위태로운 상황을 맞을지 모른다고 예상했다.

루비니 교수는 2006년 9월에 열린 IMF 세미나에서 미국 경제의 상황에 대해 극도의 비관론을 내놓았다. 그는 "미국이 앞으로 사상 최악의 주택버블 붕괴와 주택담보대출 시장 부실화, 소비심리 악화 등으로 일생에 한 번밖에 없을 정도의 깊은 경기침체 수렁에 빠질 것"이라고 내다봤다.

이런 그의 말을 들은 참석자들은 대부분 무슨 엉뚱한 말을 하느냐는 반응을 보였다. 그러나 그의 전망은 그 뒤로 하나씩 현실에서 입증됐다. 루비니 교수는 1년 뒤인 2007년 9월에 다시 IMF 세미나에 연사로 초청됐다. 그는 "앞으로 금융위기가 미국에 머물지 않고 전 세계로 확산될 것"이라고 경고했다. 이번엔 다들 그의 말에 귀를 기울였다.

루비니 교수는 아시아와 남미 등 신흥시장 경제를 폭넓게 연구했고, 특히 신흥시장에 속하는 국가들이 겪은 금융위기를 집중적으로 분석했다. 그는 〈블룸버그〉 통신과 가진 인터뷰에서 "지난 20년 동안 신흥시장을 연구하다 보니 예전에 신흥시장에서 나타났던 것과 같은 징후를 최근 미국에서 발견하게 됐는데, 그것은 거대한 신용버블이었다"고 말했다.

나심 니컬러스 탈레브 뉴욕대학 폴리테크닉연구소 교수도 최근의 금융위기를 예견한 인물로 꼽힌다. 탈레브 교수는 2007년에 펴낸 《블랙 스완》에서 비관론을 제시했다. 그는 이 책에서 예기치 못한 위기상황으로 세계경제가 휘청거리게 될 수 있다고 예상했다. 블랙 스완이란 사람들이 오랫동안 의심하지 않고 품어온 '백조는 희다'는 통념이 18세기에 호주에서 검은색 백조가 발견되면서 무너진 사례에서 착안한 개념으로, 누구도 예상하지 못한 이상현상을 뜻한다.

탈레브 교수는 과거의 경험과 통계치만 갖고 미래를 전망하는 일은 허술하기 짝이 없고, 그런 방식은 이번 경기침체와 같이 일생에 한 번 있을까 말까 한 사태를 예상하는 데는 더더욱 취약하다고 지적했다. 그러나 블랙 스완이라는 개념은 정규분포에서 식스 시그마 지점의 바깥, 아니 그보다도 더 바깥의 양 극단에 속하는 일이 실제로 발생하지 말라는 법은 없다는 확률적인 이야기만 해주는 것일 뿐 미래를 예측하는 방법론의 토대가 되기에는 적합하지 않은 것 같다.

로버트 실러 예일대학 교수는 2000년의 주식버블 붕괴를 미리 알아맞힌 데 이어 2005년에는 부동산시장 거품이 붕괴할 가능성을 경고했다. 그는 《비이성적 과열》의 개정판 서문에서 이렇게 진단했다. "미국과 전 세계에 과거 어느 때보다 강한 주택투기 열풍이 뿌리내리고 있다. 사람들은 집값이 계속 오르면 나중엔 집을 결코 사지 못하리라고 우려해 주택 매입에 열을 올리고 있다. 이는 버블의 조짐이며 궁극적으로 파멸을 부를 수 있다." 이어 그는 "주택 가격이 여기서 더 큰 폭으로 오를 경우에는 하락 폭도 훨씬 더 커질 것이고, 그러면 주택 가격 하락이 개인의 파산과 금융회사의 연쇄도산으로 번져 세계경제 침체를 야기할지 모른다"고 경고했다.

나중에 실러 교수는 "2006년에 주택 가격이 떨어지기 훨씬 전에 이미 많은 사람들이 주택경기 붐으로 인해 경제적 재앙이 빚어질까봐 걱정했다"고 그 무렵의 상황을 회상했다. 한 예로 그는 자신이 마이애미에서 택시를 탔을 때 운전기사가 창밖으로 보이는 주택건설 현장을 가리키며 "시장이 공급과잉 상태가 될 것이고 결국은 파국을 맞을 것"이라고 말했던 사실을 들었다.

거대한 유람선 타이태닉 호는 다가오는 빙산을 전혀 알아차리지 못한 가운데 그 빙산에 부딪혀 침몰했다. 이와 달리 세계경제는 최근의 버블 붕괴 이전에 버블이 걱정이라는 경보가 때때로 울렸음에도 주의를 기울여 대처하지 않고 버블을 계속 키우다가 버블 붕괴와 함께 가라앉았다. 세계경제는 왜 그러한 경보

실러 교수는 사회심리학에서 답을 찾는다. 그는 전문가들로 이뤄진 집단이 왜 중대한 실책을 저지르는지를 어빙 재니스의 책 《집단사고(Groupthink)》를 인용해 설명한다. 이 책에 따르면 전문가들은 집단적인 공감대가 형성된 사안에서 혼자만 너무 동떨어진 의견을 낼 경우에 중요한 자리를 보장받지 못할까봐 걱정하고, 그래서 집단의 공감대에 대한 개인적인 의심을 스스로 검열한다. 그래서 전문가들이 경보를 울리더라도 조심스럽게 변죽만 울리는 정도에 그친다는 것이다.

FRB 내부에서도 경고의 목소리가 나왔지만, 주택 가격과 경제에 대한 신뢰가 붕괴하는 시나리오가 제시되기보다는 기술적인 측면의 문제점이 지적되는 정도에 머물렀다. 그린스펀 FRB 의장이 항상 옳다고 여기는 분위기가 계속되고 있는 상황에서는 그 이상의 다른 목소리가 나올 수 없었다.

예를 들어 2004년에 FRB의 어느 한 이코노미스트가 작성한 논문을 보면 버블을 다루다가 중동무이하고 만다. 그 논문은 임대료에 비해 높은 주택 가격을 버블의 징후로 봐야 하느냐는 문제를 거론하다가 "강한 결론을 내리지 말고 더 연구해볼 것을 요구하는 몇 가지 반박논리가 있다"면서 말끝을 흐린다. 또 FRB의 멤버 가운데 한 명인 에드워드 그램리치는 서브프라임 모기지에 대한 건전성 규제가 충분하지 않다고 경고했지만, 2007년에 그가 낸 책《서브프라임 모기지(Subprime Mortgages)》에서는 주택 거품을 거론하지 않았다.

실러 교수는 자신의 경험을 돌이켜봐도 "집단의 공감대를 의심하게 될 때는 주저하는 심리, 즉 '이걸 문제 삼는 바람에 내가 혹시 꼴통으로 찍히지 않을까' 하는 걱정이 생긴다"고 했다. '개인이 집단을 거스를 때는 소리치지 못하고 속삭인다'는 제목으로 2008년 11월에 〈뉴욕타임스〉에 실린 기고에서 그는 자신이 1990년부터 2004년까지 뉴욕 연방준비은행에서 자문위원단의 일원으로 활동했던 경험을 털어놓는다. 나중에 미국 재무부장관이 되는 티모시 가이트너가 당시에는 뉴욕 연방준비은행 총재이자 공개시장위원회(FOMC) 부의장이었다.

실러 교수는 주식시장과 주택시장에 거품이 형성되고 있다고 보고 이에 대해 경고하긴 했지만 매우 완곡한 표현으로 경고했고, 그런 별난 견해를 표명하는 데 부담을 느꼈다. 실러 교수는 또《비이성적 과열》의 개정판 서문을 쓸 때도 쓸데없이 경고를 울린다는 비판을 받지 않을까 걱정했다. 실제로 나중에 그런 비판이 나왔다.

실러 교수는 2005년에 연방예금보험공사 등 관계당국에 "경제가 주택거품의 위험에 처해 있으니 주택담보대출에 대해 적정한 규제를 해야 한다"고 제안했다. 그러나 관계당국 사람들은 "우리도 그런 우려에 대해 들었고, 그럴 가능성이 있음을 안다"면서도 그의 제안을 진지하게 받아들이지 않았다. 당시에 그 말고도 몇몇 경제학자들이 경제가 심상치 않게 돌아가고 있다고 걱정했다. 그러나 그들의 목소리는 강하지 않았고, 간혹 목청을 높인 목소리가 나오더라도 다른 경제학자들이 내는 소음에 묻히고 말았다. 이렇게 된 이유는 무엇일까?

위기의 시점과 정도, 심각성을 예견해 사전에 저지하지 못한 이유를 한마디로 요약하면, 국내외를 막론하고 머리가 좋다고 소문난 사람들이 시스템에 내재한 위험을 전체적으로 파악하는 데 필요한 집단적 상상력을 갖고 있지 못했기 때문입니다.

영국의 경제학자들은 2009년 7월에 엘리자베스 2세 여왕에게 보낸 편지에서 이렇게 반성했다. 여왕이 2008년 12월에 런던정경대(LSE)를 방문한 자리에서 왜 아무도 위기를 예견하지 못했느냐고 물은 데 대한 답변이었다. 영국의 일간신문 〈가디언〉의 일요판 자매지인 〈옵서버〉가 보도한 바에 따르면 이 편지는 2009년 6월에 영국학술원 주최로 열린 세미나에서 논의된 내용을 바탕으로 작성됐다고 한다.

영국은행의 통화정책위원인 팀 베슬리 등이 작성한 이 편지는 "장기간의 저금리 추세가 환상을 조장했고, 그 환상으로 인해 미국이 중국과 중동 산유국에서 빌린 돈으로 소비를 하는 등 세계경제의 수면 아래서 얼마나 나쁜 일들이 벌어지는지를 깨닫지 못했다"며 집단적 환상을 탓하기도 했다. 이 편지는 또 "세계적인 불균형 심화에도 불구하고 위험을 제로로 만들 수 있는 영리한 방법을 찾았다고 떠드는 '금융마법사(금융공학자)' 들의 꼬드김에 넘어갔다"면서 실책의 일부를 슬쩍 옆으로 돌렸다.

경제학자들이 여왕에게 보낸 편지는 원인진단에서나 표현에서나 두루뭉술하다. 신랄한 내부반성이 나오지 않은 건 아니다. 윌렘 뷔터 런던정경대 교수는 "지난 30년 동안 영국과 미국의 거시경제학 공부는 값비싼 시간낭비였다"고 자아비판을 했다. 폴 크루그먼 프린스턴대학 교수는 반성의 강도를 더 높였다. 그는 2009년 6월에 런던정경대에서 한 강연에서 "지난 30년 동안 거시경제학은 기껏해야 요란하기만 하고 쓸모는 없었고, 혹평하면 매우 유해했다"고 일갈했다. 배리 아이켄그린 UC버클리대학 교수는 "경제위기를 겪는 과정에서 우리가 경제학에서 안다고 여겨온 것들이 의심을 받게 됐다"고 말했다.

노벨 경제학상을 수상한 폴 크루그먼을 비롯한 여러 경제학자들이 이렇게 말하고 있다면 경제학에 오류가 있는 게 틀림없다. 경제학자들이 눈치 채지 못하는 사이에 경제가 주식버블에 치이고, 또 얼마 지나지 않아 주택버블에 깔린

걸 보면 그렇다고 짐작된다. 비슷한 실수를 계속 저지르고 있는 것을 보면 경제학에 오류가 있기만 한 것이 아니라 그 오류가 매우 큰 것 같다. 단적으로 말해 경제학은 실력이 전혀 없다고 해도 무리가 아니다. 경제학이 패러다임을 바꿔 혁명적으로 변하지 않는 한 앞으로도 경제학이 위기관리에 도움을 줄 것이라는 보장이 없다.

경제학의 치명적인 결함은 무엇인가? 실러 교수가 대화를 나눠본 동료 경제학자들 역시 그처럼 주택시장이 과열됐다고 판단했지만 공식적으로는 그런 얘기를 하지 않았다. 실러 교수가 보기엔 그들이 나서지 않은 데는 집단압력 외에 다른 요인도 작용했다. 그는 '왜 경제학자들이 오랫동안 거품에 대한 우려가 과장된 것이거나 실증되지 못하는 것이라고 여겼는지'를 의아해 했다.

그는 〈뉴욕타임스〉에 실린 기고에서 "여전히 답을 찾지는 못했다"면서 여러 가지 추측을 제시했다. 우선 기술적이고 수학적인 경제학의 도구가 심리학의 방법론을 수용하지 않고 있고, 그래서 경제학을 공부한 사람들은 자신들에게 익숙한 그런 틀 속에서만 문제를 다루고자 한다고 짐작했다. 그는 또 경제학자들은 자신들의 합리적 사고에 대한 자부심이 강하기 때문에 자신들이 엄청난 판단의 오류를 저지를 수 있다는 다른 사람들의 지적을 탐탁하게 여기지 않는다고 봤다.

영국의 〈이코노미스트〉는 2009년 7월에 '경제학의 무엇이 잘못 됐나'라는 제목의 분석기사에서 금융시장은 효율적이라고 전제하는 것, 시장은 스스로를 규율하고 금융혁신은 항상 득이 되리라고 보는 것, 중앙은행에 물가를 안정시키는 역할만 부여해 중앙은행으로 하여금 자산버블에 개의치 않게 하는 것 등을 경제학의 결함으로 들었다.

〈이코노미스트〉는 또 "경제학자는 자신의 전문분야에만 안주할 게 아니라 경제학의 다른 분야에도 관심을 가져야 한다"면서 "예컨대 거시경제학자는 금융을 이해해야 하고, 금융 전공 교수는 금융시장이 작동하는 전체 맥락에 대해 더 깊게 생각해야 한다"고 제안했다.

〈이코노미스트〉는 경제이슈를 심도 있게 분석하고 논의하기로 정평이 난 매체다. 그렇지만 경제학의 위기에 대해서는 잘못 짚어도 한참 잘못 짚었다고 나는 생각한다.

경제학이 금융시장의 효율성을 전제로 하기 때문에 금융시장의 이상현상인 자산버블을 제대로 다루지 못한다는 지적을 먼저 따져보자. 그렇다면 경제학이 시장이 효율적이 아닐 때가 있음을 인정하고 중앙은행으로 하여금 물가에 대해서만이 아니라 자산버블에 대해서도 예의주시하면서 대응하게 한다면, 그런 경제학은 경제위기가 닥치기 전에 경제학자들 사이에 위기적 상황에 대한 공감대가 형성되게 할까? 나로서는 의문이다.

또한 경제학의 여러 분야를 두루 알아야 경제문제를 더 잘 통찰할 수 있다는 얘기는 너무나 하기 쉬운 말이다. 경제학자가 전공의 폭을 넓힌다고 해서 경제위기를 미리 알아채는 예견력이 길러질 것 같지는 않다. 그렇게 해서 예견력이 길러진다면 여러 분야를 전공하지 않을 사람이 드물게다.

세계적으로 가장 많이 읽힌 경제학 원론의 저자인 폴 새뮤얼슨은 거시, 무역, 공공재정, 소비자행동 등 다방면으로 경제학을 연구했다. 새뮤얼슨은 50세를 넘어서면서부터는 금융경제학에 연구를 집중해 옵션가격 설정모형의 기초를 닦았다. 그러나 이런 폭넓은 연구를 통해 그가 경제의 상태를 진단하고 경제가 어떻게 전개될지를 예측하는 일에서 다른 학자보다 뛰어나게 됐다는 평가는 들리지 않는다. 새뮤얼슨 자신도 2009년에 타계하기 두 달 전에 쓴 칼럼에서 '달러로부터의 도피'가 불가피하리라고 예상하면서도 "지난 70년 동안 경제학을 가르치고 교과서를 쓰는 동안 나도 여러 차례 틀렸다”고 인정했다.

기존 경제학의 순진한 낙관주의

최근의 경제위기에 국한하지 말고 논의를 일반론으로 확장하자. 이번 경제위기 이전에도 향후 경제를 예측하는 경제학과 경제학자의 능력과 관련된 논란이 많 았다. 예측의 가능성에 대한 물음에 경제학자들의 대답은 각양각색이었다. 그 렇다면 경제학은 미래를 알아맞힐 수 없는 학문이라고 추론해야 할까?

이 문제에 대해 가장 딱 부러진 태도를 보인 이가 그레고리 맨큐 하버드대 학 교수다. 맨큐는 2005년에 펴낸《경제학 원리》4판에서 경기변동과 관련된 세 가지 사실 가운데 가장 먼저 “경기변동은 불규칙하고 예측불가능하다”는 점을 꼽는다. 그는 이 책의 33장 ‘총수요와 총공급’에서 1965년 이후 미국 경제의 실 질 국내총생산(GDP) 추이를 그래프로 보여주면서 불황이 불규칙하게 온다고 설명한다. 참고로 1930년대 이후 최근까지 미국의 경제성장률 추이를 그려보면 다음 페이지의 그래프와 같다.

이준구 서울대 교수 역시 완곡하게 표현했지만 정확한 예측은 불가능하다 는 쪽의 견해를 밝혔다. 그는《새 열린경제학》에서 “경제학자들의 예측은 맞을 때보다 맞지 않을 때가 더 많다고 보는 사람이 많은데, 지금까지의 경험에 비추 어보면 어느 정도 맞는 말이기도 하다”고 인정한다. 이 교수는 “그렇지만 신문 이나 방송에서는 무슨 일이 있을 때마다 경제학자들을 불러 앞으로 경제가 어떻 게 될 것 같은지 말해 달라고 성화를 한다”며 “그나마 아무 정보도 없는 것보다 는 낫다는 생각에 틀릴 가능성이 있는 줄 알면서도 경제학자들의 말에 귀를 기

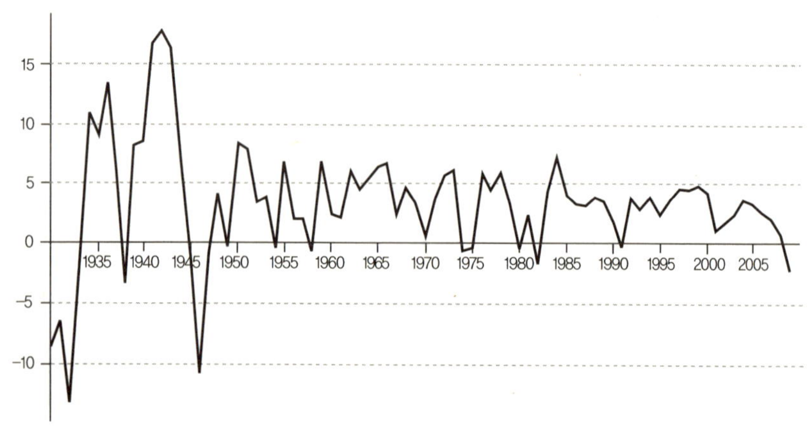

울이는 게 아닐까"라고 풀이한다.

반대로 '경제학 교과서의 교과서'를 쓴 새뮤얼슨은 경제학의 한계를 인정하는 듯하다가 경제학자가 그래도 문외한보다는 잘 맞히는 편이라고 경제학자의 예측능력을 옹호한다. 새뮤얼슨은 1980년에 펴낸《경제학》11판에서 2와 4분의 1페이지가 넘는 지면을 경기예측에 할애했다. 이 부분은 14장 '경기사이클과 예측'에 포함돼있다.

새뮤얼슨은 "통계학자와 경제학자가 정확한 예측을 할 수 있는 건 아니지만, 길게 보면 비경제학자의 예측은 (통계학자와 경제학자의 예측보다) 정확도가 훨씬 떨어진다"고 주장했다. 또 그는 "전미경제연구소(NBER)의 분석을 보면, 컴퓨터 모델을 활용한 경기예측이 '올해가 작년보다 좋은 만큼 내년이 올해보다 나아지리라' 하는 식의 단순한 전망보다 낫다"고 말한다.

새뮤얼슨은 컴퓨터 모델에도 사람의 판단이 들어감을 인정한 뒤 "경제전망에서 지금은 매우 중요한 그런 '예술 요소' 의 비중이 점차 줄어들고 '과학 요소' 가 커지기를 바란다"고 말했다. 그는 "그러나 정확하고 논란이 없는 예측의 시대가 도래하기까지는 오래 걸릴 것" 이라고 말끝을 얼버무렸다.

새뮤얼슨의 《경제학》은 윌리엄 노드하우스와의 공저로 18번째 판이 2005년에 나왔다. 경제예측에 관한 서술은 23장 '경기변동과 총수요' 가운데 1과 4분의 1페이지로 줄었다. 그는 경제를 전망하는 컴퓨터 모델은 평상시에는 잘 맞지만 정책이 변하는 때에는 컴퓨터 모델을 이용하더라도 경제전망이 어려운 일이라고 말해, 전보다 한 발 물러서는 태도를 취했다. 그러나 경제학자가 경제학 비전공자보다 미래를 잘 맞힌다는 주장은 고수했다. 그는 스티븐 맥니가 1992년에 발표한 논문을 인용하면서 "전문가의 예측이 비전문가의 예측을 체계적으로 능가한다"고 덧붙였다.

경제학의 예측능력에 대해 새뮤얼슨은 일관되게 어정쩡한 태도를 보였다. 그는 〈중앙SUNDAY〉와의 인터뷰에서 다음과 같이 말했다.

모든 과학은 제한된 지식을 바탕으로 한다. 시간이 지나면 지식의 양은 늘어나지만 이론이 모든 것을 설명할 수는 없다. 그래서 더욱 경제학자들은 최선을 다한다. 내가 젊은 학생이었던 70년 전보다 지금 우리는 훨씬 많은 것을 안다. 그러나 70년 후에도 우리가 10년 후를 예측하는 능력은 제한적일 것이다.

경제학에 남긴 그의 족적만큼 경제학자들에게 그는 큰 영향을 미쳤다. 그래서인지 많은 경제학자들이 향후의 경제를 예측하는 일과 관련해서는 '아직은 아니지만 앞으로는…' 이라는 식의 희망을 덧붙인다.

삼성경제연구소의 홍순영 전무는 2003년에 한 경제주간지에 실린 '헷갈리는 경제예측' 이라는 제목의 글에서 "경제성장에 대한 전망과 예측이 자주 빗나가고 수정이 거듭되면서 이런 일을 담당하는 연구기관과 경제전문가들을 바라보는 시각이 곱지 않다"고 운을 뗐다.

홍 전무는 그러나 "여건 변화에 대한 학제적 연구와 현장 중시, 경제주체의 기대와 심리 파악에 좀 더 주의를 기울이면 보다 정확한 전망이 가능할 것"이라고 낙관론을 폈다. 그는 그 배경과 관련해 "경제 변수와 지표의 움직임보다는 시장참여자들의 심리나 기대의 파악이 경제현상 분석에 중요해지고 있다"며 "그러나 지표로 나타낼 수 없는 심리와 기대의 변화를 미리 예측하는 것은 경제학적 지식보다는 심리학이나 현장의 감각이 더욱 필요할지 모른다"고 설명했다.

경기는 팽창하다가 정점을 찍은 뒤 그보다 악화되다가 바닥에 이르고 다시 반등하는 식으로 순환한다. 왜 경기순환과 그걸 예상하는 일이 큰 이슈인가. 새뮤얼슨은 "경제예측은 차의 밝은 전조등처럼 앞으로 전개될 경제지형을 비춰주고, 의사결정자들로 하여금 경제여건에 대응하도록 돕는다"고 설명했다. 경기가 안 좋을 듯하면 기업은 재고를 줄인다. 경기전망이 밝으면 기업이 장비를 갖추고 원자재를 구입해 증산을 준비한다. 정책담당자는 경기전망과 반대되는 방향의 조처를 선제적으로 취할 수 있다. 예를 들어 경기가 곧 좋아지리라는 확신이 서면 확장적 재정정책과 통화정책을 서서히 줄여나가는 것이다.

투자자는 경기가 아직 부진을 벗어나기 전에, 그러니까 주식이 쌀 때 주식 보유 비중을 높인다. 경기가 회복되기 시작하면 금리가 올라 채권의 가격이 떨어질 것으로 예상되기 때문에 채권은 매각한다. 경기와 함께 상승하는 또 하나가 화폐의 가치다. 해외거래가 있는 기업이나 가계는 경기가 좋아질 것으로 보이면 환율이 하락하리라는 전망에 따라 외화의 지불을 늦추고 받을 외화는 당겨 받는 등의 방식으로 대응할 수 있다. 해외 거래처에서 받을 외화에 대해서는 선물환 거래를 통해 미리 유리한 조건을 정해두는 것도 좋다.

경기순환은 산업발전과 국제무역의 산물이다. 외부로부터 폐쇄된 채 농업 중심으로 경제활동이 이뤄지던 '농자천하지대본 시대'에는 경기가 거의 오로지 농사의 풍흉에 좌우됐다. 왜 경기가 좋아졌다가 나빠지는지가 눈에 뻔히 보였고, 설명이 필요 없었다.

산업혁명 이후에 경기순환에 대한 설명으로 등장한 것 가운데 하나가 '집단신경증'에 의한 설명이다. 1867년에 한 관찰자는 "주기적인 경기침체는 본질적으로 심리적인 현상이고 낙담, 희망, 흥분, 실망, 공포 등에 좌우된다"고 썼다. 이런 요인은 나중에 케인스에 의해, 그리고 다시 몇 세대 뒤에는 행태경제학자들에 의해 부분적으로 수용되지만, 경제학이 전면적으로 받아들이기에는 너무 추상적이었다.

한계효용의 원리를 경제학에 도입한 경제학자 중 한 명으로 19세기 후반에 활동한 윌리엄 스탠리 제번스는 경기순환의 주기가 태양 흑점의 주기와 일치한다는 가설을 내놓았다. 제번스가 1721년부터 1878년까지 경기순환의 주기를 붐에서 붐까지의 기간으로 측정한 결과 평균 주기가 10.46년으로 나왔다. 이에 대해 제번스는 태양 흑점의 주기가 10.45년이므로 둘 사이에 우연이라고 볼 수 없는 상관관계가 존재한다고 주장했다. 제번스는 태양 흑점의 주기가 기후에 영향을 주고, 그에 따라 작황에 변동이 일어나 경기의 등락이 발생하는 것이라고 추측했다.

1920년대에 활동한 러시아의 경제학자 니콜라이 콘트라티예프는 경기순환

을 단기, 중기, 장기로 나눴다. 그는 재고의 변동으로 인한 단기 경기변동은 3~
4년 주기로, 기업의 설비투자 변동에 따른 중기 경기변동은 9~10년 주기로, 기
술개발과 사회변동에 의한 장기순환은 50~60년 주기로 각각 전개된다고 주장
했다. 콘트라티예프의 경기순환 이론은 설명력이 약한데도 요즘까지도 간혹 거
론된다. 경기에 대한 사람들의 관심이 지대하지만 예측력이 뛰어난 이론이나
틀이 달리 없기 때문에 콘트라티예프 파동 같은 그럴듯하지 않은 가설도 인용되
는 게 아닐까 싶다.

새뮤얼슨은 《경제학》에서 경기순환을 설명하는 이론을 '외생론' 과 '내생
론' 으로 구분했다. 새뮤얼슨의 결론부터 앞당겨 말하면 "대다수 경제학자는
외생변수와 내생변수를 함께 고려한다"는 것이다.

외생론은 경기변동의 요인을 경제시스템 밖에서, 즉 태양 흑점과 같은 천
문학적 요인이나 전쟁, 혁명, 정치적 변화, 금광의 발견, 인구와 이민의 증가율,
새로운 자원의 발견, 기술혁신 등에서 찾는다. 내생론은 경제시스템 자체가 성
장과 침체를 번갈아 거치는 특성을 갖고 있다고 설명한다. 집단신경증 같은 심
리적 요인을 토대로 한 설명도 내생론 가운데 하나다.

간단한 내생론으로 기계장치 교체 주기에 따라 경기순환이 반복된다는 설
명이 있다. 매우 단순화해 주요 기계설비의 수명이 똑같고 모두 비슷한 시기에
설치됐다면 주요 기계설비에 대한 교체수요가 활발한 시기에는 경기가 좋아지
고 그에 따라 소득이 증가하는 현상이 다른 부문들로 확산되면서 경제 전체가
한동안 성장을 이어간다. 그러다가 설비수요가 마무리되면 경기가 하강곡선을
타게 된다.

이 대목에서 등장시켜야 할 인물이 얀 틴베르헨과 로런스 클라인이다. 이
들은 경기순환을 따라가면서 분석하는 데 그치지 않고 거시경제 모형을 만들고

이를 통해 경기가 앞으로 어떻게 될지를 예측하는 일을 경제학의 영역 안으로 끌고 들어왔다.

네덜란드의 경제학자인 얀 틴베르헨이 최초로 개발한 포괄적인 거시경제 모형은 2차 세계대전 이후 영국 경제와 미국 경제에 적용됐다. 미국의 경제학자인 로런스 클라인은 2차 세계대전 이후 자신이 개발한 모형을 가지고 분석한 결과를 토대로, 당시의 일반적인 견해와는 반대로 경기가 호황을 맞게 되리라고 예상해 적중시켰다. 클라인은 또한 한국전쟁이 휴전된 다음에는 약한 경기후퇴가 올 것으로 내다봤는데, 이 전망도 맞았다.

이런 흐름 속에서 '필립스 수력컴퓨터(Phillips Hydraulic Computer)'가 탄생했다. 이 기기는 경제예측에 대한 낙관론의 산물이다. 필립스 수력컴퓨터는 1949년에 제작됐다. 모니악(MONIAC)이라고도 불린다. 모니악은 '화폐 국민소득 애널로그 컴퓨터(Monetary National Income Analogue Computer)'라는 이 기기의 긴 이름에 들어 있는 각 단어의 머리글자를 따서 이어 붙여 만든 말로, 초기 컴퓨터의 이름인 에니악(ENIAC)을 흉내 낸 것이다.

모니악은 물탱크, 관, 밸브, 펌프, 수문 등으로 이루어져 있다. 전면이 투명해 속이 들여다보이는 큰 찬장 모양이다. 폭 1.2미터, 높이 2미터에 두께는 1미터다. 모니악 안의 물이 마치 경제에서 돈이 도는 듯이 투명한 파이프를 통해 흐른다. 모니악은 저축, 투자, 수출입, 세제, 통화량 등의 변화가 경제에 어떤 영향을 미치는지를 보여준다. 세금을 깎거나 통화공급을 늘리면 어떤 효과가 나타나는지를 보고 싶으면 그와 관련이 있는 특정한 레버를 당기거나 특정한 밸브를 열면 된다. 물이 흐르는 양은 모니악의 본이 된 경제모델에 따른다.

경제학 수업의 교보재로 개발된 모니악은 모의실험을 통해 경제를 예측하는 데도 쓰였다. 당시 몇 대 안 되는 컴퓨터는 정부의 업무와 군사 용도로만 사용

되고 있었고, 그나마 복잡한 경제모델을 돌릴 수 있는 컴퓨터는 없었다. 이런 상황에서 모니악은 경제변수를 2% 미만의 오차범위 안에서 계산해냈다고 한다.

모니악은 세계적으로 인기를 끌었다. 하버드 경영대학원과 호주 멜번대학에 팔려나갔고, 자동차 제조업체인 포드와 과테말라 중앙은행에도 공급됐다. 모니악은 모두 14대가 만들어졌다. 현재 실물을 볼 수 있는 곳은 케임브리지대학, 뉴질랜드 중앙은행, 터키 이스탄불대학 등이다.

필립스 수력컴퓨터를 만든 이가 혹시 '필립스 곡선'에 이름을 남긴 그 필립스일까? 그렇다. 필립스 곡선은 물가상승률과 실업률이 역의 상관관계를 보이며 움직인다는 경험칙을 가리킨다. 물가상승률이 높아지면 실업률이 낮아지고 실업률이 높아지면 물가상승률이 낮아지는 관계를 평면 좌표에 그린 게 바로 필립스 곡선이다.

경제학자 필립스는 뉴질랜드에서 태어나 호주에서 악어 사냥과 영화관 관리 등 여러 가지 일을 하며 지내다가 스물세 살에 호주를 떠나 중국으로 갔다가 중일전쟁이 발발하자 러시아를 거쳐 스물네 살 때인 1938년에 영국에 도착해 거기에 정착했다. 영국에서 전기공학을 전공한 그는 영국 공군에 자원입대해 복무하다가 인도네시아의 자바 섬에서 일본군의 포로가 됐다. 손재주가 뛰어난 필립스는 포로수용소에서 일본군 몰래 라디오와 보일러를 만들었다고 한다.

전쟁이 끝난 뒤에 필립스는 런던정경대(LSE)에서 사회학을 공부하다가 경제학으로 전공을 바꿨다. 필립스 수력컴퓨터는 그가 학생시절에 탁월한 솜씨를 발휘해 만든 작품이다. 이 기계는 경제학계의 호평을 받았고, 그 덕분에 필립스는 런던정경대에서 교직을 얻을 수 있었다. 필립스는 1951년에 보조강사가 됐고, 1958년에 교수직에 올랐다. 필립스는 영국의 경제지표 자료를 분석하는 연구에 집중했다. 그 과정에서 물가상승률과 실업률의 관계에 주목하게 됐고, 이 관계에 대한 연구결과를 1958년에 발표했다.

그가 모니악을 만든 것은 경제시스템의 주요 변수에 변화를 주면 어떤 결과가 나오는지를 파악하기 위한 시도였다. 자연과학이나 공학처럼 경제학도 점점 더 가다듬어 가면 언젠가는 과학실험처럼 경제를 예측할 수 있으리라는 믿음이 전제된 기계였다. 그러나 경제학은 수많은 외생변수의 변동을 다 반영하지는 못하며, 특히 여건과 정책변화에 대한 경제주체의 대응과 심리적인 변수 등을 고려하지 못한다. 이런 점을 고려하면, 경제를 매우 단순한 모델로 만들고 그것을 기계적으로 구현한 장치인 모니악은 경제학의 역량을 과신한 데서 비롯된 시도였다고 할 수 있다.

모델에 가능한 한 많은 변수를 집어넣고 성능 좋은 컴퓨터로 그 모델을 돌리면 미래의 경제지표 값이 따박따박 나오고 실제의 경제지표가 그 전망치와 같거나 비슷하게 되는 것으로 확인될까? 1980년대까지도 경제학계의 일각에서는 컴퓨터가 경제전망의 열쇠를 쥐고 있다고 여겼다. 많은 변수를 내장한 큰 모델을 만들고 그에 상응하는 연산력을 갖춘 고성능 컴퓨터를 돌리면 예측이 더 정확해지리라고 기대했다. 그러나 이 또한 헛된 낙관론이었다.

경제학은 수치를 맞히는 게 아니다

두 사람이 기구를 타고 날고 있었다. 바람이 심하게 불어 그들은 예정했던 항로를 벗어났다.

두 사람은 기구를 낮추고 지나가는 사람에게 물었다.

"지금 우리가 어디에 있죠?"

"당신네는 지금 기구 안에 있군요."

두 사람은 서로 바라보고 무언가 속삭이더니 나그네에게 말했다.

"당신, 말하는 걸로 미루어보니 경제학자군요?"

"어찌 알았소?"

"당신이 지나가는 곳이 어디인 줄도 모르니 말이오."

나그네가 대꾸했다.

"당신네도 경제학자인 게 틀림없어요."

"왜죠?"

"걸어가는 나보다 시야가 넓은데도 자신들이 어디 있는지를 알지 못하니까요."

앞에서 우리는 경제학자들이 경제를 예측하는 일에서 얼마나 무참히 실패해왔는지, 간혹 몇몇 경제학자가 경제의 취약점을 적절히 지적하긴 했지만 그들의 목소리가 왜 크지 않았고 그들의 주장이 왜 경제학계의 다수설로 채택되지 않았는지를 살펴봤다. 그럼에도 불구하고 경제학의 역량에 대한 믿음을 바탕으로 경제예측이라는 성배를 찾으려는 시도가 계속 이어졌고, 지금도 그런 노력을 기울인다면 경제학의 한계를 극복할 길이 열리리라는 기대가 사라지지 않고 있다는 사실도 우리는 살펴봤다. 물론 경제에서는 장차 일어날 일을 알 도리가 없다는 관점에서 그렇게 했다.

'내로라하는 수재의 길을 걸어 뛰어난 경제학자가 된 이들이 수두룩한데, 그들이 도대체 경제를 어떻게 예측하기에 이 책의 저자는 그들의 예측에 한계와 문제가 있다고 단언하는 걸까?' 이 책을 읽는 독자에게 이쯤에서 이런 의구심이 강하게 들 것으로 나는 짐작한다. 이제는 경제학 교과서의 경제예측 부분을 들여다볼 때가 됐다.

경제성장률은 국내총생산(GDP)이 얼마나 증감했는지를 계산한 수치다. GDP란 한 나라 안에서 가계, 기업, 정부 등의 경제주체가 흔히 '기(期)'라고 표현되는 일정한 기간에 생산한 재화와 서비스의 가치를 뜻한다. 그 가치를 그 기의 가격으로 계산하면 명목 GDP가 나오고, 어떤 하나의 기를 기준으로 삼아 그 기의 가격을 그 뒤에 이어지는 기에 적용해 계산하면 실질 GDP가 나온다. 경제성장률은 실질 GDP로 따진다. 실제로 생산된 재화와 서비스의 총량은 변화 없이 그대로인데도 물가가 상승해 명목 GDP가 증가하는 데 의미를 부여할 수는 없기 때문이다. 그래서 경제성장률은 실질 GDP가 얼마나 늘어나거나 줄어들었

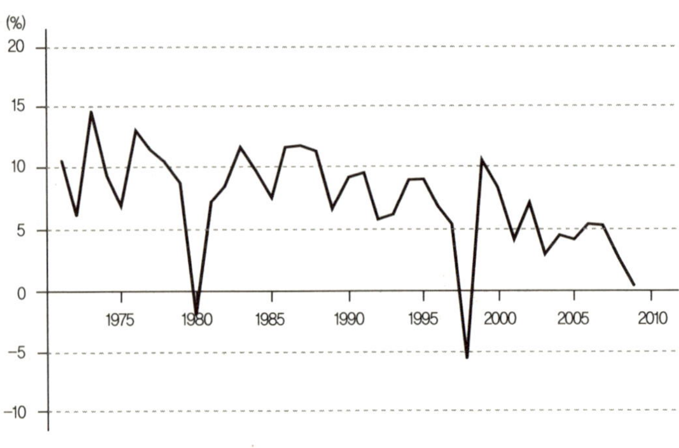

는지를 계산해 대개 퍼센트(%)로 나타낸다.

GDP는 소비, 투자, 정부지출, 순수출(수출에서 수입을 뺀 나머지)로 구성된다. 다음 기의 소비, 투자, 정부지출, 순수출에 영향을 주는 변수와 정책과 관련된 변수를 전망해서 그 값을 경제모형에 입력한 다음 연립방정식을 풀면 소비에서부터 순수출까지 각 구성항목과 GDP의 예상치가 나온다.

경제모형의 변수는 외생변수와 정책변수, 그리고 이들 변수에 따라 결정되는 내생변수로 나뉜다. 외생변수에는 세계경제 성장률, 유가 등이 포함된다. 정책변수로는 재정정책과 통화정책 등을 생각할 수 있다. 정책변수는 경우에 따라 외생변수로 잡기도 하고 내생변수로 잡기도 한다. 내생변수는 외생변수와 정책변수에 따라 결정되는 경제성장률, 물가상승률, 실업률 등의 주요 경제지표다.

166

소비를 내구재와 비내구재로 나누면 내생변수가 늘어난다. 더 나아가 자동차와 같이 경제에서 차지하는 비중이 큰 품목들을 따로 떼어내 다루면 내생변수가 훨씬 더 많아진다. 계량경제학이 기세를 올리던 1960년대와 1970년대에는 경제학자들이 내생변수를 200~300개 넣은 모형을 주로 돌렸다. 요즘에는 모형에 들어가는 내생변수가 100개 이내로 줄었다. 국내의 거시경제 연구기관에서는 50~80개의 내생변수가 들어간 모형을 이용한다.

경제전망은 먼저 유가, 환율, 세계경제 성장률 등 주요 외생변수에 대한 가정치를 경제모형에 넣고, 그 다음에 내생변수의 전망치를 산출하는 두 단계를 거쳐 이루어진다. 경제모형을 돌려 내생변수 전망치를 얻은 뒤에는 검증의 과정을 밟게 된다. 산출된 전망치가 현실적인지를 부문별 전문가 집단이 점검한다. 전문가의 의견과 산출된 수치 사이의 괴리가 크면 조정을 거쳐 모형을 다시 돌리게 되고, 이런 과정을 반복한 뒤에 최종적인 경기전망 수치가 결정된다.

앞에서 나는 경제학과 경제모형의 문제점은 금융시장이 합리적이라는 가정을 보완하거나 경제학자가 좁은 전공분야에서 벗어나 여러 분야를 넓게 조망하는 시야를 확보한다고 해서 극복되는 종류가 아니라고 지적했다. 이제 그 이유를 구체적으로 따져볼 수 있다.

경제를 예측하는 모형은 그 자체로는 아무런 의미도 갖지 못한다. 경제연구 기관의 전망은 해당 기관의 담당자가 다음 기의 외생변수를 어떻게 예상하는지에 좌우된다. 어떤 곳에서는 내년에 유가가 안정되리라고 보고 다른 곳에서는 국제정치적인 불안으로 인해 내년에 유가가 큰 폭으로 오르리라고 본다면 두 곳에서 같은 경제모형을 돌려도 내생변수 전망치는 크게 엇갈린다.

그렇다면 유가와 같은 외생변수를 정확하게 예측한다면 경제전망이 훨씬 정확해지지 않을까? 아쉽게도 유가는 정확한 예상이 불가능한 변수다. 산유국의 원유 공급량 조절과 이를 둘러싼 국제정치적인 역학관계, 새로운 유전과 천연가스전 발견, 신재생에너지에 대한 연구개발, 원유생산 활동과 이에 대한 정책적 지원 등이 영향을 미치는데다가 이런 요인들이 제각각 움직이기보다 상호작용하면서 변화할 뿐 아니라 관련된 경제주체들의 노력에 따라 달라지기도 하기 때문이다.

게다가 산출된 내생변수 전망치는 연구기관에서 해당 분야 전문가들의 의견을 듣고 수정을 가하는 이른바 '마사지' 과정도 거치게 된다. 따라서 여러 모로 볼 때 경제전망은 어림짐작의 연속이 될 수밖에 없다. 연구기관이 경제모형을 아무리 정교하게 다듬는다고 해도 경제전망의 이런 한계는 제거되지 않는다.

경제모형을 돌려서 내생변수의 값을 맞히는 일은 학급 전체의 평균점수를 내고 그중 한 학생의 점수를 맞히는 일에 비유될 수 있다. 그 학생의 점수는 학급 평균에 반영된다. 시험이 쉽게 출제되면 그 학생의 점수도 올라가고 학급 전체의 평균 점수도 높아진다. 따라서 학급 평균 점수가 높을 것으로 예상되면 그 학생의 점수도 좋게 나오리라고 점쳐도 무방하다. 그러나 시험 자체와 관련된 정보가 제한된 상태에서 학급 평균과 같은 결과만을 전제로 어느 한 학생의 점수를 예측하는 일은 과학적인 방식이 아니다. 세계경제 성장률과 같은 외생변수를 특정한 수치로 예상하고서 어느 한 나라 거시경제의 내생변수를 예측하는 일도 이와 비슷하다.

경제학자들이 모형을 돌려 산출하는 예측치가 정확하다면 경기의 방향을 가늠하기 위한 수단으로 개발된 여러 가지 경기선행지수와 경기동행지수는 아예 이용되지도 않을 것이다. 그러나 현실에서는 여러 가지 경기선행지수와 경기동행지수가 작성되고 발표되며 사람들의 관심을 끄는데, 이는 곧 경제예측 모형이 그리 믿을 만한 것이 아님을 말해주는 방증이다. 경기의 방향을 미리 파악하기 위한 선행지수로는 통계청이 작성해 발표하는 통계청 경기선행지수, 경제주체를 대상으로 설문조사를 실시한 결과로 작성되는 여러 경기실사지수(BSI) 등이 있다.

통계청 경기선행지수는 10개 지표로 구성된다. 구인구직비율, 제조업 재고순환지표, 소비자기대지수, 기계 수주액, 자본재 수입액, 건설 수주액, 종합주가지수, 금융부문 유동성, 장단기 금리차, 순상품교역조건이 그것이다. 구인구직비율은 구직자 수에 대한 신규 일자리 수의 비율이고, 제조업 재고순환지표는 출하 증가율과 재고 증가율의 차이를 지표로 만든 것이다. 장단기 금리차는 장기금리가 높을수록 경기회복에 대한 기대가 강하다는 측면에서 경기선행지수에 포함됐다. 순상품교역조건은 수출단가가 수입단가에 비해 높을수록 좋아진다.

매달 발표되는 통계청 경기선행지수는 사후적으로 긴 추세를 놓고 보면 경기의 변화를 미리 보여주는 것으로 드러난다. 그러나 경기의 흐름이 바뀔 것인지, 아니면 현재의 경기 상황이 지속될 것인지를 가늠하는 데엔 별로 도움이 안 된다.

경기선행지수가 한 달이나 두 달 소폭 변동했다고 할 때 경기의 흐름이 실제로 그렇게 변할 것이라고 봐야 하는지, 아니면 그 변동이 소폭이므로 현재의 상황이 그대로 이어질 것이라고 봐야 하는지를 판단하기가 쉽지 않기 때문이다. 경기선행지수가 큰 폭으로 변하면서 뚜렷한 방향을 나타낸다고 할지라도 과연 그 신호가 맞는 것인지, 맞는다면 언제 그런 변화가 현실화될 것인지는 아무도 모른다. 경기가 정점에 도달해서 꺾어지는 시점에 비해 너무 일찍 경기선행지수가 뚝 떨어지거나 경기가 침체국면에서 회복될 시점이 코앞에 닥쳐서야 경기선행지수가 상승하는 경우도 있다.

경기실사지수(BSI) 전망치와 소비자기대지수 역시 향후 경기의 방향을 예상하는 데 결정적인 지수가 되지 못한다. 이 두 가지는 다만 분위기를 전해주는 참고사항일 뿐이다.

BSI 전망치는 해당 분야 종사자들에게 앞으로 경기가 어떻게 되리라고 보느냐고 물으면서 '좋아진다', '그대로 간다', '나빠진다'라는 세 가지 답 가운데 하나를 고르라고 한 다음에 그 결과를 지수화한 것이다. 좋아진다고 대답한 종사자 수와 나빠진다고 대답한 종사자 수의 차이를 100을 기준으로 한 지수로 표현한다. 답변자 100명을 기준으로 좋아진다고 대답한 사람이 나빠진다고 대답한 사람보다 10명 더 많으면 BSI 전망치는 110이 되고, 반대의 경우에는 90이 된다.

소비자기대지수는 현재와 비교해 6개월 후의 경기, 생활형편, 소비지출 등에 대한 소비자의 기대심리를 나타낸다. 소비자기대지수도 100이 기준이며, 이 지수가 100보다 크면 6개월 뒤의 상황을 현재보다 긍정적으로 보는 가구가 부정적으로 보는 가구보다 더 많음을 뜻한다.

경기동행지수는 8가지 지표를 종합한 것이다. 그것은 비농가 취업자 수, 광공업 생산지수, 제조업 가동률지수, 건설 기성액, 도소매업을 제외한 서비스업 생산지수, 도소매업 판매액지수, 내수 출하지수, 수입액이다. 경기동행지수는 경기 상황을 파악하는 데 도움이 될까? 가장 최근의 경기동행지수를 그 직전 기의 경기동행지수에 연결시키면 네 가지 경우가 나온다. 나쁘다가 나빠지고 있다, 좋다가 나빠지고 있다, 좋다가 좋아지고 있다, 나쁘다가 좋아지고 있다가 그것이다. 그러나 앞의 두 경우가 각각 '더 악화'와 '악화' 중 어느 것을 의미하는지, 그리고 뒤의 두 경우가 '더 개선'과 '호전' 중 어느 것을 의미하는지는 아무도 모른다.

요약해보자. 일기예보가 틀리기 일쑤라는 이유로 뭇매를 맞기는 해도 기상청은 지금 날씨가 개고 있는지 흐려지고 있는지 방향은 맞힌다. 기상청은 가까운 미래에 일어날 변화의 방향에서는 비교적 정확한 예보를 한다. 반면에 경제학자와 경제전문가들은 지금 경기가 풀리는 중인지 아닌지, 경기가 풀리고 있다면 긴 악화 추세 속에서 일시적으로 나타난 반등인지 아닌지조차 알지 못한다.

사정이 이렇다 보니 '신기하지?' 식이나 '믿거나 말거나' 식의 사설 경기 지표가 곧잘 인용된다. 미니스커트를 입은 여성이 늘어나기 시작하면 경기가 안 좋아진다고들 한다. 립스틱이나 속옷의 판매가 증가하는 것도 같은 신호로 풀이된다. 패밀리 레스토랑에 손님이 많아지면, 또 주된 요리 외에 전채 요리나 후식의 매출이 늘어나면 경기가 좋아진다고 여겨진다. 택시를 잡기가 어려워지거나 놀이공원 입장객이 증가하거나 자동차나 가전제품이 잘 팔리면 경기가 좋아진다고 한다.

불륜의 파트너를 소개해주는 사이트가 경기의 향방을 알려준다는 주장도 나왔다. 증시가 고점 또는 저점에 다다르면 불륜 사이트를 드나드는 사람이 많아진다는 것이다. 이런 주장을 내놓은 〈블룸버그〉 통신의 칼럼니스트 매슈 린은 호황 때에는 들뜬 마음에, 불황 때에는 위안을 찾으려고 사람들이 바람을 피운다고 설명했다.

세계 최고층 빌딩을 비롯해 두바이가 추진한 건축 프로젝트의 상당수가 사상누각 처지가 되면서 경기와 초고층 빌딩의 상관관계가 많이 거론됐다. 초고층빌딩이 완공될 무렵에는 경제가 어려워진다는 이른바 '초고층 빌딩의 저주'다.

도이체방크의 애널리스트인 앤드루 로런스는 1999년에 초고층 지수를 고안했다. 로런스는 초고층 빌딩은 거품기에 착공된다고 주장했다. 뉴욕의 엠파이어스테이트 빌딩은 대공황 때인 1931년에 문을 열었다. 콸라룸푸르의 페트로 나스 타워는 아시아 경제위기가 한창이던 1998년에 완공됐다. 경기가 아주 좋을 때에는 땅값, 주택가격, 임대료가 치솟기 때문에 초고층 빌딩을 짓게 하는 유인이 충분해지지만 건축에 걸리는 시간을 고려하면 완공되는 시점은 경기가 불황으로 반전된 뒤가 될 가능성이 높다는 점에서 이 가설은 설명력이 있다. 그러나 이것이 다른 지표를 대신할 정도는 아님은 굳이 설명할 필요가 없을 것이다.

경제전문가가 기존 경제학의 틀 안에서 계산해낸 경제전망 수치가 흔히 틀리는 이유에 대해 살펴보자. 홍순영 삼성경제연구소 전무는 2003년에 아래와 같이 말했다.

경제를 전망할 때는 미래에 펼쳐질 국내외 경제여건과 정치·사회·문화 환경에 대한 일정한 가정 내지는 조건을 전제로 한다. 따라서 전제조건들이 예상대로 전개되지 않거나 돌발적인 사태가 발생할 경우 전망은 틀리게 된다. …

예측 종사자들의 짧은 견해와 주관적 판단도 예측오류에 한몫을 한다. 지난 2년간 내수경기를 끌고 온 가계부채에 대한 평가가 미흡했다. 저금리로 인한 가계대출 급증, 신용카드의 무분별한 확장은 우리 경제가 감내할 수준을 넘었고 경제에 부메랑 효과를 가져오리라는 것은 어느 정도 예측이 가능했다. 그러나 작년의 높은 성장률에 고무돼 이들 부작용이 과소평가됐던 것도 사실이다.

위 구절 중 앞 문단에서 지적된 이유는 당연한 얘기이고 재론의 여지가 없다. 세상은 자연재해에서부터 사람이 하는 일에 이르기까지 예측을 벗어나는 일로 넘친다. 사람이 하는 일은 예상을 밑돌기도 하고 뛰어넘기도 한다. 사람 하기 나름이니까.

뒤 문단에는 오해의 소지가 있다. 예측 종사자들의 견해를 충실화하고 그들의 판단을 객관화할 수 있다는 전제가 깔려 있다. 하지만 경제분석에서 그렇게 할 방법은 없다.

현대경제연구소의 유병규 상무는 2009년에 한 경제주간지에 '경제예측 왜 틀릴까'라는 글을 기고했다. 그 글에서 그는 "경제전망이 정확히 맞아떨어지는 경우는 매우 드물다"며 그 이유를 몇 가지 들었다. 우선 경제예측의 근거가 되는 분석자료가 모두 과거의 수치다. 현재의 상태를 나타내는 지표는 한두 달 뒤에나 나오기 때문에 지금 경제가 어떤지 알 방도가 없다. 또 국내 경제에 영향을 미치는 대내외 여건의 변화가 빨라지고 변화폭이 커졌다.

고대 그리스의 학자 아르키메데스는 지렛대의 원리를 발견한 뒤에 "내게 충분히 긴 막대를 준다면 지구도 들어 보이겠다"고 말한 것으로 전해진다. 경제예측에 대해서도 같은 말을 할 수 있을까? 경제분석가들이 더 많은 지표를 시차가 거의 없이 바로바로 활용하는 게 가능해진다면 경제예측의 정확성이 높아질까? 그건 기대일 뿐이다. 또한 사전에 전제하는 것 없이 사실만 더 많이 모아 분석하면 현상을 정확하게 파악할 수 있다는 실증주의에 대한 과신이다.

실증주의자의 한계를 보여준 이로 그린스펀 전 FRB 의장을 들 수 있다. 그는 "기업이 더 많은 자료를 실시간으로 접하게 되면서 제대로 된 의사결정에 다가설 수 있게 됐다"고 주장했다. 반면에 같은 이유로 정책당국자는 불리해졌다면서 다음과 같이 어려움을 토로했다. 2001년 3월에 열린 전미실물경제학협회(NABE) 회의에서였다.

1960년대만 해도 경제분석 모형만 잘 만들면 효율적인 예측이 가능했다. 그러나 첨단기술이 급속히 발전하는 가운데 경제구조가 복잡해지면서 모형만으로는 대처하기가 어렵게 됐다. 분석기술도 중요하지만 얼마나 정확한 자료를 확보하느냐가 관건이다. 그런데 무형 재화의 생산이 크게 늘어나는 시대로 전환하면서 생산량과 가격 등을 추계하기가 매우 어려워졌다. 이에 따라 경제를 예측해서 정책을 수립해 집행하기가 매우 어려워지고 있다.

이 그린스펀의 주장에는 두 가지 오류가 뒤섞여있다. 하나의 오류는 경제 분석 모형을 잘 만들면 효율적인 예측이 가능하다는 착각이다. 경제분석 모형을 이용한 예측이 특정한 기간에 들어맞았다면 그건 그 기간에 경제가 우연히 일부 예측치와 비슷하게 전개된 것일 뿐이라고 봐야 한다. 다른 하나의 오류는 정확한 자료가 없기 때문에 경제를 분석하고 예측하지 못한다는 변명이다. 모든 자료가 실시간으로 입수된다고 해서 정확한 분석과 전망이 보장되는 것은 아니다.

경제학과 경제학자가 모든 데이터를 다 갖게 된다고 해도 예측의 정확성이 확보되지 못하는 까닭은 누구나 알다시피 이 세상에서는 우리가 예상하지 못한 일이 늘 발생하기 때문이다. 이와 다른 이유로 경제는 정부와 기업, 가계 등이 상호작용하면서 만들어가는 것이라는 점도 들 수 있다.

거시경제학이라는 학문분야를 연 인물은 존 메이너드 케인스다. 케인스는 미래는 알 수 없다는 전제 아래 경제를 분석했다. 그는 우리가 전혀 통제하지 못하는 미래를 점치는 일에는 흥미가 없었다. 케인스는 그런 불가능한 영역에 도전하기보다는 현실의 문제, 그 가운데서도 특히 경기침체와 실업이라는 문제를 완화하는 일에 몰두했다. 의사에 비유하면 케인스는 건강해 보이는 사람이 어떤 병에 걸릴지를 예측하고 예방책을 강구하는 일보다는 이미 병에 걸린 환자에게 적절한 처방을 내리고 그 환자를 치료하는 데 주로 관심을 쏟았다.

경제학자 가운데 거시경제학의 이런 전제를 유지하는 이들이 일부 있다. 정갑영 연세대 교수도 그런 이들 가운데 한 사람이다. 정갑영 교수는 2003년에 한 경제주간지에 실린 기고에서 "완벽한 경기예측은 불가능하다"며 "경기예측이 틀리다고 경제학자를 비난할 필요는 없다"고 지적했다. 이어 그는 "명의의 사명은 병을 예견하는 것이 아니라 환자를 치료하는 것이기 때문"이라고 설명했다.

경제학과 경제학자의 역할과 관련해 나는 케인스와 정 교수의 주장에 전적으로 동의하지는 않는다. 그러나 나는 경제학의 사명이 앞날을 알아맞히는 데 있지 않다는 두 학자의 전제에 동의하며, 경제학자한테 경제가 어떻게 될 것 같으냐고 묻는 건 '우문'이라고 주장하고 싶다. 더 나아가 나는 경제예측이 틀렸다면서 경제연구기관을 질책하는 행위는 그렇게 하는 사람 자신의 무지를 드러내는 짓이라고 비판하고자 한다.

주요 기관과 연구소의 경제전망이 크게 빗나갔다는 비판이 가끔 나온다. 주로 국회의원과 언론이 공공 연구기관에 대해서는 물론이고 민간 연구기관에 대해서도 "전망이 틀린 것은 역량이 모자라서 그런 것 아니냐"고 힐난한다. 언론매체는 한 해에도 여러 차례 이와 비슷한 비판기사를 내보낸다.

예를 들어 〈연합뉴스〉는 2009년 1월 말에 "전문기관 경제전망, 완전 헛발질"이라고 보도했고, 여러 일간지가 이 기사를 받아썼다. 〈연합뉴스〉는 "경기가 최악의 침체를 겪고 있지만 정부나 한국은행, 국책 및 민간 연구기관 등 내로라하는 전문기관들이 모두 제대로 된 경제예측을 하지 못한 것으로 나타났다"고 썼다.

이혜훈 한나라당 국회의원은 2004년 10월 한국은행에 대한 국정감사에서

"1998~2003년에 한은이 내놓은 경제성장률 전망치와 실제 성장률 간의 오차가 평균 3.62%포인트에 달한다"며 질타했다. 이 의원은 "특히 물가안정을 최대 목표로 삼고 있는 한은이 내놓은 소비자물가 상승률 전망치의 평균 오차가 1.1%포인트로 민간 연구소보다도 부정확했던 것은 심각한 문제"라고 비판했다.

2006년에는 같은 메뉴를 심상정 민주노동당 국회의원이 들고 나온다. 그해 10월에 심 의원은 한국은행에 대한 국정감사에 앞서 배포한 보도자료에서 "최근 5년간 한은이 제시한 국내총생산(GDP) 예측치가 실제와 0.5~2.6%포인트의 오차가 났다"고 지적했다. 심 의원은 특히 2003년의 경제성장률은 3.1%로 전년에 비해 절반 가까이로 급락했지만 한은은 5.7%로 예측했으니 2.6%포인트나 빗나갔다고 비판했다. 심 의원은 "물가안정을 최우선 목표로 삼는 한은이 물가 전망도 정확히 못 한다"며 "매년 물가상승률 전망치와 실제 수치 간에 0.2~0.7%포인트의 차이가 난다"고 덧붙였다. 그는 경상수지에 대한 한은의 전망이 정확하지 못했다는 점도 문제 삼았다.

경제전망치의 정확성을 놓고 경제정책 담당자를 닦달하는 풍경은 우리나라에서만 볼 수 있는 것이 아니다. 윌리엄 플렉켄스타인과 프레드릭 쉬핸이 함께 쓴 《그린스펀 버블》을 보면 이런 '무지의 주장'은 미국에서도 자주 나온다.

1987년 7월에 앨런 그린스펀은 상원의 FRB 의장 인준 청문회에서 백악관 국가경제위원회 의장 시절에 그가 보여준 '형편없는 예측력'에 대해 힐문을 받는다. 한 상원의원이 "당신이 국가경제위원회 의장이던 시절에 국가경제위원회가 제시한 전망의 정확도를 그 전에 국가경제위원회가 제시한 전망의 정확도와 비교해보면 이자율 전망이 특히 오차가 컸고, 물가상승률 전망도 더 많이 틀렸다"면서 그 이유를 물었다. 그린스펀은 "당신이 말한 수치는 내가 기억하는 전망치와 다르다"고 대답했다. 상원의원이 자료를 들여다보며 읽어주자 그린스펀은 "행정부 안에서 예측하는 것과 행정부 밖에서 예측하는 것 사이에는 아주 커다란 차이가 있다"고 항변했다.

개인이 점쟁이한테 운세가 틀렸다고 따질 수는 있겠다. 처음부터 점쟁이를 찾아간 자신이 잘못이라며 잊어버리는 사람도 있겠다. 하지만 경제와 관련해서는 나름대로 혜안과 분석력을 갖고 있는 전문가를 앞에 앉혀두고 그의 예측을 평가하거나 그의 예측이 틀렸다고 닦달하는 것은 엉뚱한 데를 건드리는 행위다. 경제에서 중요한 일은 결과를 맞히는 게 아니다.

인간과 사회에 대한 예측의 특이성

인간과 사회의 경우에는 전망이 결과에 영향을 준다. 결과를 바람직한 쪽으로 변경시키는 전망일수록 그 가치가 크다. 이런 점에서 인간과 사회에 대한 전망은 자연과학 분야의 예측과 다르다.

"당신의 건강은 좋아지다가 6개월 뒤에 다시 나빠진다." 어떤 의사가 환자에게 이렇게만 말했다고 생각해보자. 그 의사는 건강이 좋아지는 이유와 건강이 다시 나빠지는 이유가 무엇인지는 얘기해주지 않았다. 이 말만 의사에게서 들은 환자는 좋아진 건강을 유지하는 방법도, 건강이 도로 악화되는 것을 피하는 방법도 알지 못할 터이니 답답한 노릇이다.

이런 의사가 제 구실을 다 했다고 보는 사람은 거의 없을 것이다. 자신의 직분이 무엇인지를 조금이라도 아는 의사라면 "당신은 이러저러한 과정을 거쳐 건강이 다시 나빠질 수 있으니 이러저러한 부분에 각별히 유의하라"고 조언했을 것이다.

누구에게나 상식인 이런 관점이 경제분야에도 똑같이 적용돼야 한다. 따라서 누군가가 "세계경제가 지금은 회복되는 듯하지만 다시 침체되는 더블 딥을 맞을 것"이라는 경고만 했다면, 그것은 2% 부족한 정도가 아니라 98% 부족한 경고라고 할 수 있다. 경제주체는 그런 경고만 듣고서는 아무런 대응도 할 수 없다. 그런 예언을 내놓으려면 '어떤 경로로', 그리고 '무엇 때문에'를 꼭 넣어야 한다. 아울러 그 경로를 피하고 그 원인을 제거하려면 무엇을 해야 하는지를 적시해야 한다. 그래야 비로소 그 경고가 미래와 관련해 의미를 갖게 된다.

더블 딥을 경고하려면 더블 딥을 피하는 길을 함께 제시해야 한다. 경제가 지금까지 밟아온 행보가 더블 딥을 피하기에는 너무 많이 나아갔다면 더블 딥의 충격을 줄일 수 있는 방안을 함께 거론해야 한다. 위험이 현실로 드러나지 않도록 하거나 위험이 현실이 되더라도 손실이 가급적 적게 하는 방안에 대한 제언, 이게 전문가가 해야 할 일이다. 위험요소를 짚어주는 경고를 담고 있는 전망은 자신을 뒤엎게 될수록 훌륭해진다.

반대로 희망의 기대는 자신을 실현함으로써 완성된다. 이때 희망의 실현은 일시적인 증상호전이 아닌 지속적인 호조여야 한다. 경제 전문가나 산업 전문가의 예언은 이런 역할을 할 수 있다. 한국의 발달한 의료서비스를 영리산업으로 육성하는 방안을 추진하되 그 부작용을 최대한 줄이면서 추진한다면 한국을 의료서비스의 중심지로 발전시킬 수 있다는 주장을 예로 들 수 있겠다. 의료산업 분야의 전문가가 이런 예언을 했다면 그 예언은 실현을 위한 의지와 행동에 의해서만 입증될 수 있을 것이다.

기대의 실현 여부가 기업이나 기술인력의 노력에 좌우되기도 한다. 한국기업이 전자, 반도체, 자동차, 조선 등에서 지금과 같은 경쟁력을 확보하리라고 과거에 장담한 전문가는 거의 없다. 또한 기술은 종종 모두의 예상을 뛰어넘는다. 두 가지 사례를 살펴보자.

발광다이오드(LED)가 조명기기에, 그리고 TV를 비롯한 디스플레이의 광원과 디스플레이 장치에 최근에 보듯이 일찍 활용되기 시작하면서 하나의 산업을 형성하고 일자리를 만들어내리라고 내다본 전문가는 극소수였다. LED는 구조가 단순해 전자제품을 더 얇고 가볍게 만들 수 있게 해준다. 또 전력소모가 적고 수명이 길다. LED가 적용된 표시장치는 색이 생생하고 LCD의 약점인 잔상 현상을 덜 나타낸다.

이렇게 뛰어난 광원인 LED는 이미 1960년대에 개발됐지만 그동안 널리 쓰이지 않았다. 적색과 녹색밖에 내지 못했기 때문이다. 빛의 삼원색 가운데 하나인 청색이 구현되지 않은 상태에서는 활용도가 매우 낮을 수밖에 없었다. 엄밀히 얘기하면, 청색 LED는 개발되지 않은 게 아니라 실용화하기에는 빛이 너무 어둡고 청색이 나오지 않았다.

밝고 푸른빛을 내는 LED를 만들어내는 것은 전 세계 반도체 기술자들의 꿈이었다. 여러 나라 정부와 대기업들이 막대한 자금을 쏟아 붓고 뛰어난 두뇌들이 머리를 싸맸어도 고휘도 청색 LED는 개발되지 못했다. 빛은 빨간색에서 푸른색으로 갈수록 파장이 짧아진다. 파장이 짧아지면 빛이 어두워진다. 강하고 선명한 푸른빛 LED는 21세기까지 불가능하다는 예상도 있었다.

일본의 엔지니어 나카무라 슈지(中村修二)가 이런 예상을 뒤엎었다. 그것도 필마단기로. 1954년생인 나카무라는 도쿠시마대학의 공학부와 대학원을 졸업하고 1979년에 중소기업인 니치아(日亞)화학공업에 입사했다. 20년간 휴일도 없이 반도체 개발에 파고들어 300여 건의 특허를 출원했지만, 그가 만든 제품이 성공하지 못해 '찬밥' 신세를 벗어나지 못했다. 그는 배수진을 치고 마지막 승부를 걸었다. 마침내 1993년에 세계에서 처음으로 고휘도 청색 LED를 제품화했다.

새로운 기술은 생각한 대로 구현되지 않거나 시장에서 호응을 받지 못하는 경우가 더 많을 것이다. 이런 점을 보여주는 수많은 사례 가운데 하나로 음성인식 기술을 들 수 있다. 2002년에 〈이코노미스트〉는 '음성의 힘'이라는 제목의 기사에서 "1990년대 말에 인터넷 소통량이 100일마다 배증하리라는 터무니없는 전망에 따라 데이터 네트워크에 과잉 투자하는 바람에 부채와 적자에 허덕이게 된 통신업체들을 음성인식 기술이 구해낼 것"이라고 전망했다.

이 기사는 기존의 기술은 지정된 단어 위주로 음성을 인식하지만, 기술이 더 발달해 음성인식이 대부분의 말을 알아듣는 단계가 되면 예를 들어 기업이 고객과의 접점인 콜센터의 인력을 음성인식 장비로 대체할 수 있으리라고 내다봤다.

통신회사에서 전화번호 안내를 사람 대신 음성인식 장비로 처리하면 경비 절감 효과를 거두게 된다. 음성인식 장비로 하여금 항공편, 영화, 음식점 등에 관한 정보를 안내하게 하는 음성포털 시스템을 개발한 벤처회사는 기업 고객들에게 그 시스템을 설치해주고 이용료를 받을 수 있다. 〈이코노미스트〉의 기사는 문자메시지가 이동전화회사들에게 '금광'이 돼주었던 것처럼 음성인식 기술이 차세대 통신의 킬러 애플리케이션이 되어 통신회사들을 과잉투자의 후유증에서 구조해낼 것이라고 예상했다.

미래를 전망하는 사람이 전문가라면 그는 안 좋은 일이 예상될 때에는 그런 결과를 막기 위해 노력해야 하고, 긍정적인 가능성이 조금이라도 있으면 그것을 현실로 끌어내는 방법을 제시해야 한다. 그런데 전문가에게 주어진 역할은 바로 이런 것임을 아는 전문가는 많지 않다.

　김광수경제연구소를 운영하고 있는 김광수 소장은 그런 많지 않은 전문가 가운데 한 사람이다. 김 소장은《경제학3.0》에서 "우리 연구소는 결과를 콕 찍어 맞히는 점쟁이가 아니며 올바른 문제인식과 사실확인, 그리고 논리적 분석방법을 통해 관련 문제의 구조를 해부하고 인과관계를 설명하는 데 초점을 맞춘다"고 전제한 뒤에 다음과 같이 설명했다.

　우리 연구소와 같은 전문기관이 경제문제에 대해 논리적 분석을 통해 예측을 하는 것은 예상되는 결과를 정확히 맞히기 위해서라기보다는 정부나 기업 또는 일반인에게 예상되는 위험을 조기에 경고하려는 목적이 더 강하다. 말하자면 논리적으로 분석해보니 이러이러한 위험이 예상되므로 정부는 필요한 정책을 강구하고 기업이나 일반인은 피해를 당하지 않도록 조심하라고 경고하기 위한 것이다. 이런 경고에 귀를 기울여 각 경제주체가 미리 대책을 취하면 결과적으로 우리 연구소의 예측은 안 맞는다. 반대로 각 경제주체가 귀를 기울이지 않을 경우에는 그 예측이 맞아 낭패를 볼 수도 있다.

　경기가 과열돼 높은 인플레이션이 우려된다는 전망을 예로 들어보자. 정책당국이 이런 전망을 귀담아듣고 돈줄을 조이면 경기의 과열이 진정되어 인플레이션 걱정이 기우에 그치게 된다. 좋지 않은 결과를 예측하고 그런 결과를 낳는 요인을 적시해주는 분석은 경제주체로 하여금 그 요인을 제거함으로써 좋지 않은 결과를 피하도록 하려는 데 목적이 있으며, 실제로 경제주체가 그렇게 한다면 예측이 빗나가겠지만 그래도 그 예측은 훌륭한 것으로 평가돼야 한다.

　연습 삼아 김광수 소장 자신이 든 사례도 검토해보자. 그는 "부동산 투기가 극성을 부려 아파트 가격이 폭등했을 경우에 어떤 전문가가 그것은 투기로 인한 버블이니 아파트 가격이 조만간 크게 떨어질 것이라고 말했다고 치자"고 예를 든다.

이 예에서 예측된 결과는 거품 붕괴와 그것이 경제에 입히는 막대한 손실이다. 김 소장이 말한 전문가의 예측은 이런 결과에 이르지 않도록 주의하라는 경고이자 조언이며, 그 핵심은 정책당국은 금융규제와 금리인상 등의 수단을 동원해 거품을 가라앉히고 가계는 더 이상 거품에 올라타지 말라는 데 있다. 경제주체가 이런 조언을 따르면 손실을 덜 입을 수 있다.

전문가의 진단과 경고가 맞는데도 불구하고 부동산 거품이 이에 아랑곳하지 않고 부풀어 오를 수도 있다. 이런 때에는 전문가의 진단과 경고가 틀렸다고 볼 것이 아니라 오히려 그 진단과 경고에 더욱 절실한 의미가 담겨 있다고 봐야 한다. 거품이 더 커진 다음에 터지면 경제가 입는 손실이 훨씬 더 커지기 때문이다. 거품이 어느 정도까지 부풀어 오른 다음에 터질지는 아무도 모른다. 하지만 거품은 언젠가는 터지고야 만다. 그렇다면 거품이 부풀어 오를수록 전문가는 경고의 목소리를 더 높여야 한다.

김 소장은 이와 같은 맥락에서 전문가를 옹호한다. "이런 경우엔 전문가의 예측이 틀렸다고 하기보다는 정부 관료와 정치권의 엉터리 대책 남발과 건설업계의 투기조장을 문제 삼아야 옳다." 논리를 제대로 밀고 나간다면 그는 그 다음에 "정부와 정치권, 건설업계가 투기를 조장해서 부동산시장이 거품에 거품을 올려 쌓는 양상을 보이며 위험해지고 있으니 조만간 반드시 거품이 붕괴할 것이라고 전문가는 경고해야 한다"고 주장해야 한다.

그런데 김 소장은 다소 엉뚱한 쪽으로 방향을 튼다. "아파트 투기로 인한 기회비용을 감안하면 전문가의 경고가 경제적으로 잘못된 것이라고 할 수 없다.” 이어 그는 “부동산 투기로 가계 빚이 위험수위를 넘고, 이자부담 증가로 인해 내수침체가 장기화되고 양극화가 심화되며, 조세정의가 붕괴되어 경제 전체의 성장잠재력이 크게 훼손되는 결과를 낳는다”고 버블의 부작용을 거론한 뒤 “이런 부작용까지를 감안하면 결코 전문가가 틀렸다고 할 수는 없는 것”이라고 강변한다.

이런 점을 보면, 경제전망과 실제 결과 사이의 관계를 비교적 정확하게 이해하고 있는 김 소장조차도 그 관계에 대한 이해를 실제에 적용하는 데는 능숙하지 않은 것 같다. 경제전망을 둘러싼 우리의 논의가 아직 초보적인 단계라고 짐작하지 않을 수 없다.

〈파이낸셜타임스〉는 2001년 9월 27일자에 실은 ‘IMF 예측의 가치’라는 제목의 사설에서 “세계경제가 겪은 60차례의 침체 가운데 단 두 번만 일 년 전에 예측됐고, IMF의 경제전망도 다른 국제기구나 민간연구소와 마찬가지로 형편없다”고 상투적인 비판을 던졌다. 이어 “각 전망치마다 확률범위를 곁들여야 한다”는 무의미한 주문을 덧붙였다.

권순우 삼성경제연구소 거시경제실장이 1997년 3월에 내놓은 ‘외환위기의 징후와 처방’이라는 보고서가 모범을 제시했다고 나는 생각한다. 권순우 실장은 이 보고서에서 “금융회사의 대외신용도가 낮아지고 국내외 자금사정이 악화되면서 외환시장 불안정이 심화되고 있다”며 “향후 경상수지 적자 확대 추세가 지속될 경우 원화 가치 급락, 자본 유출, 외환보유고 급감으로 이어져 외환위기를 맞는 상황을 배제할 수 없다”고 전망했다.

권 실장은 보고서의 상당부분을 처방에 할애했다. 그는 국내에 들어와 있던 해외자금이 대거 유출되는 사태가 일어날 가능성에 대비해 주요 국가들과 긴급자금을 상호 지원하는 체제를 구축하자고 제안했다. 또 금융부문의 대외신뢰

회복을 위해 은행 구조개혁 및 부실채권 정리 방안을 정부가 구체적으로 제시해야 한다고 주장했다. 환율의 조정을 유도하되 환율의 추가상승 기대가 사라지는 수준에 환율이 빨리 도달하게 해서 달러에 대한 가수요를 차단해야 한다고도 지적했다. 아울러 국제금융시장에서 국채를 발행해 추가로 외화를 확보할 것을 제안했다.

케인스주의 경제학은 이미 발생한 불황에 대한 분석과 치유책이라는 측면에서 상당한 설명력과 효력을 보여줬다. 케인스주의 경제학은 최근의 경제위기에서도 제 역할을 했다. 세계의 주요국 정부들이 케인스주의 처방을 주저하지 않고 채택해 실행에 옮긴 덕분에 세계경제가 비관론자들이 우려한 상황까지 내리닫지 않았다.

새로운 경제학은 우리가 발을 딛고 있는 경제현실이 지각변동을 일으킬 때 생겨나는 틈새로 솟아난다. 최근의 경제위기를 계기로 새로운 경제학이 싹틀 수 있을까? 새로운 경제학은 두 갈래로 연구되는 게 바람직하다고 나는 생각한다. 한편으로는, 거시경제를 전공하는 경제학자들이 경제시스템에 내재된 위험을 적시에 경고하고 그 뇌관을 제거하는 방안을 제시할 수 있는 방향으로 경제학을 발전시켰으면 한다. 특히 각 부문의 부채비율과 금융회사 건전성의 척도 등 경제시스템의 위험도를 측정하는 데 도움이 되는 지표가 많이 고안돼야 한다. 우리는 그러한 지표를 상시로 예의주시하고, 그러한 지표가 안정범위를 벗어나면 즉각 제어조치를 취해야 한다. 다른 한편으로는, 산업을 전공한 경제학자나 공학자들이 새로운 성장동력과 산업적, 기술적 가능성을 모색하고 궁리해내는 동시에 그런 것을 실현하는 노력을 기울이는 데 도움이 되는 방향으로 경제학이 발전돼야 한다.

각각 위험과 기회, 또는 상황파악과 대책강구에 해당하는 이런 두 갈래의 대응 자체가 얼마나 성공을 거둘 것인가를 예측하거나 장담하는 것은 경제전문가의 몫이 아니다. 정치권을 포함한 경제주체들의 움직임과 상호작용을 예상하고 외부변수와 돌발변수까지 추측해서 일정 기간 이후의 거시경제 지표를 예상하는 것은 경제 전문가가 할 일이 아님을 다시 한번 분명히 하자. 경제전문가에게는 위험과 기회, 이 두 가지에 대한 정성적 분석과 처방만 구하자. 거시경제 지표와 관련된 구체적인 전망은 그 결과에 집착하는 사람들에게 맡겨두자. 미래는 만들어가는 것이지 객관적으로 전망할 것이 아니다.

패러다임 측면에서 본 경제학

경제 전문기자는 가능한가

대학에서 경제학을 전공하고 같은 학과 대학원에 진학했다. 내가 대학원에 진학한 것은 경제학 연구를 업으로 삼으면 좋겠다는 희망이 다소 있었기 때문이다. 그 희망이 깨지는 데는 오랜 시일이 필요하지 않았다. 대학원 지도교수께는 송구스러울 따름이다. 우여곡절 끝에 대학원을 졸업한 다음에는 경제학을 거의 잊고 지냈다.

대학원 졸업 후에 진로를 고심했다. 기자가 되고 싶었다. 주위에서는 안정적인 직업을 권했고, 기자는 나와 전혀 어울리지 않는 직업이라며 만류했다. 마지못해 어느 공기업에 원서를 내고 시험을 치기도 했지만, 그러면서도 나는 주로 언론사 시험을 준비했다.

내가 기자가 되고자 한 것은 불가피하게 우리가 나아가는 미래, 그렇게 될 수밖에 없는 미래를 앞당기는 데 기여하는 직업이 기자라고 생각했기 때문이다. 기자 가운데서도 문화부 기자를 지망했다. 독재에서 민주로 넘어가는 도도한 흐름은 누구도 막지 못할 테지만, 나는 그러한 변화 속에서도 그대로 버티는 관념이나 관습이 있는데 그런 것을 장기간에 걸쳐 바꿔나가는 것이 더 중요하다고 봤다.

이런 생각은 이탈리아의 사회주의자 안토니오 그람시에게서 영향을 받은 결과였다. 그람시는 체제를 변혁하려면 그것을 감싸고 있는 사회적, 문화적, 도덕적 가치와 싸우는 '진지전'을 벌여야 한다고 주장했다. 진지전은 전면전과 대비되는 개념이다. 진지전이라는 표현 자체가 장기간 전개된다는 측면을 강조하기 위한 것으로 여겨진다. 주도적인 사회적, 문화적, 도덕적 가치를 그람시는 헤게모니라고 불렀다.

그래서 저자는 1991년 가을에 언론사 면접을 앞두고 쓴 자기소개서에 이런 구절을 넣었다. "사회가 진보하는 과정에서 제거하거나 도입하는 게 불가피한 관념, 관습, 제도가 무엇인지에 대해, 이런 것들의 제거나 도입이 왜 필연적인지에 대해 대중을 설득함으로써 최소한의 사회적 비용 아래 그렇게 되도록 하는 데 기여하겠다."

지망부서는 문화부라고 쓰고 이렇게 덧붙여 적었다. "신문의 여러 면 중에서 특히 출판·문화면을 관심 있게 읽어왔는데, 앞으로 그 분야에서 기자로 일하면서 쏟아져 나오는 책들 가운데 독자들이 읽어야 할 것을 골라 저자와 저술의 배경을 이야기해보고 시대적, 사회적 맥락을 짚어내어 독자들에게 제시하겠다."

지금 다시 보니 표현이 난삽하다. 쉽게 해설하자면, 나는 그람시가 추구했던 종류의 변혁에는 동의하지 않았지만 한국 사회에 바꿔야 할 부분은 많다고 봤다. 그리고 제도와 관습을 변화시키기 위해서는 그런 것을 낳는 관념부터 싸움의 대상으로 삼아야 한다고 생각했다. 내가 싸워야 할 대상의 목록을 갖고 있었던 건 아니다. 나는 기자로서 세상 속에 뛰어들어 부대끼면서 그것을 찾아나갈 작정이었다.

언론사에 입사한 뒤 수습기간을 거쳐 편집부에서 2년간 근무한 뒤 부서를 바꾸게 됐다. 그때 전공을 살려보겠다며 경제부를 지원했고, 지원한 대로 경제부에 배치되어 거기서 일하게 됐다. 이후 4년여 동안 경제기사를 썼다. 나의 전공지식이 경제기사를 쓰는 데 도움은 됐겠지만 얼마나 많은 도움이 됐는지는 잘 모르겠다.

일간지를 내는 언론사를 떠나게 된 뒤로 내 이력에 여러 줄이 추가됐다. 재정경제부 경제홍보기획단, 경제일간지의 인터넷 자회사, 경제주간지, 경영경제 월간지, 다시 경제주간지 등을 전전했다. 직함과 직급은 제각각이었지만, 경제와 경영 분야의 현상과 뉴스를 글로 써서 일반인들에게 전달하는 역할은 계속 유지한 셈이다.

그리고 보니 저자는 경제학을 전공했고, 경제학과 대학원을 나왔으며, 경제부처에 들어가 그 안에서 경제정책이 펼쳐지는 과정을 직접 본데다가 실시간 매체를 비롯해 일간지, 주간지, 월간지 등 다양한 발행주기의 매체를 두루 섭렵했다. 저자의 이런 이력을 괜찮게 여기는 한 친구가 내게 "경제 전문기자가 되어보라"며 격려한 적이 있다. 그 친구의 우정은 고마웠지만 나는 "그게 간단치 않은 문제라서…"라며 답변을 얼버무렸다.

언론사 가운데 특정한 분야에서 경험을 풍부하게 쌓은 기자에게 '전문기자'라는 타이틀을 붙여주는 곳이 여러 군데 있다. 전문성이라는 것은 규정하기가 쉽지 않은 개념이다. 여기서는 어떤 기자에게 관련 정보를 축적하면서 활용하는 분야가 있다면 그 기자는 그 분야에 대한 전문성이 있다고 정의하자. 그러면 어떤 분야를 많이 공부했거나 오래 취재해본 결과로 그 분야의 데이터베이스를 나름대로 확보하고 계속 확장해가는 기자라면 그 분야의 전문기자가 될 요건을 갖췄다고 말할 수 있겠다. 따라서 기자가 전문성을 갖고 있고 그것을 활용한다는 말은 그가 축적한 지식 가운데서 쓰려는 기사와 관련된 부분을 능수능란하게 끄집어내어 활용한다는 뜻이겠다.

특정한 언론사가 전문기자 제도를 성공적으로 운영하려면 우선 전문성이 필요한 분야를 선정해야 한다. 전문성이 필요 없는 분야에 전문기자 후보를 투입해 운용하는 것은 학부 졸업자가 할 수 있는 일에 박사를 투입하는 것이나 마찬가지로 비용 대비 효용이 낮은 일이다. 그 다음으로는 전문지식 외에 글 쓰는 솜씨와 순발력을 갖춘 인재를 선발해야 한다. 여기서 순발력이란 전문지식을 짧은 시간 안에 끄집어내어 활용해가면서 기사를 쓸 줄 아는 능력을 뜻한다.

과학은 언론에서도 관련 지식이 가장 필요하고 빛을 발하는 분야다. 그래서 언론사가 과학 전문기자를 뽑으려면 '기자' 보다는 '전문' 에 더 비중을 둬야 한다. 다시 말해 글을 잘 쓰는 사람 가운데 과학 분야에 흥미를 갖고 있는 사람보다는 과학 분야에 정통한데 기사도 마감시간 안에 잘 작성하는 사람이 과학 전문기자로 적합하다.

의학도 전문성이 요구되는 분야다. 인터넷에서 건강 관련 정보를 검색하는 사람은 대부분 검색결과로 뜨는 답변 가운데 의사가 올린 글을 먼저 클릭하게 된다. 정확한 의료지식을 바탕으로 많은 환자를 치료해본 의사의 답변을 먼저 찾게 되는 것이다. 궁금한 점에 대한 답변을 누가 매끄러운 글로 썼느냐보다는 자신의 증상을 누가 정확히 진단하고 있느냐에 관심을 집중한다. 그래서 언론사에서는 의과대학을 졸업한 인력을 전문기자로 선발해 운용한다.

과학이 그 밖의 다른 분야와 다른 점은 공통기반이 있고 발전한다는 것이다. 과학은 발전하면서 세분화됐지만, 갈라진 모든 영역이 공통기반 위에 쌓아 올려졌다. 공통기반에서 통하는 이론은 그 위에 쌓아올려진 모든 영역에 걸쳐 두루 통한다.

반면에 문학, 음악, 미술, 영화 등의 분야에는 장르, 유파, 사조를 두루 아우르는 공통기반이 없다. 이런 분야의 종사자들은 끼리끼리 모여 유파를 형성한다. 그들은 이를테면 저마다의 '섬'에 조금씩 모여 산다. 어느 한 섬에서만 활동을 시작했다가 마치는 사람이 있는가 하면, 섬을 옮기거나 계속 이 섬 저 섬을 떠도는 사람도 있다. 어떤 섬은 오랫동안 버려졌다가 다시 거주자를 맞이해 번성하기도 한다. 반대로 한때 잘나가던 섬이 급속하게 쇠락하는 일도 흔하다. 그런 가운데 새로운 섬이 계속 생겨난다. 거주자가 많은 섬이 갈라지는 일도 흔히 벌어진다.

그럼에도 불구하고 이들 분야는 전문기자를 필요로 한다. 이들 분야에서 기자로서 쌓은 정보와 지식은 현재 진행되는 일을 이해하고 설명하는 데 도움이 되기 때문이다. 공통기반이 없기 때문에 전문기자가 그만큼 더 필요한 측면도 있다. 어떤 섬에 대해 잘 알고 있으면 그 섬에 사는 종사자를 더 잘 이해하고 작품을 더 잘 즐길 수 있다. 그 섬에 대해 아는 게 없어서는 그 섬의 종사자와 그의 작품을 일반인에게 충분히 잘 전달하지 못한다. 전문기자와 종사자가 다른 점은 후자는 어느 한 섬에서만 활동해도 되지만 전자는 많은 섬을 두루 돌아다니며 이해해야 한다는 것이다.

이런 분야에서 나온 어떤 작품이 기존의 사조에서 벗어나 변화를 가져온 작품이라고 하자. 기자가 그 작품을 잘 설명하려면 기존의 사조에 대한 이해가 필요하다. 새 작품이 그 분야의 기존 어법에 반기를 든 것일 때에도 기존의 사조가 무엇인지에 대한 설명이 없으면 안 된다. 창작활동을 하는 작가나 연주자, 연기자에 대해 설명하려고 할 때에도 마찬가지다. 그들의 현재를 세월의 맥락이나 주위 사람들과의 관계와 단절시켜 놓고 하는 설명은 충분치 않다. 기존의 사조에 충실한 정통적인 작품일 경우에도 물론 관련 지식이 필요하다.

예를 들어 앤디 워홀이라는 미술작가를 소개한다고 하자. 상업 디자이너로 출발한 워홀은 대중예술 스타와 일상생활에서 접하게 되는 사물을 소재로 해서 작품을 대량으로 제작하면서 기존 미술의 통념을 깼다. 캠벨 스프 깡통, 매릴린 먼로, 앨비스 프레슬리 등을 소재로 한 그의 작품은 팝아트라고 불린다. 그는 '공장'이라는 이름을 붙인 작업실에서 조수를 시켜 작품을 대량으로 생산하게 했다. 아이디어도 남의 것을 스스럼없이 가져다 썼다. 그에 대한 평가는 극에서 극으로 갈린다. 그럼에도 불구하고 그는 예술가로서는 드물게 살아있는 동안 돈과 명성 둘 다를 움켜쥐었다.

기자가 쓰는 기사에는 이런 개괄적인 내용 외에 추가로 다음과 같은 내용이 들어가면 좋겠다. 워홀이 작품활동을 시작할 즈음에 미술계에 어떤 사조의 변화가 있었나? 그가 예술의 본질로 흔히 여겨져 온 독창성을 무시하고 손에 잡히는 대로 작품을 대량생산한 이유는 무엇인가? 그가 다른 작가와는 다른 메시지를 말하고자 한 것일까? 자신의 작품 자체가 아니라 미술작품 전반에 대해 뭔가를 얘기하려고 한 것일까? 예컨대 미술은 일상생활 밖에 따로 존재하는 대상이 아님을 역설하고자 한 것일까? 기존의 어법을 무시한 그의 파격적인 작품이 많은 논란에도 불구하고 시장에서 인기를 끄는 이유와 배경은 무엇인가?

과학이 갖춰야 할 최소한의 요건

과학의 공통기반을 과학철학자인 토머스 S. 쿤은 패러다임이라는 개념으로 설명했다. 패러다임이 확립되기 전에는 과학연구가 수많은 이설(異說)이 난립하는 가운데 진척을 이루지 못한다는 것이다. 그러는 가운데 그동안 규명되지 않았던 현상을 설명하는 데 적합한 틀이 등장한다. 그 틀은 이설을 규합해 나가면서 더 많은 현상을 이론체계 안으로 끌어들인다. 그 틀이 이설을 통합하면 패러다임이 된다. 패러다임이 확립된 상태에서는 연구자들의 노력이 초점이 맺히듯이 모아지기 때문에 과학이 이전과는 비교가 되지 않을 정도의 빠른 속도로 발전한다.

쿤은 과학이 교과서에 서술되는 것처럼 다양한 발견과 이론이 시간에 따라 이음매 없이 연결되고 축적된 결과가 아니라고 주장했다. 그는 과학의 중요한 발전은 새로운 패러다임이 기존의 패러다임을 뒤엎는 혁명적 과정을 통해 이뤄진다는 이론을 폈다.

쿤이 든 패러다임 정립의 사례 중 연소이론을 소개한다. 물질의 연소는 그 물질에 산소가 결합하면서 나타나는 현상이라는 이론을 내놓은 앙투안 라부아지에(Antoine Lavoisier, 1743~1794)는 기존의 연구가 빠져든 혼란을 넘어 화학에서 새로운 패러다임을 정립했다.

라부아지에 이전에는 연소이론이 어떻게 전개됐을까? 공기펌프가 개발되어 실험에 활용되면서 17세기의 화학자들은 공기가 화학반응을 일으키는 성분이라는 생각을 갖게 됐다. 당시의 화학자들은 대부분 공기가 단일 성분으로 이루어졌다고 봤다. 이산화탄소는 공기가 더러워진 것으로 이해됐다. 그리고 그들은 연소란 물질에 공통적으로 들어있는 어떤 성분이 밖으로 나오는 것이라고 생각했고, 그 성분을 플로지스톤이라고 불렀다.

그러나 연소를 실험하는 과정에서 발생한 다양한 가스는 플로지스톤 이론에 들어맞지 않았다. 하지만 플로지스톤 이론을 신봉한 화학자들은 이 이론의 전제를 문제 삼기보다는 이론을 더욱 복잡하게 변형시켜가며 현상을 설명하려고 했다.

화학자들은 플로지스톤 이론에 들어맞지 않는 현상을 또 하나 만났다. 금속을 태우면 금속의 무게가 오히려 늘어나는 현상이었다. 기존의 화학자들은 이 현상 또한 대수롭지 않게 보아 넘겼다. 물질이 불에 타면 부피와 색상과 조직에도 변화가 일어나는데 무게가 바뀌는 게 무에 그리 중요한가 하고 생각했다.

18세기에 실험측정 방법이 발달했다. 또한 뉴턴의 중력이론이 나옴에 따라 화학자들이 무게가 변화하는 것은 곧 물질의 양이 변화하는 것임을 알게 됐다. 그리고 연소의 과정에서 물질의 무게가 증가하는 현상이 더 많이 발견됐다. 그런데도 대다수의 화학자는 여전히 플로지스톤 이론을 고수했다. 연소 이후에 질량이 늘어나는 것은 플로지스톤의 무게가 마이너스이기 때문이라고 둘러댔다. 플로지스톤 이론은 더욱 복잡해졌다.

연소에 대한 플로지스톤 이론이 점점 더 복잡해지는 가운데 산소가 발견됐다. 산화수은을 가열하다가 산소를 발견한 연구자는 그러나 자기가 발견한 기체를 이산화질소로 여겼다. 그는 그것을 플로지스톤이 덜 포함된 기체라고 설명했다.

그 뒤 1770년대 중반에 라부아지에가 그 기체는 "더 순수하고 숨쉬기에 적합하다"면서 그것은 공기를 구성하는 두 개의 성분 가운데 하나라고 주장했다. 그는 또 연소는 물질이 산소와 결합하는 과정이라는 이론을 내놓았다. 라부아지에의 연소이론은 화학에 혁명적인 발전을 가져온 것으로 평가된다.

라부아지에가 산소의 존재와 연소의 본질을 이해하게 된 것은 어느 한 순간의 깨달음에 따른 결과가 아니었다. 그는 오랫동안 플로지스톤 이론이 실제의 현상에 들어맞지 않는 것을 놓고 고심했다. 그는 이런 문제의식 속에서 현상을 바라보는 새로운 시각을 키웠다. 그 새로운 시각은 플로지스톤 이론에서는 '이상현상'으로만 여겨지던 관찰결과를 명쾌하게 설명해주는 이론으로 다듬어졌다.

라부아지에의 연소이론은 기존의 패러다임을 깨뜨리고 정립된 새로운 패러다임이다. 그러나 이 경우와 달리 기존의 패러다임이 틀린 것은 아니었지만 혁명적인 과정을 거쳐 설명력이 더 강한 새로운 패러다임에 자리를 내준 경우도 적지 않다. 그 대표적인 사례는 빛이 입자인지 파동인지를 둘러싼 패러다임의 변천이다.

빛의 본질에 대한 논란은 오래전부터 일어났다. 입자설과 파동설의 첨예한 대립은 18세기에 뉴턴이 입자설을 지지하면서 입자설 쪽으로 승세가 기우는 듯했다. 그러나 19세기 들어 새로운 현상이 실험을 통해 관찰되면서 이번에는 오히려 파동설이 우위를 점하게 됐다. 그러면서 빛은 본질적으로 전자기파와 같다는 설이 나왔다. 20세기에는 양자가설 등에 의해 빛의 입자성이 다시 증명됐다. 그 뒤로 빛은 입자의 성질과 파동의 성질을 동시에 갖고 있다는 패러다임이 확립됐다.

요약하면, 과학이 다른 분야와 구별되는 점은 첫째로는 패러다임이 존재한다는 것이고, 둘째로는 발전한다는 것이다. 과학이 발전한다는 말은 후대의 과학자가 선대의 과학자보다 더 많은 현상을 더 잘 설명하고 더 많은 문제를 더 잘 풀 수 있다는 뜻이다. "내가 더 멀리 볼 수 있게 된 것은 나보다 앞선 거인들의 어깨 위에 선 덕분"이라는 뉴턴의 말도 같은 맥락이다.

인문과 예술 분야에는 패러다임이 없을 뿐만 아니라 발전의 개념도 없다. 유행처럼 흐름이 변할 뿐이다. 수십 년 뒤나 백 년 뒤의 작품이 지금의 작품보다 더 나아지는 일은 발생하지 않는다. 현대의 조각 작품이 고대 그리스의 조각 작품보다 더 아름답거나 완성도가 더 높다고 볼 수는 없다. 피카소의 그림이 모네의 그림보다 뛰어나다는 주장도 성립하지 않는다. 근대의 문학 작품이 중세나 고대의 문학 작품보다 우월하다고 주장할 전문가는 없으리라고 본다. 낭만파 음악이 고전파 음악보다 더 아름답다고 주장하는 전문가가 없는 것처럼.

패러다임 이론으로 본 경제학

"사회과학 중 어떤 분야가 초기 형태로나마 패러다임을 확보했는지는 아직은 분명하게 답변될 수 없는 물음으로 남아있다."

토머스 쿤은 "연구에서 견고한 콘센서스에 이르는 길은 몹시 힘겨운 길"이라며 이같이 말했다.

저자가 보기에 경제학에서는 패러다임이 정립된 적이 없다. 경제학에서 패러다임 혁명이 일어난 것처럼 여겨지는 경우가 있긴 하지만, 새로운 패러다임이 대다수의 연구자가 동의하는 단계에 이르지는 못한다. 경제학에서는 진정한 패러다임이 확립되지 않는 것이다.

그래도 경제학의 역사에서 패러다임의 관점에서 바라보기에 적합한 사례를 뽑아낸다면 케인스의 경제이론이 기존의 경제학과 형성한 전선, 그리고 나중에 통화주의 경제학과 형성한 전선을 들 수 있다. 케인스는《일반이론》을 집필할 때부터 자신의 이론이 촉발시킬 논란을 예상했다.

그는 이 책 서문에서 "고전학파 경제학 신봉자들은 내가 틀렸나는 믿음과 내가 말하는 게 새롭지 않다는 믿음 사이에서 동요할 것"이라고 예상했다. 그러나 그는 고전학파 경제학 신봉자가 동요는 하겠지만 기존의 인식 틀을 버리고 자신의 이론에 동조하리라고 기대하지는 않았다. 그는 "둘 가운데 어느 하나가, 또는 제3의 다른 생각이 옳은지를 결정하는 일은 '다른' 경제학자들의 몫"이라고 했다. 연구자들이 기존의 인식 틀에 얼마나 강하게 갇혀 있는지를 케인스는 잘 알고 있었다.

케인스는 고전학파 이론의 논리적인 전개에 결함이 있는 게 아니라 그 전제에 문제가 있다면서 다음과 같이 지적했다. 이 지적은 케인스가 새로운 경제 이론을 내놓으면서 고전학파를 상대로 건 싸움이 다름 아닌 패러다임 싸움이라는 풀이를 가능하게 한다.

이 책은 동료 경제학자들을 일차 독자로 삼아 쓰였다. 정통 경제학에 오류가 있다면 그건 매우 세심한 논리적 일관성 위에 세워진 상부구조 탓이 아니라 명확하거나 일관적이지 않은 전제 탓이다. 따라서 내가 경제학자들을 설득해 정통 경제학의 몇몇 기본적인 가정을 비판적으로 검토하도록 하려면 매우 추상적인 주장을 내놓고 논쟁을 벌여야 한다.

케인스가 문제 삼은 고전학파의 전제는 세(Say)의 법칙이었다. 그는 《일반 이론》의 프랑스어판 서문에서 세의 법칙을 토대로 삼은 기존 경제학과의 결별을 다음과 같이 선언한다.

최근까지 경제학은 세의 법칙에 지배됐다. '수요가 공급에 의해 창출된다'는 세의 법칙은 암묵적으로 경제는 늘 완전가동 상태로 작동한다고 가정했다. 그러나 이 전제에 기초를 둔 이론은 실업과 경기변동이라는 문제를 풀기에 역부족이다. 내 책은 세의 법칙과의 최종적인 결별을 선언하는 것이다.

세의 법칙은 경제가 합리적으로 돌아간다는 믿음을 바탕으로 주장됐다. 이 믿음은 경제학을 창시한 애덤 스미스가 말한 '보이지 않는 손'에 대한 신념에서 비롯된 것이었다. 모든 경제주체가 자신의 이익을 위해 제각각 움직이면 시장과 가격체제, 그리고 경쟁이라는 '보이지 않는 손'에 의해 사회 전체로도 경제가 최상의 상태에 이르게 된다는 신념이었다. 그런 경제에서는 과잉생산도 실업도 일어날 수 없다는 것이었다.

고전학파는 재고축적이나 실업은 부분적이고 일시적인 현상이라고 주장했다. 재고가 쌓이면 제품 가격이 떨어져서, 그리고 실업이 증가하면 임금이 낮아져서 불균형이 머지않아 해소된다고 봤다. 고전학파는 시장경제 체제는 효율적으로 돌아가기 때문에 일시적으로 발생하는 문제를 바로잡기 위한 노력은 불필요하다고 믿었다. 경제는 시장에 맡겨두자는 자유방임주의를 주장한 것이었다.

1930년대의 대공황은 실업이 저절로 해소된다는 기존 믿음의 뿌리를 송두리째 뽑아버렸다. 케인스는 대신 그 자리에 자신의 거시경제학을 심어 넣었다. 케인스는 애니멀 스피릿이나 유동성 선호처럼 경제활동에 영향을 미치는 심리적인 요인을 중시했다. 그는 경제주체들이 미래는 물론 현재나 과거도 부분적으로밖에 알지 못하는 상태에서 나름대로 예상을 하고 그 예상에 따라 행동을 하기 때문에 경제가 불안정하게 움직이게 된다고 봤다. 그 결과로 유효수요가 부족해져 실업이 대규모로 발생할 수 있고, 이렇게 되는 경우에는 실업을 해소하는 일을 시장에 맡기고 기다리기만 할 것이 아니라 정부가 적극적으로 개입해서 유효수요를 일으켜야 한다고 주장했다. 자유방임주의에 맞서 개입주의를 주장한 것이었다.

케인스의 경제이론은 그가 예상한 대로 고전학파와 고전학파의 연장선에 선 신고전파의 강한 반박에 부닥쳤다. 이로부터 시작된 케인스주의 진영과 고전학파—신고전학파 진영은 오랫동안 격렬한 논쟁을 벌인 끝에 마침내 절충에 이르게 된다. 케인스가 일반이론이라고 주장한 내용은 고전학파의 이론에 몇 가지 제한적인 가정을 붙여 도출해낸 특수이론에 불과하며, 다만 그런 제한된 상황에서는 케인스의 이론이 정책적으로 유용하다는 선에서 절충이 이뤄진 것이다. 몇 가지 제한적 가정이란 경직적인 임금, 유동성 함정 등이었다.

폴 새뮤얼슨은 이렇게 절충된 결과물에 '신고전학파종합'이라는 이름을 붙이면서 "케인스식 재정금융정책을 통해 경제가 일단 완전고용으로 돌아오면 고전학파의 가격분석이 정당성을 되찾게 된다"고 설명했다.

여하튼 케인스의 경제이론이 권유한 수요관리 정책은 2차 세계대전 이후 약 30년 동안 각국의 정부정책에 반영됐다. 각국 경제는 상당히 오랫동안 완전고용에 가까운 고용상태를 유지했다. 그래서 케인스의 경제이론은 1970년대 초까지는 정부가 적절하게 유효수요를 관리하면 실업과 인플레이션을 상당한 정도로 경감시킬 수 있음을 보장해주는 이론으로 여겨졌다.

그런데 밀턴 프리드먼을 중심으로 하는 통화주의자들이 등장해 케인스 비판에 나섰다. 통화주의자들은 1950년대 후반부터 케인스의 경제이론을 공격하기 시작하더니 1960년대 후반에는 인플레이션을 유발한다고 케인스의 정책처방을 집중적으로 비판했다.

이어 1970년대에 물가가 빠르게 상승하고 경기도 뒷걸음치는 스태그플레이션이 닥치면서 케인스의 경제이론은 수세에 몰렸다. 당시의 스태그플레이션은 석유수출국기구(OPEC)의 원유 공급량 조절과 세계적인 식량 부족으로 인한 곡물가격 상승이 주된 원인으로 작용해 생겨난 현상이었다. 스태그플레이션은 고전학파 경제학을 새롭게 해석한 통화주의자의 발언권을 높여줬다.

통화주의자는 인플레이션을 방만한 화폐발행 탓으로 돌렸다. 통화량을 늘리는 정책은 단기적으로는 효과를 발휘할지 모르지만 장기적으로는 실업을 전혀 줄이지 못하며 인플레이션만 부채질한다고 그들은 주장했다. 또 경제에는 장기적인 자연실업률이 존재하며, 실업대책의 효과는 단기에 그친다고 주장했다.

통화주의는 멀리는 고전학파를 연원으로 하지만, 가깝게는 프리드리히 하이에크의 신자유주의를 배경으로 해서 등장했다. 하이에크는 2차 세계대전 이후에 여러 국가가 사회주의 체제로 넘어가는 것을 보고 《예종(隷從)에의 길》을 통해 자유주의로의 복귀를 강하게 주장했다.

통화주의자는 정부의 역할은 시장경제의 경쟁시스템을 유지하거나 시장경제가 제공하기 어려운 서비스를 공급하는 데 국한해야 한다는 견해를 폈다. 그들은 그 나머지는 시장경제의 경쟁원리에 맡겨두면 최선의 결과가 나온다고 역설했다.

통화주의자는 시카고대학을 비롯해 미국의 호수 주위에 자리 잡은 대학들을 기반으로 했다고 해서 민물학파(Freshwater School)로 불렸다. 반면에 케인시언은 미국 동부의 해변에 자리 잡았다고 해서 짠물학파(Saltwater School)로 불렸다. 민물학파와 짠물학파는 미국에서 1982년에 침체가 마무리된 이후에는 또다시 서로 절충하며 지냈다. 민물학파는 정책의 역할을 조금 수용했고, 짠물학파는 모델을 구성할 때 민물을 조금 섞었다.

　미국의 부동산 버블 붕괴로 인한 세계경제 침체는 추를 다시 움직였다. 부동산 버블은 시장의 조절기능을 지나치게 신뢰한 나머지 부동산 대출과 파생금융상품에 대한 규제를 너무 많이 푼 결과로 부풀어 올랐다. 부동산 버블은 파생금융상품을 통해 세계의 금융자산 곳곳에 스며들었다. 이 때문에 미국에서 일어난 거품 붕괴의 충격이 전 세계를 흔들었다. 자연히 신자유주의에 입각한 경제운용이 실패했다고 주장하며 이러한 실패의 경험을 반면교사로 삼아야 한다는 목소리가 커졌다. 이번에는 케인스의 경제이론이 부활했다. 세계의 주요 국가들은 죽은 케인스가 살아있을 때 써둔 처방전에 따라 과감하게 확대 재정정책과 확대 통화정책을 폈다.

　두 진영의 절충이 얼마나 형식적인 것이었던지는 2008년 이후에 세계경제가 침체하고 있을 때 다름 아닌 폴 새뮤얼슨이 보여주었다. 통화주의의 본산인 시카고대학에서 경제학을 전공한 그는 시장경제의 조절기능을 신봉하는 시카고대학의 학풍을 "정신분열증적"이라고 꼬집은 적이 있다. 대공황으로 거리에 실업자가 넘쳐나는데도 경제학 강의실에서 실업에 대해 언급도 하지 않는 대학의 분위기를 통렬하게 비판한 것이었다. 그는 1935년에 학부를 마치고 대학원은 하버드대로 옮겨 석사와 박사 학위를 받았다. 그런 새뮤얼슨이 신고전학파 종합을 이루어낸 것은 반대진영의 공세를 차단하기 위한 '울며 겨자 먹기'가 아니었나 하는 생각도 든다.

　신자유주의가 극단화하다가 파국에 이르자 새뮤얼슨은 그 진영에 화살을 날렸다. 그는 타계하기 두 달 전인 2009년 10월에 〈인터내셔널 헤럴드 트리뷴(IHT)〉에 실린 칼럼에서 "프리드먼과 하이에크 식의 자유주의적 이기성이라는 어리석음이 영원히 사라지길" 바랐다. 이어 그는 경제학은 현대의 과학과 더 나아진 경제지식 덕분에 '음울한 과학'에서 벗어나 '희망의 과학'이 됐다는 경제학 낙관론을 폈다.

빛에 대한 물리학의 패러다임은 입자론에서 파동론으로 바뀌더니 '빛은 입자의 성질도 갖고 있고 파동의 성질도 갖고 있다'고 종합됐다. 경제학에서는 고전학파에 이어 케인스의 경제이론이 등장했다가 밀려나는 대신 통화주의가 대두되더니 케인스의 경제이론이 부활하는 양상이 나타났다. 경제학은 경제가 격변할 때마다 이를테면 좌에서 우로, 우에서 좌로 움직였다. 케인스의 경제이론은 최근의 전례 없는 세계경제 침체 현상을 잘 분석하고 소화해냄으로써 마침내 더 이상 흔들리지 않는 거시경제학의 단단한 기초가 될 수 있을까?

나는 이에 대해 회의적이다. 앞에서 서술한 것처럼 대규모 실업이 해소되지 않았던 상황에서도 케인스의 경제인식은 패러다임의 지위를 획득하지 못했다. 경제학자의 인식 틀은 매우 단단해서 잘 부서지지 않고, 경제학자의 몸에 너무 착 달라붙어 있어 잘 벗겨지지도 않는다. 이는 경제학자의 편견이 강하다는 지적이 아니다(실제로는 그럴지도 모르지만). 경제학자의 인식 틀이 쉽게 변하지 않는 것은 경제현상이라는 것이 여러 갈래의 이론 가운데 어느 것을 갖다 붙여도 될 정도로 다면적이기 때문이다.

경제학에서는 어떤 이론도 패러다임의 지위에 오르지 못했다. 또 어떤 이론도 결코 숨을 완전히 거두지 않고 적어도 명맥은 유지한다. 케인스가《일반이론》에서 다음과 같이 말했을 때 그는 본의 아니게 이런 점을 인정한 게 아닐까?

어떤 지적인 영향으로부터도 자유롭다고 생각하는 사람들조차도 알고 보면 죽은 어느 경제학자의 노예인 경우가 대부분이다. 허공에서 음성을 듣곤 하는 미치광이 권력자들은 몇 년 전에 어느 학자가 휘갈겨 놓은 낙서로

부터 그들의 광기를 흡수하고 있는 것이다.

"경제학은 서로 정반대되는 이론을 주장한 두 학자가 다 노벨상을 받을 수 있는 유일한 분야"라는 풍자의 말이 있는데, 이 역시 경제학의 패러다임과 관련해 날카로운 통찰을 보여준다.

과학은 패러다임을 바탕으로 발전한다. 패러다임이 형성되지 않는 분야는 발전을 기약하지 못한다. 서로 맞서거나 제각각인 여러 이론 사이에서 우왕좌왕하게 될 뿐이다. 케인스의 이론 대 고전학파, 케인스의 이론 대 통화주의라는 대립구도가 극복되지 못하면 적어도 과학으로서는 경제학에 미래가 없다.

경제학에서 패러다임이 확립된 적이 없다는 말은 경제는 과학과 같은 전문분야가 아님을 뜻한다. 그렇다고 해서 이 말이 경제 분야에서는 전문기자가 가능하지 않다는 결론으로 이어지는 것은 아니다. 앞에서 설명한 대로 문학이나 미술도 과학은 아니지만 지식이 누적되면서 활용된다. 이런 분야에 대해서는 전문성이라는 말을 사용할 수 있다.

경제 분야는 어떤가? 이 분야에서는 과거의 지식이 지금도 유용한가? 안타깝게도 경제에 대한 과거의 지식은 현재와의 연관 속에서만, 그리고 더 나아가 미래와의 연관 속에서만 의미를 갖는다. 특히 경제 분야의 과거 사례를 전문적으로 모으는 사람들만을 독자층으로 삼는 언론매체가 아닌 한 언론매체의 경제기사에는 과거 얘기가 많이 들어갈 이유가 없다. 오히려 과거의 사례를 많이 열거하는 기사일수록 변죽만 울린다는 혹평을 받을 공산이 크다.

인문과 예술 분야에서는 과거의 지식이 도움이 되는 반면에 경제 분야에서는 그렇지 않은 이유는 무엇일까? 인문과 예술 분야의 작품은 반드시 현실적합성을 갖추지 않아도 된다는 것이 그 이유일 것이다. 인문과 예술 분야의 작품은 현실과 무관하더라도 사람의 마음과 느낌에 울림을 준다면 그 자체로 높은 평가를 받는다. 공상의 세계를 그럴듯하게 그려낸 영화일수록 인기를 끌지 않던가! 이런 분야는 이를테면 자유도가 높아 초현실주의자나 판타지 작가가 날아오를 여지를 충분히 갖고 있다. 그러나 경제를 얘기하면서 환상의 영역으로 날아갈 수는 없는 노릇이다.

행태경제이론은 한가한 경제학이다

행태경제이론과 케인스

경제는 심리라고들 한다. 투자도 당연히 심리에 좌우된다. 투자를 좌우하는 기업가의 심리는 한국에서는 흔히 '야성적 충동'이라는 어구로 표현된다. 영어로는 애니멀 스피릿(animal spirits)이다. 최근의 경제위기 국면에서 부활한 존 메이너드 케인스가 강조한 요소다.

케인스는 애니멀 스피릿이라는 어구를 《일반이론》의 4편 '투자유인' 중 12장 '장기전망의 상태'에서 사용했다. 케인스는 투자를 결정하는 것은 이자율이나 이자율을 바탕으로 계산된 수익이 아니라 기업가의 낙관주의와 애니멀 스피릿이라고 지적했다. 케인스의 주장을 직접 인용하면 다음과 같다.

투자의 불안정성은 투기 외에 인간의 본성에도 기인한다. 즉 우리가 취하는 적극적인 행동의 많은 부분은 수치적인 예상보다는 충동적인 낙관주의에 의존한다. 그 행동이 도덕적이든 쾌락주의적이든 경제적이든 말이다. 행동의 최종적인 결과는 오랜 시일이 지나서야 드러난다. 따라서 무언가 적극적인 행위를 하기로 하는 결정의 대부분은 아마도 애니멀 스피릿, 즉 가만히 있기보다는 행동에 나서려는 충동의 결과라고 할 수밖에 없다. 그 결정은 수량적인 편익들을 각각의 확률과 곱한 결과로 얻어지는 수치의 산물이 아니라는 말이다. 기업이 사업계획서에 밝힌 대로 행동하는 것처럼 보이는 건 그러는 체하기 때문일 뿐이다. 실제 기업의 어떤 투자결정이 장차 거두게 될 편익에 대한 정확한 분석을 바탕으로 했을지라도, 그 비용편익 분석의 심도는 남극탐험을 검토할 때보다 조금 더 깊을 뿐이다. 따라서 애니멀 스피릿이 저하되고 충동적인 낙관주의가 주춤거리게 되면, 손실에 대한 두려움이 이익에 대한 기대보다 더 합리적이 된 것이 아님에도 불구하고 우리는 오로지 수치적인 예상에만 의존하게 되고 기업은 쇠퇴하고 망하게 된다.

애니멀 스피릿에서 '애니멀'에 방점을 두는 '야성적 충동'이라는 번역에 의심을 품은 건 제인 오스틴의 소설 《오만과 편견》을 읽으면서였다. 다섯 자매 중 막내인 리디아를 묘사하는 구절은 다음과 같이 시작된다.

리디아는 통통하고 발육이 좋은 열다섯 살의 아가씨였다. 혈색이 좋고 쾌활한 얼굴이었다. 리디아를 귀여워한 어머니는 이른 나이에 그녀를 사교계에 선보였다.

오스틴은 이 구절 다음에 "그녀는 애니멀 스피릿이 넘쳤고(She had high

animal spirits)"라고 썼다. 《오만과 편견》은 1813년 작이니 케인스의 《일반이론》보다 100여 년 전에 씌어진 것이다. 이 점에서도 알 수 있듯이 애니멀 스피릿은 케인스의 조어가 아니다. 실제로 케인스는 《일반이론》에서 이 어구에 강조 표시를 하지 않았다. 그래서 '애니멀 스피릿'이 본문의 다른 단어들과 똑같은 글씨체로 적혀 있다.

두꺼운 영영사전을 찾으면 'animal spirits'라는 표제어가 나온다. 'healthy, lively vigor'라고 설명돼있다. 그리 두껍지 않은 웬만한 영한사전들도 이것을 표제어로 넣고 '혈기, 발랄한 생기, 활기'로 풀이한다. 그렇다면 그동안 한국의 경제학자들이 이미 있었던 자연스러운 어구를 어색하게 번역했고, 그 탓에 한국에서만 애니멀 스피릿이 '야성적 충동'으로 통하게 된 게 아닐까.

애니멀 스피릿은 원래 신경의 역할과 관련이 있는 어구였다. 'animal spirits'로 인터넷을 검색해보면 《신경 기능의 역사: 애니멀 스피릿에서부터 분자 메커니즘까지(A History of Nerve Functions: From Animal Spirits to Molecular Mechanisms)》라는 책이 나오고 이 책에 대한 소개의 글도 나온다. 그 소개의 글은 신경학 저널인 〈브레인〉의 2005년 1월호에 실린 것이다.

그 글에 따르면 뇌가 근육을 움직인다는 사실에 관한 기록은 기원전 5세기에 활동한 히포크라테스의 저작까지 거슬러 올라간다. 그 뒤 기원전 3세기에는 에라시스트라토스가, 기원후 2세기에는 갈레노스가 동물해부와 신경절제 등을 통해 뇌와 근육의 움직임 사이에 신경의 기능이 있고, 신경은 뇌에서 생성된 애니멀 스피릿을 통해 신호를 전달함을 확인했다고 주장했다. 이런 주장은 1000년 넘게 유지되다가 의학이 발전하면서 소멸됐다. 그 뒤로 애니멀 스피릿이라는 말은 주로 '활기'라는 뜻으로 쓰이게 됐다.

이런 배경에 비추어볼 때 케인스가 애니멀 스피릿이라는 어구를 경제학에

끌고 들어온 것은 기업인으로 하여금 투자를 하게 하는 동인이 있기는 한데 그
것이 무엇인지를 딱 부러지게 설명하기는 어렵다는 뉘앙스를 풍기기 위해서가
아니었을까? 이런 추측은 앞에서 인용한 《일반이론》의 구절에 이어지는 다음
내용으로 어느 정도 뒷받침된다.

미래로 뻗는 희망에 의존하는 기업은 전반적으로 사회를 이롭게 한다고 말
해도 무방하다. 그러나 개별적인 기업인의 창업 능력은 합리적인 계산이
애니멀 스피릿으로 보완되고 뒷받침될 때에만 발휘될 수 있다. 그래야 건
강한 사람이 사망의 가능성을 염두에 두지 않는 것처럼 손실에 대한 두려
움을 제쳐둘 수 있다.
불경기 또는 불황은 투자의 불안정성으로 인해 더욱 심해진다. 또 경제적
인 번영은 정치사회적인 분위기가 평균적인 사업가에게 우호적인지 아닌
지에 크게 좌우된다. 노동당 정부나 뉴딜정책에 대한 공포가 기업활동을
저하시킨다면 이는 합리적인 계산의 결과도, 정치적인 음모의 산물도 아니
다. 이는 미묘하게 균형을 잡고 있는 충동적인 낙관주의를 흐트러뜨린 결
과다. 투자의 규모를 예상할 때 우리는 따라서 기업인의 신경과 히스테리,
심지어는 음식을 소화하는 상태나 날씨에 따른 반응까지도 고려해야 한다.

케인스가 부활했다. 미국 주택시장에 버블이 확산됐다가 터지면서 빚어진
최근의 세계적인 경제침체로 인해 케인스가 부활했다. 케인스와 함께 그가 사용
한 애니멀 스피릿이라는 표현도 자주 거론되고 있다. 이 책에서는 애니멀 스피
릿을 야성적 충동이라고 옮기지 않고 그냥 애니멀 스피릿이라고 쓰기로 한다.
위기가 지척에 다가왔는데도 그것을 까맣게 모르고 있었음을 자성하면서

그 원인을 싶어가던 경제학계가 찾아낸 원인 가운데 하나가 '경제학이 케인스가 중시한 애니멀 스피릿을 반영하지 못했다' 는 것이다. 경기침체에 대한 케인스의 처방은 취했지만 정작 케인스가 경기변동의 원인을 설명할 때 적용한 중요한 개념인 애니멀 스피릿은 취하지 않고 버리는 우를 범했다는 것이다.

케인스는 투자의 변동에 따라 경제가 호황과 불황을 겪는다고 봤다. 그는 투자가 안정적이지 않게 되는 이유로 심리적인 측면을 강조했다. 투자는 기본적으로 이자율과 향후 수익률에 대한 예상에 따라 결정되지만, 경우에 따라서는 주식시장의 시황과 기업가의 애니멀 스피릿에 의해 더 많이 좌우될 수도 있다고 그는 분석했다.

위와 같은 최근의 상황을 배경으로 해서 나온 책이 《야성적 충동》이다. 2009년에 국내에 선보인 이 책의 저자는 조지 애컬로프 UC버클리대학 교수와 로버트 실러 예일대학 교수다. 이 책의 부제는 '인간 심리가 경제에 미치는 영향과 세계 자본주의에 중요한 의미를 지니는 이유' 다. 두 저자는 애니멀 스피릿의 개념을 케인스보다 더 확장해 다음과 같이 규정한다. "경제학적 개념으로서의 애니멀 스피릿은 경제에 내포된 불안정하고 일관성 없는 요소를 말하며, 사람들이 모호성이나 불확실성과 맺는 독특한 관계를 가리킨다."

이들은 경제현상은 사람들의 생각에서 비롯되며 자신감, 유혹, 질투, 분노, 착각이 위기를 낳을 수 있다고 주장한다. 그런데도 많은 거시경제학자가 이런 점을 고려하지 못한 것은 금융업 종사자들이 매우 합리적이며 금융시장이 효율적이라는 전제에 지나치게 기운 탓이었다고 비판한다.

두 저자는 경제가 작동하는 방식을 애니멀 스피릿이라는 관점에서 분석해서 불황의 원인, 금융시장과 기업투자의 변동성, 부동산시장의 주기적 침체를 설명한다. 이들은 애니멀 스피릿을 고려하면 거의 모든 경기등락이 설명된다면서 이렇게 주장한다. "특히 2001년에 시작해 지금까지 이어지고 있는 최근의 경기등락을 예로 든다면 애니멀 스피릿을 중심에 둔 우리의 이론과 분석이 실제로 발생한 현실에 대한 더 뛰어난 해석이 된다."

두 저자가 책을 낸 동기는 물론 지나간 일을 설명하는 데만 있지 않다. 이들은 이 책이 향후에 위기가 발생하지 않도록 주의를 환기시키고 경고를 하는 역할을 하게 되기를 기대한다. 그래서 다음과 같이 말한다.

대공황의 경험에서 만들어진 보안장치가 부식됐다. 자본주의 경제가 어떻게 작동하는지, 사람들이 합리적이고 경제적인 동기뿐 아니라 모든 종류의 애니멀 스피릿에 따라 행동함을 잘 이해해야 하는 것은 이 때문이다.

다시 말해 대공황 이후 한 세대 이상이 지난 1970년대 말부터 시장의 힘을 제어하지 않고 풀어주는 과정이 진행됐고 이런 상황을 배경으로 해서 경제위기가 배태됐지만 이 경제위기를 넘기고 나면 그와 같은 과정이 재개될 수 있으니 경제주체들로 하여금 그런 변화를 경계하게 하기 위해 책을 썼다는 얘기다. 두 저자는 여러 경제주체 가운데 정부는 게임의 규칙을 만들어 금융시장을 규제하고 개입해야 한다고 제안한다.

두 저자는 위기의 징후를 미리 감지하려면 어떻게 해야 하고, 위기가 발생하더라도 충격이 덜하게 하려면 어떻게 대비를 해야 하는지에 대해서는 별로 언급하지 않는다. 위험을 어떻게 측정해서 알아채야 하고 위험에 대비하려면 어떻게 해야 하는지에 대해 관심을 갖고 최근에 출판된 책들을 살펴보다 보면 실러 교수가 2003년에 펴낸 《새로운 금융질서: 21세기의 리스크》가 눈에 띈다. 이책이 그러한 주제를 다룬 책일까?

결론부터 얘기하면 아쉽게도 그렇지 않다. 실러 교수는 이 책에서 개인과 국가가 처한 위험을 측정해보고 예컨대 건강보험 시장이나 파생상품 시장을 만들어 위험을 그런 시장에서 거래되게 함으로써 불안정성을 줄이자고 제안했다. 개인은 평생소득에 바탕을 둔 금융상품을 거래함으로써 위험을 관리할 수 있다고 그는 주장했다. 주택가격 변동과 실업, 물가상승 등에 대비하는 것도 이렇게 하면 된다는 것이다.

또한 실러 교수는 위험을 관리하는 쪽으로 정보기술을 활용하자고 제안했다. 이렇게 하는 데 필요한 기술적인 토대에 대해 그는 다음과 같이 설명했다.

새로운 정보기술의 발전으로 우리는 위험과 경제적 불평등에 대해 훨씬 많은 정보를 얻게 됐다. 오늘날 경제학의 위상은 천문학에서 망원경을 개발한 것이나 생물학에서 현미경을 개발한 것에 비견될 만하다. 우리는 이제 사람들 사이에 성공과 실패를 초래하는 각종 환경에 대해 훨씬 더 잘 관찰할 수 있게 됐다. 그 결과 불운한 상황을 바로잡기 위해 더 이상 과거와 같은 무모한 수단에 의존할 필요가 없게 됐다.

이 책이 나왔을 때 〈뉴요커〉는 "제안 중 몇몇에 미치광이 과학자스러운 요소가 있고, 실행에 옮기기에는 기술적, 정치적 장벽이 너무 높다"고 평가했다. 이 책이 나온 것은 서브프라임 사태가 발생하기 전이었다. 이 책이 제시한 비전이 장착돼있지 않은 현실에서는 위험이 커지기만 하던 상황이었다.

애컬로프 교수와 실러 교수는 위 책에서 행태경제이론을 경제학에 접목하고자 했다. 2001년에 노벨 경제학상을 공동 수상한 애컬로프 교수는 수상기념 강연에서 "향후 거시경제학의 진보는 '케인스 정신'에 입각해 행태경제이론을 세울 수 있을지에 달려있다"고 주장했다. 케인스 정신이란 인간의 행동이 합리적인 계산에 의해서가 아니라 그때그때 내키느냐 아니냐에 의해, 즉 애니멀 스피릿에 의해 좌우된다는 시각을 가리킨다.

행태경제이론이 경제학을 구할까

행태경제이론은 경제주체에 대한 기존 경제학의 가정이 실제의 현실과 다르다는 데서 출발한다. 기존 경제학은 정보가 충분히 주어진 상태에서 경제주체가 장기적으로 비용과 편익을 합리적으로 분석해 최적의 선택을 한다고 가정한다. 이를 두고 "경제학이 설정한 경제주체인 '호모 에코노미쿠스'는 아인슈타인처럼 사고하고, IBM의 대형 컴퓨터만큼 기억용량이 크며, 간디의 의지력을 발휘한다"고 빗댄 사람도 있다. 행태경제이론은 실제의 경제주체가 이런 가정과 달리 나약하고, 장차의 큰 편익보다 당장의 작은 쾌락을 좇으며, 갖고 있는 정보도 제대로 처리하지 않고 주먹구구식 결정을 내리는 사례를 분석한다.

행태경제이론은 영어의 behavioral economics를 옮긴 말이다. 종전에는 이 분야가 대개 행동주의경제학이나 행동경제학으로 불렸다. 이 책에서는 이준구 서울대 교수를 본받아 '의사결정의 양태를 분석한다'는 이 분야 연구의 취지를 드러내주는 행태경제이론이라는 용어를 사용하기로 한다. 이준구 교수가 '행태경제학'이 아닌 '행태경제이론'이라는 이름을 택한 건 이 분야가 현재 개별적인 사례를 쌓아가는 단계에 있어서 아직 체계가 잡히지 않았기 때문이라고 짐작된다.

애컬로프 교수가 노벨 경제학상을 받은 것은 시장에 정보가 균등하게 제공되지 않기 때문에 시장이 효율적이지 않을 수 있다는 그의 이론이 높은 평가를 받았기 때문이다. 해당 논문의 제목은 '레몬 시장' 이다. 레몬은 신맛이 강해 그냥 먹기가 힘들다는 뜻에서 불량품이나 흠이 있는 중고차를 가리킬 때 레몬이라는 말이 사용된다. 그는 이 논문에서 중고차 시장을 예로 들어 거래당사자 중 한쪽은 많은 정보를 갖고 있는 반면에 상대방은 그렇지 못한 정보 비대칭 상태를 이렇게 분석했다.

중고차를 파는 사람은 차의 결함을 잘 알지만 중고차를 사려는 사람은 그렇지 못하다. 그래서 숨겨진 결함이 있는 중고차가 비싼 값에 거래될 수 있다. 이런 가능성 때문에 중고차 값은 낮게 형성된다. 그래서 좋은 중고차를 가진 사람은 중고차 시장에 차를 내놓지 않고 아는 사람을 통해 팔려고 한다. 결국 중고차 시장에서는 좋은 품질의 매물이 사라지고 품질이 낮은 매물만 남게 된다.

실러 교수는 미국의 주택가격 동향을 보여주는 'S&P/케이스—실러 지수'를 창안했다. 그는 닷컴 버블에 이어 부동산 버블도 미리 경고했다고 해서 주목을 받았다. 그는 기술주 가격이 비이성적으로 급등한 사실을 지적하기 위해 '비이성적 과열(irrational exuberance)' 이라는 표현을 사용했는데, 그 뒤로 이 표현은 버블과 관련된 논의가 있을 때마다 회자됐다. 그 전인 1996년에 앨런 그린스펀 당시 미국 연방준비제도이사회(FRB) 의장이 연설에서 이 표현을 사용했지만, 그보다 이틀 전에 그린스펀도 참석한 FRB 회의에서 실러 교수가 이 표현을 먼저 사용했다고 한다.

실러 교수는 《새로운 금융질서: 21세기의 리스크》를 집필하기 전부터 행태경제이론에 관심을 갖고 자산시장을 주시했다. 그는 자신이 적중시킨 예측은 "상당부분 행동주의 경제학에 기반을 둔 것이었다"고 밝혔다.

행태경제이론은 경제학의 '새싹'이다. 얼마 전만 해도 행태경제이론 분야의 논문은 경제학 학술지에 제출해도 거절당하기 일쑤였다. 경제학 논문이 아니라는 이유에서였다.

그렇다고 해서 모든 경제학자가 인간의 비합리성을 외면했던 것은 아니다. 다만 경제학이 우아한 구조의 이론체계로 자리 잡게 되면서 그런 부분이 배제된 것이다. 인간 그대로에 대한 이해는 경제학이라는 학문분야의 토대를 놓은 애덤 스미스의 저작에서도 발견된다. 예를 들어 애덤 스미스는 《도덕감정론》에서 "우리의 상황이 나빴다가 좋게 바뀔 때의 기쁨보다 좋았다가 나쁜 쪽으로 바뀔 때의 고통이 더 크다"고 말했다.

케인스는 경제의 불안정성에 주목했고, 그 불안정성은 사람들이 예측가능성이라는 측면에서 합리성을 갖고 있지 않기 때문에 야기되는 것이라고 지적했다. 케인스가 결과적으로 행태경제이론에 가장 크게 기여한 것은 애니멀 스피릿이라는 개념을 끄집어내어 사용했다는 점이다. 또한 케인스는 주식시장과 관련해서도 행태경제이론의 선구 역할을 했다. 주식투자를 미인대회에 비유한 것이 그렇다. 이는 사람들이 주식투자를 할 때 기업에 대한 자기 자신의 판단에 근거를 두기보다는 다른 사람들의 움직임에 민감하게 반응한다는 것을 설명하기 위한 것이었다.

케인스의 미인대회 비유는 많이 알려졌지만 그 맥락과 세부적인 내용은 덜 이해된 편이다. 우선 케인스가 《일반이론》에 쓴 비유를 그대로 소개한다.

전업투자는 신문의 미인 선발대회에 비유할 수 있겠다. 참가자는 100장의 사진 중 예쁜 6명의 사진을 뽑아 제출하고, 신문사는 참가자가 선발한 미인 가운데 전체적으로 가장 표를 많이 받은 6명을 찍은 참가자에게 상을 준다. 각 참가자는 그래서 자신이 보기에 가장 예쁜 순으로 6명을 고르는 게 아니라 다른 참가자의 호감을 살 것으로 보이는 6명을 골라야 한다.

모든 참가자는 이런 관점에서 문제를 본다. 이는 자신이 판단하기에 최고 미인을 고르는 게 아니다. 전체 참가자 집단이 누가 예쁘다고 생각하는지를 맞히는 것도 아니다. 이 게임은 이도저도 아닌 3단계의 사고를 요구한다. 우리는 전체적인 의견이 어떠할지를 놓고 전체적으로 어떻게 예상할지에 대해 머리를 써야 한다. 나는 투자자 가운데 몇몇은 4단계, 5단계, 나아가 더 여러 단계로 궁리한다고 믿는다.

이 미인대회 비유를 들어본 적이 있는 주식투자자들은 대개 이 비유가 '당신이 보기에 미인주인 종목을 고르지 말고 다른 사람들이 보기에 미인주인 종목을 골라야 한다' 는 뜻이라고 알고 있을 것이다. 위 인용문의 앞부분은 그렇다. 그런데 뒷부분에 나오는 "4단계, 5단계, 나아가 더 여러 단계로 궁리한다" 는 말은 무슨 뜻일까? 간단한 예를 가지고 생각해보자.

그가 지난 여름에 한 일을 나는 알고 있다. (a)
그가 지난 여름에 한 일을 내가 알고 있음을 그는 안다. (b)

그가 지난 여름에 저지른 범죄를 내가 알고 있음을 그가 안다면, 즉 (b)단계라면 그렇지 않을 때에 비해 그는 내 눈치를 더 많이 살필 것이다. 혹시 내가 저를 신고할까봐 나의 동향을 관찰할 것이다. 그가 저지른 일이 중대한 범죄라면 그는 나를 제거하려고 할지도 모른다.

내가 (b)를 안다면, 다시 말해 '그가 저지른 일을 내가 알고 있음을 그가 안다는 것'을 내가 안다면, 나는 그가 나의 움직임에 촉각을 곤두세울 것이고 더 나아가 나를 없애는 방안까지 검토할지 모른다고 예상하게 되기 때문에 '내가 안다는 것을 그가 아는지 모르는지를 내가 확실하게 알지 못할 때'에 비해 더욱 조심할 것이다. 이처럼 내 판단과 행동이 상대방이 갖고 있는 정보와 그에 대해 내가 갖고 있는 징보에 따라 달라질 수 있다.

'주식투자는 미인 선발대회와 같다'는 케인스의 비유에서는 방금 든 예에서보다 다른 사람들의 판단이 훨씬 더 여러 단계로 영향력을 갖게 될 수 있다.

미인 선발대회의 구조를 단순화해 100명 가운데 한 명의 미인을 뽑는 걸로 해보자. 내 눈엔 A가 가장 예쁘다. 그러나 내가 좋아하는 타입과 100명이 전체적으로 좋아하는 타입은 다를 수 있다. 그렇다면 100명이 전체적으로 누구를 미인으로 찍을지를 맞히는 사람에게 상을 주는 방식으로 미인 선발대회의 구조를 바꿀 수 있다. 이렇게 바꾸는 것은 2단계의 사고다.

논의의 편의상 나는 다른 사람들의 판단을 파악할 수 있다고 치자. 나는 A가 최고 미인이라고 본다. 둘째 사람은 B라고 생각한다. 셋째 사람 눈에는 C가 가장 예쁘다. 전체적으로는 B가 가장 인기다. 내가 이런 정보에 따라 '최고 미인은 B'라고 쓰면 우승할 수 있을까?

아니다. 내가 다른 사람들의 판단에 관한 정보를 파악해 B라는 답을 얻는 과정을 다른 사람들도 밟는다. 다른 사람들이 나보다 정보력이 약하다고 해도 마찬가지다. 저마다 전체적으로 누가 인기가 있다고 보는지에 대해 추측한다. 그러고는 자신이 보기에 미인이 누구인지를 생각하는 것이 아니라 전체적인 관점에서 미인이 누구일지를 판단한다. 다른 사람들도 제각각 이런 식으로 미인을 선택할 것이다.

이렇게 3단계의 사고를 거치면 B가 아닌 C가 더 많은 표를 받을 수도 있다. 그러면 나는 선택을 또 바꿔 C로 옮긴다. 그러나 여기서 끝이 아니다. 다른 사람들도 나와 같은 추측을 하는 과정을 또 밟는다. 이제 게임은 4단계 사고의 단계로 넘어간다.

케인스가 미인대회 비유를 든 것은 주식에 투자하는 요령을 알려주기 위해서가 아니었다. 증시가 주식투자자에게 유동성을 제공한다는 좋은 측면을 갖고 있기도 하지만, 주식투자를 수익성의 순서와 거리가 먼 게임으로 만들어 투자의 불안정성을 부추기는 측면도 갖고 있음을 강조하기 위해서였다. 케인스는 이뿐 아니라 기업가의 투자는 애니멀 스피릿에 좌우되기 때문에 금리인하만으로는 투자를 북돋기가 쉽지 않다고 주장했다.

현대 경제학계가 행태경제이론에 말석이나마 자리를 내주게 된 것은 1978년에 허버트 사이먼이라는 심리학자가 노벨 경제학상을 받으면서부터였다. 이후 한 세대를 건너뛰어 2002년에 다시 심리학자인 대니얼 카너먼이 노벨 경제학상을 받았다. 이들 두 심리학자는 사람들은 복잡한 계산을 할 능력을 갖고 있지 않기 때문에 종종 비합리적인 의사결정을 내리고, 따라서 인간의 합리성이란 대체로 제한적이라고 지적했다. 이들은 사람들이 효용을 극대화하기 위해 정밀하게 계산하고 논리적으로 판단하기보다는 경험칙에 비추어 어림짐작으로 결정을 내리는 경우가 많다는 결론을 내렸다.

행태경제이론은 경제학의 새로운 지평을 열 분야로 주목받고 있다. 경제위기가 거듭되는 것이 인간의 합리성에 바탕을 둔 기존 경제학의 실패를 보여주는 것으로 여겨지면서 '인간은 인간적'이라는 관점의 행태경제이론이 반사적으로 관심을 받는 측면도 있다.

이준구 서울대 교수는 《36.5℃ 인간의 경제학》에서 인간 본연의 모습에 기초해 경제이론을 다시 쓰려는 시도인 행태경제이론이 "경제분석의 현실설명력을 크게 높일 수 있다"고 기대했다. 이 교수는 또 "인간 본성에 어떤 결이 있다면 그 결을 따라 움직이도록 사람들을 유도하는 방향으로 정책의 틀을 짜야 한다"는 점에서 행태경제이론이 유용할 것이라고 주장했다. 그는 "그 결을 거스르는 방향으로 정책의 틀을 짜면 비용만 많이 들뿐 기대하는 성과는 내기 힘들다"고 덧붙였다.

댄 애리얼리 듀크대학 교수는 《상식 밖의 경제학》에서 "사람은 비합리적이지만 비합리성에 특정한 양상과 일관성이 있어 충분히 예측가능하다"고 주장했다. 애리얼리 교수는 이어 "이런 일관된 비합리성을 바탕으로 새로운 이론과 전략을 창출해낼 수 있다"는 견해를 밝혔다.

"연구의 중심 주제가 뭔가?"

행태경제이론이 과연 경제학이 현재 처한 난국을 타개하고 경제학의 새로운 기반을 다지는 역할을 할 수 있을까? 행태경제이론을 좀 더 살펴보자. 앞에서 언급한 대로 행태경제이론은 실제의 현상만큼 많은 얼굴을 갖고 있다. 여기서는 구체적인 행태경제이론 가운데 몇 가지만 골라 소개하기로 한다. 해당 이론을 제시한 학자의 이름은 필요한 곳에만 넣도록 하겠다.

데이트를 주선하는 인터넷 사이트에서 많은 남녀가 자신에 관한 정보를 서로 교환한다. 사람들은 자신에 관한 정보를 얼마나 솔직하게 공개할까? 경제학자 두 명과 심리학자 한 명이 어느 한 온라인 데이트 주선 사이트의 회원 3만 명에 관한 정보를 수집해 보았다.

회원들은 전국 평균보다 더 잘 살고, 더 키가 크고 날씬하며, 더 잘 생긴 것으로 나타났다. 그들이 스스로 입력한 대로라면 데이트를 희망하는 사람들 가운데 4% 이상이 연간 20만 달러 이상을 벌고 있었다. 일반적인 인터넷 사용자의 경우에는 그 정도의 소득을 올리는 이들의 비율이 1% 이하다. 따라서 회원 네 명 가운데 세 명이 수입을 과장했다는 추측이 가능하다. 이 사이트 이용자들의 키는 전국 평균보다 약 3센티미터 더 컸다. 몸무게를 보니 남성은 전국 평균과 비슷한 반면에 여성은 전국 평균보다 약 10킬로그램 가벼웠다.

사이트에 가입한 백인 여성 중 절반 정도가 이성의 피부색은 상관하지 않는다고 적었다. 백인 남성의 경우에는 이 비율이 80%였다. 실제의 반응을 분석한 데이터는 딴판이었다. 피부색은 상관하지 않는다고 대답한 백인 남성 가운데 90%가 백인 여성에게 이메일을 보냈다. 인종차이에 신경 쓰지 않는다고 대답한 백인 여성 가운데서는 97%가 백인 남성에게 연락했다.

이 분석이 시사하는 바는 무엇인가? 우리가 다른 사람들에게 공개하는 자신에 관한 정보와 진실 사이에는 상당한 차이가 있다는 것이다. 이런 현상은 인간관계에서는 물론이고 상거래와 정치에서도 흔히 나타난다.

1989년의 뉴욕시장 선거에서 흑인인 데이비드 딘킨스와 백인인 루돌프 줄리아니가 경합을 벌였다. 선거 전에 실시된 여론조사의 결과대로 딘킨스가 시장에 선출됐다. 그러나 딘킨스와 줄리아니의 득표율 차이는 여론조사 결과보다 훨씬 작았다. 여론조사에서는 딘킨스가 15%포인트 앞설 것으로 나왔지만 실제 결과는 간발의 차이였다. 많은 백인 유권자들이 스스로를 진보적인 사람으로 보이고 싶은 마음에 흑인 후보자에게 표를 던지겠다고 거짓으로 대답했기 때문이었다.

이스라엘의 한 탁아소는 탁아시간을 지키지 않고 약속한 시간에 아이를 데려가지 않는 부모들 때문에 골치를 앓고 있었다. 탁아소는 이 문제를 해결하기 위해 저녁에 늦게 오는 부모에게 벌금을 물리기로 하고 이런 방침을 통보했다. 자주 늦게 오던 부모들이 벌금을 내지 않기 위해 일찍 오리라고 생각한 것이었다.

그런데 벌금을 부과하기 시작하자 뜻밖의 일이 벌어졌다. 아이를 늦게 데려가는 부모가 오히려 늘어난 것이다. 그 전에는 약속한 시각보다 늦게 오면서 탁아소 직원에게 미안해했던 사람들이 벌금제도가 도입된 뒤로는 그런 죄책감을 덜게 된 것이었다. 자신의 잘못은 벌금으로 그 대가를 치르면 된다는 생각에 늦어도 홀가분한 마음으로 탁아소에 나타났다. 이는 경제적 유인이 엉뚱한 방향으로 영향을 끼친 경우다.

소득수준이 높은 나라의 국민이 더 행복하고, 그 중에서도 돈을 더 많이 버는 사람일수록 더 행복한 것으로 확인됐다는 조사결과가 최근에 나왔다. 이 조사결과는 그동안의 통념인 '이스털린의 역설' 과 반대되는 것이라는 점에서 주목을 받았다. 이스털린의 역설이란 "기본적 생활만 충족되면 행복은 소득과 비례하지 않는다"는 것이다.

이 조사는 각국의 구매력 기준 1인당 국내총생산(GDP)과 국민이 삶에 만족하는 정도를 비교해보는 방식으로 이루어졌다. 그 결과 미국, 노르웨이, 뉴질랜드 등 소득수준이 높은 나라의 국민이 삶에 대한 만족도가 대체로 높았다. 반면에 아프가니스탄, 에티오피아 등 가난한 나라의 국민은 만족도가 낮았다. 한 나라 안에서는 돈이 많은 사람의 행복지수가 더 높았다. 미국에서는 한 해 가구소득이 25만 달러를 넘는 사람들 가운데서는 90%가 자신의 삶에 매우 만족해했지만, 3만 달러가 안 되는 사람들 가운데서는 이 비율이 42%에 불과했다.

암스테르담 공항은 남사용 소변기 안에 파리 모양의 스티커를 붙여 놓자는 아이디어를 채택해 실행한 것만으로 소변기 밖으로 떨어지는 소변의 양을 80%나 줄일 수 있었다. 그 뒤로 이 파리 모양의 스티커는 영국에서 많이 사갔고 디트로이트, 시애틀, 모스크바 등 세계의 다른 많은 도시의 공항에서도 목격됐다.

사람들은 신용카드로 결제하는 버릇이 들면 현금을 가지고 다닐 때보다 훨씬 더 많이 지출한다. 신용카드 한도가 차면 다른 신용카드를 꺼낸다. 신용카드를 합리적으로 쓰도록 유도하는 방안으로, 모든 신용카드회사로 하여금 모든 고객에게 일 년에 한 번씩 연간 사용내역을 보내게 하면 어떨까? 그 내역을 본 소비자의 씀씀이가 더 계획적으로 되지 않을까?

여성이 남성보다 섹스 상대를 고를 때 더 신중하다고 한다. 아기를 낳는 데드는 노력을 시간으로 보면 남성은 몇 분에 불과하지만 여성은 임신에만 9개월이 걸리는데다가 출산한 뒤에도 상당기간 아기를 보살펴야 하기 때문이다. 또여성의 60%는 사랑하기 때문에 순결을 버린다고 말하는 반면에 남성은 35%만이 그렇다고 말한다고 한다. 여성은 순결을 버리는 것을 투자를 하는 것으로 생각해 파트너를 고를 때 신중하지만, 남성은 섹스를 단지 소비를 하는 것으로 느낄 뿐이라는 것이다.

미국에서 1990년대 초부터 범죄율이 감소하기 시작한 이유는 1970년대에 낙태가 허용된 데 있다는 설이 나왔다. 저소득층 미혼모의 자녀는 청소년기에 범죄를 저지르기가 쉬운데, 낙태를 허용하는 조치가 이런 일이 일어날 가능성을 낮추었다는 것이다.

행태경제이론 연구자들은 이밖에도 마약 판매상이 어머니와 함께 사는 이유, 쿠클럭스클랜(KKK)단과 부동산중개업자들의 유사점, 다이어트에 실패하는 원인, 성적 충동이 우리가 생각하는 것보다 더 충동적인 까닭, 상대적인 평가가 우리를 함정에 빠뜨리는 사례, 아스피린이 1페니짜리보다 50센트짜리가 더 효과가 좋은 이유 등을 '경제적으로' 파헤쳤다. 또한 비싼 스타벅스 커피가 잘 팔리는 까닭, 할인점에 가면 예상보다 돈을 더 많이 쓰게 되는 원인, 일을 많이 하지 않는 것 같은 직장상사가 나보다 더 높은 연봉을 받는 이유 등도 설명했다.

이런 행태경제이론들이 설득력이 있는지, 설득력이 있다면 현실에 응용할 수 있는지를 몇 가지만 골라 따져보기로 하자.

마약 판매상이 어머니와 함께 사는 이유를 안다고 해서 마약 유통을 줄일 수 있는 건 아니다. KKK단과 부동산중개업자들의 유사점에서 인종차별을 줄일 수 있는 묘안이 나오는 것은 아니다. 여론조사의 결과와 실제 투표의 결과 사이에 생겨난 차이를 설명하는 데 굳이 데이트 주선 사이트의 경우를 인용해야 할 필요가 있는지 의문이다. 한국에서는 신용카드회사가 결제내역을 매년 한 차례씩 보내준다. 그러나 그렇다고 해서 신용카드를 사용하는 소비자들의 행태가 보다 합리적으로 바뀐 것 같지는 않다.

미국에서 범죄율이 감소하게 된 데는 낙태 허용이 다른 변수를 능가하는 주된 요인으로 작용했다는 주장을 통째로 부인할 수는 없겠지만 그대로 수용하자니 뭔가 이상하다. 그러면 낙태를 금지하면 범죄가 늘어난다는 것인가? 범죄율을 낮게 유지하려면 낙태를 계속 허용해야 하나? 위와 같은 주장을 한 학자들은 이런 물음이 제기될 가능성을 우려해서인지 "낙태가 미국의 역사에서 가장 중요한 범죄감소 요인이었다는 발견은 말할 필요도 없이 대단히 불쾌한 것"이라고 말한다. 낙태 금지가 범죄 증가로 연결되는 것은 아닐 것이다. 낙태를 금지하더라도 원치 않는 임신을 방지하는 방법에 대한 교육이 잘 이뤄지고 사후피임약 같은 손쉬운 피임방법이 널리 이용된다면 낙태가 허용되는 것과 비슷한 효과를 거둘 수 있을 것이다.

'잘사는 나라 사람들이 못사는 나라 사람들보다 행복하다' 는 사실을 확인했다고 한 논문은 기존의 통설을 뒤집었다고 해서 관심을 끌었다. 앞에서도 얘기했지만 기존의 통설인 '이스털린의 역설' 은 소득수준이 높은 나라의 국민이 반드시 더 행복한 건 아니라는 것이었다. 그러나 내가 보기에는 이스털린의 역설이 억지였고, 그 억지가 통하게 만든 학계가 문제였다.

'잘살수록 행복하다' 라는 논문의 결론은 사실 말도 하나마나한 상식이다. 국민이 기초적인 생계를 유지하는 데 급급해야 하거나 경제적인 여유가 없어 질병에 걸리거나 사고로 다치면 건강을 회복하기 어려운 단계의 나라에서 사는 사람들이 그런 단계를 벗어난 나라에서 사는 사람들보다 더 행복하다는 주장은 이치에 맞지 않는다. 사람의 행복감은 남과의 상대적인 비교에도 크게 좌우됨을 고려해도 이스털린의 역설은 설득력이 떨어진다. 사람이란 호구지책을 어느 정도 갖춘 다음에는 자기보다 더 여유 있는 생활을 누리는 계층을 부러워하게 되고, 그런 계층은 자신들의 사회경제적 지위에 대해 뿌듯해 하기 마련이다.

섹스가 남성에게는 소비지만 여성한테는 투자라고? 생물적인 역할의 차이에 따른 욕망의 차이를 경제학의 개념에 연결시켜 설명하면 뭐가 달라지지? 여성이 생물적으로 2세 양육의 부담을 더 많이 짊어지게 돼있고, 그래서 섹스 상대방이자 2세의 아버지가 될 남성을 선택할 때 남성보다 훨씬 더 많이 따진다는 사실을 경제학의 소비와 투자 개념에 결부시키면 더 잘 이해하게 되나?

소변기 안에 붙인 파리 모양의 스티커가 오줌발을 모아주는 데 혁혁한 공을 세웠다면 그런 방법이 왜 전 세계에 퍼지지 않았을까? 한국에서는 아직 남자용 소변기 안에 파리 스티커를 붙여놓지 않았다. 다만 이런 문구를 붙여놓은 것은 본 적이 있다. '남자가 흘리지 말아야 할 것은 눈물만이 아니다.' '한 발 더 다가서세요.'

내가 관찰한 바로는 오줌을 누면서 일부러 소변기 밖으로 오줌이 떨어지도록 묘기를 부리는 남자는 극히 드물다. 그럼 남자용 소변기 바깥에 오줌을 떨어지는 것은 왜 그럴까? 십중팔구는 소변기에 바짝 다가서지 않았기 때문이라고 본다. 그럼 남자들은 왜 소변기에 바짝 다가서지 않을까? 아마도 상당수는 무심코 그러는 것이 아니라면 소변기에 옷자락이 닿거나 오줌이 튀어 바지에 묻을까봐 걱정이 돼서 그러는 것일 게다. 소변기 안에 파리가 붙어있는 걸 본 남자는 처음에는 가까이 다가서서 조준사격을 해보겠지만, 시일이 지나 익숙해지면 파리를 봐도 시들해지지 않을까? 소변기의 파리가 전 세계의 소변기로 종족번식을 하지 못하는 것은 이런 모든 요인이 작용한 결과일 것이다.

행태경제이론에 대한 책을 쓴 학자는 독자에게 "이 책을 읽음으로써 얻는 성과는 아주 단순하다"며 "바로 스스로 많은 질문을 던지게 된다는 것"이라고 주장했다. 그러나 유익한 결과를 얻지 못하면서 문제제기만 끊임없이 할 줄 아는 능력이 도대체 무슨 소용이람. 질문을 던지게 하는 호기심에 아무런 문제의식이 들어 있지 않다면 그게 진짜 문제인 게 아닐까?

출판사는 친절하게도 그 학자를 이해하는 데 도움이 되는 일화를 소개한다. 그 학자가 대학에서 연구비 지원 프로그램에 신청을 한 뒤에 면접을 볼 때의 일이다. 심사위원 중 한 학자가 물었다. "나는 자네의 연구를 통합하는 중심 주제가 뭔지 잘 모르겠네. 좀 설명해줄 수 있겠나?" 그는 난처했다. 그 역시 자신의 연구를 하나로 아우르는 중심 주제가 무엇인지 알 수 없었다. 아니, 과연 그런 것이 있기나 했던 걸까? 나중에 노벨상을 수상하게 되는 아마르티야 센이 끼어들어 그 학자의 연구 주제에 대해 간략하게 말하고 "이런 것 아닌가?" 하고 물었다. 그가 맞장구쳤다. "맞습니다. 그게 바로 제가 말하고자 하는 바입니다." 다른 학자가 또 다른 의견을 제시했다. 그러자 그가 또 호응했다. "그 말도 맞습니다. 그게 바로 제가 연구하는 중심 수젭니다."

나는 요즘 유행하는 행태경제이론 가운데 상당수가 더도 덜도 아닌 지적인 유희로 그칠 공산이 크다고 본다. 행태경제이론가 중에도 이런 나의 생각과 어느 정도 같은 의견을 낸 사람이 있다. 미국 펜실베이니아대학의 경제학자인 저스틴 울퍼스는 "좋은 시절에는 사치품을 사게 마련"이라고 말했다. 여기서 사치품이란 행태경제이론을 가리킨다. 미국 경제가 장기간 호시절을 구가하자 행태경제이론에 많은 연구자가 몰리는 경제학계의 행태를 꼬집은 말이다.

미국 경제가 1980년대 후반 이후로 큰 탈 없이 성장세를 이어가자 젊은 경제학자들이 경기나 거시경제가 아닌 일상생활에 관심을 갖고 연구를 하기 시작했다. 이에 따라 행태경제이론 분야의 논문이 쌓여갔다.

형편이 나빠져서 먹고 살기가 힘들어지면 사치품은 아무런 효용도 주지 못한다. 어려워진 사람들은 갖고 있던 사치품을 팔아 생필품을 장만한다. 세계 경제가 유례없는 침체에 빠진 뒤로는 호구지책이나 경세제민과 거리가 먼 행태경제이론이 뒷전으로 밀려났다.

경제학을 비판한 〈인터내셔널 헤럴드 트리뷴〉의 기사는 "거시경제학자들은 경기가 나쁠 때에는 오늘 당장 쓸모있는 연구를 해야 한다고 느낀다"는 울퍼스의 말을 인용했다. 행태경제이론을 연구하는 울퍼스가 행태경제이론이 인기를 끈 배경과 경제위기가 닥친 이후 행태경제학의 처지를 행태경제이론으로 풀이했다고 볼 수도 있겠다.

나는 행태경제이론의 활용도가 미시경제 이슈를 푸는 데서는 높지 않다고 본다. 반면에 거시경제 이슈에서 경제주체가 전체적으로 보이는 행동을 설명하는 데는 행태경제이론의 설명이 필요하다고 생각한다. 케인스의 '주식투자는 미인대회'라는 비유와 '애니멀 스피릿'이라는 개념은 이런 측면에서 의미가 크다고 본다.

경제학자들은 특히 투자자가 이리저리 몰려다니는 군집행동을 보이는 현상을 잘 분석하고 반면교사가 되는 거울로 삼아 수시로 현재를 거기에 비춰봐야 한다. 반드시 행태경제이론을 적용해야만 할 수 있는 얘기는 아니지만, 군집행동은 아래와 같은 과정으로 전개된다.

모여 사는 동물은 다른 개체들의 움직임을 따라 하는 성향이 있다. 그 결과로 쏠림 현상이 일어난다. 인간도 예외가 아니다. 쏠림 현상이 점점 더 강화되는 분야 가운데 하나가 금융시장이다. 처음엔 다들 종전의 관례대로 투자한다. 남다른 행동은 삼간다. 괜히 그랬다가는 가만히 있느니보다 못한 실적을 얻게 될까봐 꺼리는 것이다. 투자와 관련해 케인스가 말하지 않았던가! "남들이 하는 대로 했다가 실패하는 게 튀는 방식으로 성공하는 것보다 명성을 유지하는 데는 더 낫다"고.

그러는 도중에 용기 있게 균형을 깨고 새로운 포트폴리오를 구성하는 투자자가 나온다. 그의 새로운 투자방식이 때에 잘 맞아 높은 수익률을 거두는 경우가 있다. 그러면 처음에는 한두 명이 그를 따라 투자하고, 시간이 흐르면서 추종자가 기하급수적으로 늘어난다. 단순한 모방심리뿐만 아니라 탐욕과 시샘까지 가세하게 되기 때문이다.

주가가 급등할 때 투자열기에 기름을 붓는 게 탐욕과 시샘이라면, 반대로 주가가 급락할 때는 공포가 투자자들을 사로잡는다. 이번에는 시장이 반대방향으로 쏠린다. 이런 때가 기회라는 말을 하는 사람이 많다. 실제로도 탐욕으로 달궈진 시장보다는 공포로 얼어붙은 시장이 두둑한 수익을 거둘 기회를 훨씬 더 많이 제공한다. 하지만 그럴 때 과감하게 행동으로 투자에 들어가는 사람은 소수에 불과하다.

시장에서 훈수를 두는 사람들도 군집행동에서 자유롭지 않다. 주가가 오르면 매수 신호를 강하게 내보내고, 주가가 빠지면 팔라고 한다. 문제는 그렇게 시장의 움직임을 따르기만 하다가는 수익을 별로 내지 못한다는 데 있다. 주가가 오른 다음에 사고 주가가 떨어진 다음에 팔다 보면 수익은커녕 손실만 키우기 일쑤다.

오늘날의 금융시스템은 컴퓨터를 기반으로 돌아간다. 시장에서 쏟아지는 데이터를 바탕으로 컴퓨터가 매수 또는 매도를 추천한다. 그렇다면 최첨단 금융시스템 속에서는 군중심리와 조건반사적인 행태와는 다른 투자양상이 나타나지 않을까? 런던에서 활동하는 헤지펀드 컨설팅 업체인 인텔리전스 캐피털의 회장 어비나시 퍼소드는 "그렇지 않다"고 답변한다.

퍼소드는 2000년에 쓴 글에서 주요 투자회사들이 의존하는 컴퓨터 모델이 쏠림 현상을 감안하지 않는다고 지적했다. 시장에 변동이 생기면 똑같은 데이터가 입력된 비슷비슷한 컴퓨터 모델들이 한 방향으로만 추천을 한다는 것이다. 바로 이 때문에 세계의 주식시장들이 마치 도미노가 넘어지듯 연쇄적으로 급락하면서 세계 금융시스템 전체가 벼랑으로 떨어지는 듯한 위기가 빚어지는 것이다. 컴퓨터 프로그램 또한 사람과 마찬가지로 몰려다니는 셈이다.

정통적인 경제학자는 경제주체가 최소 비용으로 최대 효용을 얻기 위해 이성적으로 판단하고 행동한다는 전제 아래 경제현상을 연구한다. 그러나 그렇게 믿는 경제학자 자신조차 군집행동에서 벗어나지 못한다. 경제학자도 합리적이지 않은 것이다.

로버트 실러 교수는 2008년 11월 초에 〈뉴욕타임스〉에 기고한 글에서 최근의 미국발 금융위기와 관련해 "택시기사조차 주택시장 버블을 경고하고 있었는데 왜 대학과 연구기관의 경제학자들은 위기가 진행 중이라는 쪽으로 의견을 모으지 못했을까?"라고 물은 다음에 이렇게 대답했다. "전문가는 늘 자신의 영향력을 유지하는 일을 중요하게 여긴다. 집단 안의 다수론에서 너무 멀리 벗어날 경우 중요한 역할을 할 수 있는 지위를 잃거나 얻지 못할까봐 두려워한다."

실러 교수는 2005년에 《비이성적 과열》의 2판 서문에 주택시장 버블이 붕괴될지 모른다고 쓸 때 "쓸데없는 경고를 한다는 비판을 걱정"했고 "나중에 실제로 그런 비판을 받았다"고 털어놓았다. 우리의 의사결정이 집단이라는 강력한 중력의 영향을 받아 어떻게 얼마나 휘는지를 알게 된다면 의사결정의 왜곡을 조금이라도 바로잡을 수 있지 않을까.

미래를 향한 상상

미래를 읽고 말하는 방법

당신이 없는 것을 알기 때문에
전화를 겁니다.
신호가 가는 소리.

당신 방의 책장을 지금 잘게 흔들고 있을 전화 종소리.
수화기를 오래 귀에 대고 맑은 전화 소리가
당신 방을 완전히 채울 때까지 기다립니다.
그래서 당신이 외출에서 돌아와 문을 열 때,
내가 이 구석에서 보낸 모든 전화 소리가 당신에게 쏟아져서
그 입술 근처나 가슴 근처에서 비벼대고

은근한 소리의 눈으로 당신을 밤새 지켜볼 수 있도록.

다시 전화를 겁니다.

신호가 가는 소리.

마종기 시인은 시 '전화'에서 짝사랑하는 마음을 이렇게 표현했다. 이 시는 앞으로도 읽히긴 하겠지만 청춘남녀의 '작업'에는 더 이상 유효하지 않으리라는 생각이 든 적이 있다.

젊은층 가운데 상당수가 집에 유선전화를 두고 있지 않다. 대신 휴대전화를 쓴다. 따라서 '당신이 (집에) 없는 것을 알기 때문에 (집)전화를 건다'는 설정은 요즘의 상황에 들어맞지 않는다. 유선전화가 드물어질 앞으로는 더욱 어색해질 것이다.

굳이 요즘의 정보통신 환경에 맞춰서 고쳐 쓴다면 '당신이 지금 휴대전화를 지니고 있지 않음을 알기 때문에 전화를 겁니다' 쯤이 될 텐데, 이 또한 상당히 이상하다.

휴대전화는 이미 사람들에게 가장 가까운 미디어의 자리를 차지했다. 걸으면서, 대중교통수단으로 이동하면서 휴대전화로 뉴스나 영상을 보고, 게임을 하고, 문자를 보내고, 통화를 한다. 휴대전화는 어느새 우리 몸의 일부나 다름없게 됐다.

도구는 신체의 확장이라고 할 수 있다. 자전거와 자동차로 우리가 두 다리의 능력을 확장했다면 삽과 포클레인은 두 팔의 능력을 몇 배, 몇백 배로 키워줬다. 수첩과 컴퓨터는 보조기억장치인 셈이다.

통신기능을 중심으로 볼 때 휴대전화는 우리 입과 귀의 연장(延長)이다. 휴내전화를 갖고 있는 우리에게 거리는 몇백 미터든 몇 킬로미터든 의미가 없어졌다. 우리는 휴대전화를 통해 누구와도 바로 그가 앞에 있는 것처럼 이야기할 수 있게 됐다.

앞으로 주목할 대목은 휴대전화를 그야말로 몸의 일부로 만들려는 시도다. 양현승 한국과학기술원 교수는 2005년에 한 일간지에 기고한 '인간은 사이보그로 진화한다' 라는 글에서 이렇게 예상했다.

유비쿼터스 환경 하에서 기존 컴퓨터는 사라지고 입는 컴퓨터나 아예 우리 몸이나 피부 속에 이식하는 컴퓨터가 보편화될 것이다. 그리하여 컴퓨터는 도구에 머무르는 대신 인간에게서 떼지 못할 부분, 즉 사이보그의 한부분이 될 것이다.

지금과 같은 추세라면 휴대전화가 컴퓨터보다 먼저 사이보그 신인류의 신체 중 한 부분이 될 듯하다. 더 나아가 멀리 떨어진 사람들이 음성을 매개로 하지 않고도 서로 이야기를 나누는 일도 가능하지 않을까? 이 일은 지금도 가능하긴 하다. 우리는 말이 아닌 문자메시지로도 대화를 나눈다. 그러나 문자메시지는 말로 하는 대화보다 의사전달 속도가 느린데다가 무전기처럼 상대방의 메시지를 받고 나서야 내 의사를 입력할 수 있다는 단점을 가지고 있다.

앞으로는 우리가 전하려는 말을 음성으로 바꾸기 전 단계인 신경계 명령의 상태로 전송하고 수신자는 그 의미를 풀어내 알아듣는 쪽으로 휴대전화가 진화할 수도 있지 않을까? 그렇게 되면 휴대전화는 입과 귀의 연장인 데 그치지 않고 우리 몸속에 더 깊숙이 들어와 신경계를 확장할 것이다. 우리는 휴대전화를 통해 멀리 있는 이들과 텔레파시를 나누게 되는 것이다. 텔레파시가 현실화될 수 있는 공상 가운데 하나일 수 있을까?

이런 이야기를 하는 건 미래와 관련해 상상의 문을 열기 위해서다. 이 책의 첫 장에서도 언급했지만, 미래에 대한 인간의 이해와 미래에 대한 예상과 관련된 인간의 인식은 아직 초보적인 단계를 벗어나지 못했다. 미래에 대한 예상은 여러 갈래로 구분된다. 크게 빗나간 몇 가지 역사적 실례를 소개한다.

"나는 그가 미쳤는지 보려고 그의 얼굴을 가까이에서 들여다봤다." (*1842년 미국 상원의원 올리버 스미스, 모스의 전신기 시범을 본 후*)

"박식한 사람들이라면 사람의 목소리를 전선을 통해 전달할 수 없다는 것을 알고 있다. 그리고 설령 가능하다고 해도 그것은 아무 쓸모가 없다." (*1865년 〈보스턴포스트〉의 논설*)

"라디오는 미래가 없다." (*1897년 에디슨*)

"누가 연기자가 말하는 걸 원하겠는가." (*1927년 워너브라더스 영화사의 공동창업자*)

"내 생각에는 전 세계적으로 5대의 컴퓨터만 필요하다." (*1943년 토머스 왓슨 IBM 사장*)

"원자력 청소기가 10년 내에 등장할 것이다." (*1955년 청소기 업체 사장*)

"달에 대한 부동산 투자와 화성 여행이 현실이 될 것이다." (*1969년 아폴로 11호가 달에 다녀온 뒤 많은 전문가들*)

적중 여부로 가르면 예언 중에는 나온 시점에는 황당하기 그지없다고 빈축을 사지만 결국은 실현되는 부류의 예언도 있고, 반대로 계속 공상으로 남는 부류의 예언도 있다. 기술을 기준으로 하면, 기술의 발달에 초점을 맞춘 예언과 사람들이 기술을 어떻게 받아들일지에 초점을 맞춘 예언으로 나뉜다. 기간별로는 10년 안에, 다음 세대에, 다다음 세대에 각각 실현될 것을 예언하는 단기, 중기, 장기 전망을 생각해볼 수 있겠다.

미래학에는 미래가 없다

미래에 대한 이해는 미래학이라는 이름 아래 시도되고 있다. 미래학은 기간으로는 10년 이상의 장기간 뒤의 미래를 연구한다. 미래학자들은 앞날을 예상하는 방법으로 시나리오 기법, 델파이 기법, 트렌드 분석 등을 활용한다.

시나리오 기법은 미래의 상황을 이야기로 풀어서 묘사함으로써 미래와 관련된 문제에 대한 의사결정권자가 미래를 구체적으로 상상해보고 대비할 수 있도록 도와준다. 단일한 시나리오가 이용되기도 하고, 다수의 시나리오가 이용되기도 한다. 미래를 시나리오로 파악하기 위해 미래학자는 자료를 수집하고 조사하고 분석해 추세를 파악한 뒤 주요 요인을 추출해 그것으로 미래의 골격을 잡는다. 델파이 기법은 전문가들의 의견을 청취하고 종합해 미래를 파악하는 방법이다. 과거 자료를 근거로 장차 어떻게 될지를 예상하는 건 트렌드 분석이다.

《미래를 읽는 9가지 방법》은 더 구체적인 방법들을 제시하고 있다. 예를 들면 우리 주변에서 맴돌고 있는 미래를 포착해내는 방법이 있다. '번화가에서 미래를 쇼핑'할 수도 있고, 신조어를 통해 미래에 대한 감을 잡을 수도 있으며, 광고에서 미래를 간파할 수도 있다는 것이다. 또 역사에서 미래를 캐내는 방법이 있다. 개인적으로는 각자 자신의 과거 속에 자신의 미래가 있다고 생각해볼 수 있고, 회사의 미래는 회사의 과거 역사가 말해준다는 점에 유의해야 한다. 이 책의 저자는 한국의 미래를 기미독립선언에서 읽을 수도 있다고 말한다.

《미래를 읽는 9가지 방법》의 저자는 또 다른 저서 《미래학이란 무엇인가》에서 "한국은 2015년의 분기점을 잘 넘어야 2020년대에 안정된 기반을 구축하고 2030년에 선진국이 될 수 있다"면서 한국의 미래에 대해 다음과 같이 이야기한다.

— 정보화 경제가 하향곡선을 그리게 된다. 이에 대응해 인공지능, 친환경산업 등에 IT를 융합해야 한다.

— 교육 거품과 부동산 거품이 소멸한다. 기존의 교육체제가 무너지고 학력과 성적의 중요성이 감소한다. 학원가가 사라지고 학원가 주변 주택의 가격이 하락한다. 사이버 사무실이 확산되면서 빌딩 거품도 꺼진다.

— 한국이 다문화 사회로 변모한다.

— 한국이 지식·기술개발 프로젝트를 수출하는 나라가 된다.

— 무형자산을 글로벌화하는 전략을 펴야 한다.

— 고령화에 대비해야 한다.

여기에는 전망과 대응이 혼재돼 있음을 알 수 있다. 풀어내야 할 과제에는 추상적이고 관념적인 것도 있다.

다른 미래학자들의 예측과 그들이 제시한 과제를 아래에 열거해본다. 누가 내놓은 예측 또는 과제인지는 일일이 적지 않았다. 관심이 있는 독자는 이 책 뒤에 붙인 참고문헌 목록을 이용해 해당 서적을 찾아 읽어보기 바란다.

— 식량위기는 유전자 변형 곡물로 해결할 수 있다. 5년 안에 실험실에서 고기

를 인공적으로 만들어낼 수 있게 되어 소를 키우지 않고도 쇠고기를 마음 놓고 먹을 수 있게 될 것이다. 닭고기도 실험실에서 생산될 것이다.

— 차세대 에너지로는 태양 에너지가 가장 유력하다. 지구에 도달하는 태양 에너지의 양은 세계 전체가 소비하는 에너지의 1만 배에 이른다. 그 가운데 일부만 활용한다고 해도 원자력이 필요 없게 된다.

— 10년 안에 죽지 않는 세포의 비밀을 알아낼 수 있게 된다. 그러면 노화는 치료할 수 있는 질병이 될 것이다.

— 정보화 사회의 뒤를 이어 여러 가지 형태의 사회가 올 수 있지만, 특히 단순 노동이 줄어드는 대신 늘어나는 여가가 자아실현에 활용되는 '꿈의 시대' 가 올 것 같다.

— 사물을 빛의 속도로 한 공간에서 다른 공간으로 옮기는 '텔레포테이션' 기술이 실현될 것이다.

— 2017년에는 지적 능력이 인간과 비슷한 로봇이 실용화되고, 2020년에는 인간이 로봇과 감성을 기반으로 한 소통을 할 수 있게 되며, 2025년에는 만국 어 번역기가 나온다.

크게 빗나가 '몽상' 으로 확인된 미래 예측이 그동안 많았다. 지금 나오는 미래 예측 중에서도 그런 부류에 속한다고 봐야 할 만한 것들이 눈에 띈다. 물론 미래는 알 수 없는 것이지만 말이다. 미래 예측 가운데 공상에 가까운 것이 많은 이유가 뭘까? 그건 현대의 과학기술이 과거에는 상상도 할 수 없었던 '신세계' 를 실현시키는 것을 목격한 경험 때문이지 싶다. 즉 과학기술이 과거 기술의 연 장선에서 서서히 개선되기보다 비약적으로 발전하면서 과거와 판이하게 다른 현재를 낳는 과정을 본 사람들이 미래도 현재와 판이하게 다를 것이라고 예상하게 된 것 같다.

그러나 내가 보기에 미래학은 현재 상태로는 미래가 없다. 우선 기술과 관련해서는 앞날을 예측하는 일이 불가능에 가깝기 때문에 그렇다. 그래서 미래학에는 정부의 지원 아래 많은 인력이 수십 년 매달려 연구하는데도 진전이 없는 분야가 많다. 또 사회와 관련된 예상은 고령화, 일인가구의 증가, 다문화화와 같은 현재의 추세를 증폭시킨 것이 대부분이기 때문에 큰 도움이 되지 않는다.

어떤 미래학자는 "미래학을 들여다보면 연구영역과 연구방법이 다양한데다가 다양한 학파가 있으며 낙관주의자, 비관주의자, 이상론자, 진화론자, 급진론자 등이 두루 섞여 있다"고 말했다. 그러면서 그는 "다른 학문에는 학파간에 심각한 대립과 갈등이 있지만 미래학에는 학파간 대립과 갈등이 거의 없다"고 덧붙였다.

내가 보기에 그 미래학자는 미래학에 패러다임이 없음을 인정한 것이다. 패러다임이 없는 학문은 분야별로 각각 따로 놀면서 발전을 이루지 못한다. 20년 전에 미래학자가 내놓은 예측보다 지금 미래학자가 내놓는 예측이 더 의미가 있다는 보장이 없다. 앞으로도 죽 그럴 것이다. 미래학자들이 서로 대립각을 세우지 않는 건 다들 자신의 분석이 정확하지도 않고 의미가 크지도 않음을 알기 때문일 것이다.

미래는 학문적 연구의 대상으로 삼기보다는 기회를 포착하거나 만들어내고 위험을 피한다는 관점에서 실용적 탐구의 대상으로 삼아야 한다고 나는 생각한다. 또 미래를 여는 일은 정부가 운영하는 프로젝트보다 개별 기업조직에서 더 잘 한다고 나는 본다. 물론 정부와 민간은 각각 해야 할 몫이 있다. 우리의 미래와 관련해 정부와 민간이 어떻게 역할을 분담해야 할지에 대해서는 이미 많은 연구가 나와 있으므로 여기서는 이야기하지 않겠다.

최상의 미래예측은 미래를 창조하는 것

우리가 미래와 맺는 관계는 세 가지로 나눠 볼 수 있다. 첫째는 미래를 창조하는 것, 둘째는 실현되는 미래에 먼저 참여하는 것, 셋째는 완성된 미래에 적응하는 것이다.

역량만 된다면 미래를 창조하는 것만한 게 없다. 그것은 새로운 판을 짜고 새로운 미래, 새로운 시장을 여는 일이다. 휴대용 카세트테이프 플레이어인 워크맨의 개발을 지휘한 소니의 창업주 모리타 아키오가 그런 인물이었다. 그 전에는 없던 시장을 새로 만들어냈으니 소니가 승승장구할 수밖에 없었다. 소니의 워크맨은 가전제품 사상 최고의 히트작이 됐다.

애플의 스티브 잡스는 남들보다 늦게 뛰어든 시장에서 그 판도를 애플 중심으로 돌려놓았다. 잡스가 MP3 플레이어 시장에 아이팟을 내놓았을 때 이미 이 시장은 삼성전자와 아이리버가 주름잡고 있었다. 그러나 그는 제품 디자인과 작동 방식이 우수한 아이팟으로 소비자들을 사로잡은 데 이어 아이튠스 사이트를 만들어 소비자들이 좋아하는 음악을 구입할 수 있게 했다. 아이튠스는 온라인 음악유통이라는 새로운 시장을 열었다.

잡스가 이어 아이폰을 내놓으면서 휴대전화 시장에 손을 대자 다른 업체들이 줄줄이 따라옴으로써 휴대전화가 스마트폰으로 재탄생했다. 애플의 아이폰은 휴대전화를 둘러싼 업계의 지형도를 바꿔놓았다. 그동안 이동통신 서비스회사가 틀어쥐고 있던 휴대전화 소프트웨어 선택권이 소비자들에게 넘어갔다. 애플이 애플리케이션이라고 불리는 소프트웨어들을 올려놓은 '앱스토어'에서 소비자는 맘에 드는 것을 자유로이 골라 쓸 수 있게 됐다. 소비자와 소프트웨어 개발자가 이동통신 서비스회사를 거치지 않고 바로 거래하게 되면서 소프트웨어 개발의 문호가 무제한으로 열리게 됐다.

미래를 창조한 사람들은 전문가에게 물어보지 않았다. 현재의 추세가 확산된다면 미래는 어떻게 될까를 가늠해보는 트렌드 분석도 하지 않았다. 시나리오를 써보면서 미래를 상상한 것도 아니었다. 그들은 그야말로 미래를 창조했다. 그들이 남다른 통찰력으로 새로운 세상을 그릴 때 다른 사람들은 회의적인 반응을 보였다.

모리타 아키오가 워크맨을 구상하고 시장조사를 했을 때 상업성이 떨어진다는 결과가 나왔다. 엔지니어들은 녹음 기능이 없는 기기를 누가 사겠느냐고 토를 달았다. 서구 쪽에서는 워크맨이라는 이름부터가 영어 문법에 어긋난다며 조롱했다.

잡스가 아이폰을 내놓기 한참 전인 2000년에 권위 있는 영국의 주간매체 〈이코노미스트〉는 "이동통신 회사들이 고객에게 콘텐트를 제공하기 위해 막대한 투자를 하고 있지만, 사람들이 휴대전화를 이용하는 이유는 콘텐트가 아니라 다른 사람들과의 연결성에 있다"고 분석했다. 〈이코노미스트〉는 "따라서 콘텐트보다 화상통화 같은 서비스에 주력해야 돈을 벌 것"이라고 조언했다. 이 매체는 사람들이 휴대전화에서 연락을 가장 중시한다는 사실은 문자메시지가 크게 인기를 끈 데서도 확인된다고 설명했다.

〈이코노미스트〉의 전망대로라면 화상통화가 급속도로 보급됐어야 한다. 또 사람들이 휴대전화를 통해 즐기는 콘텐트의 양이 증가하는 속도가 더뎠어야 한다. 그러나 화상통화는 〈이코노미스트〉의 예상보다 덜 이용되고 있고, 애플리케이션이라고 불리는 콘텐트 이용량은 폭발적으로 증가하는 추세다.

스티브 잡스는 "미래는 예측하는 것이 아니라 창조하는 것"이라며 자신감을 드러냈다. 잡스 같은 거장이 한국에 여럿 등장한다면 더 바랄 나위가 없겠다.

하지만 잡스는 창의성을 인성하고 북돋워수는 미국 사회에서도 별종 중의 별종이다. 미국에서도 극히 드문 존재다.

그처럼 미래를 주도하지는 못하더라도 미래를 적절히 예측하는 일은 경제주체 누구에게나 절실하다. 미래는 오기를 기다렸다가 앞에서 잡을 때에만 기회가 된다. 미래가 옆으로 지나가는 순간에야 보게 되면 그것이 위협적인 존재로 돌변한다. 기회를 먼저 포착한 경쟁자들에게 이미 수십 걸음 뒤진 상태이기 때문이다. 수많은 기업이 미래가 현실이 될 때까지 방관하다가 낭패를 보고 사라졌다.

스티브 잡스가 아니라면 미래에 대비해야 한다. 미래학자가 그려 보이는 추상적인 미래가 아니라 각자의 일과 관련된 구체적인 미래에 대해 항상 안테나를 세우고 미래로 이어질 새로운 흐름을 포착해야 한다. 그렇게 해서 미래를 선점해야 한다.

《야망과 선견의 사장학》은 미래를 내다보는 게 사업에서 가장 중요하며 선견이 CEO의 가장 큰 일임을 일깨워준다. 이 책의 저자인 사토 세이이치는 1947년에 출범한 스타정밀이라는 회사의 창업멤버였다. 사장이 타계하자 사토는 사장 자리를 물려받는다. 그러나 그는 사장의 장례식이 치러진 날 밤에 자신이 '사장의 최대 역할이 무엇인가에 대해 전혀 생각해본 적이 없다'는 것을 깨닫는다.

스타정밀은 그때까지 사장이 사업방향을 지시하고 사토는 사장의 지시를 받고 관련된 과제를 풀어내는 방식으로 운영되고 성장했다. 손목시계의 태엽을 감는 나사에 주력했던 스타정밀은 그러나 기술적 상황의 변화에 대응해 새로운 제품을 개발해야 했다. 사토는 "만들 상품을 스스로 찾아내는 것이 그토록 어려운 일인 줄은 미처 몰랐다"고 회고한다.

사토는 스타정밀과 출자관계를 갖고 있던 시티즌시계의 야마타 사장에게

"지금 스타정밀에 필요한 것은 장래에 대한 방향 제시"라며 그를 사장으로 모셔온다. 그 뒤로 스타정밀은 전자시계 시대에 맞는 방향으로 사업을 키워나갔고, 나중에 전자시계가 퇴조할 때에도 사업방향을 미리 전환해 살아남을 수 있었다.

미래의 기회를 포착하는 것 못지않게 큰 위험을 피하는 것도 중요하다. 글로벌 회계법인인 딜로이트 투시토마츠의 CEO인 윌리엄 파렛은 1993년 2월에 세계무역센터 폭탄 테러를 겪은 뒤 사무실을 옮겼다. 그 덕분에 2001년에 비행기 테러로 세계무역센터가 무너졌을 때 딜로이트 투시토마츠는 인적·물적 손실을 입지 않았다.

1993년 테러 당시에 딜로이트는 세계무역센터의 93~95층과 97~101층에 걸쳐 모두 8개 층을 쓰고 있었고, 전체 직원 2400명 중 절반 이상이 그 건물에서 근무했다. 파렛은 테러 때 비상계단으로 3시간 넘게 걸려 피신해 건물을 벗어난 뒤에 '다시 세계무역센터로 돌아가지 않겠다' 고 마음먹었다. 그리고 몇 년에 걸쳐 사무실을 길 건너로 옮겼다. 그는 "안전을 위한 투자는 더 이상 선택이 아니라 필수"라고 강조한다.

미래는 누구도 알려주지 않는다. 미래를 어떻게 그릴 것인가?《야망과 선견의 사장학》의 저자 사토 세이이치는 "항상 다음 주력사업은 무엇으로 할까, 어떤 방침이라야 앞으로 5년 후, 10년 후에도 사업이 번영할 수 있나를 염두에 둬야 한다"고 조언한다. 그는 "그렇게 하면 거래처와 상담할 때 상대의 말 한마디도 전과 달리 들리게 되고, 다른 업체와 해외의 뉴스에도 신경이 쓰이며, 이전에는 눈에 보이지도 않고 귀에 들리지도 않던 것들이 잡힌다"고 설명했다.

나는 미래를 예측하는 능력은 늘 미래에 초점을 맞춰 의미 있는 정보를 최대한 수집하면서 가설을 세우고 새로운 데이터를 집어넣고 그 가설을 돌려보는

'브레인 시뮬레이션'을 통해 길러진다고 본다. 미래를 정확히 포착하려면 복잡다단한 정보의 숲을 헤쳐 가며 분석—가설—검증—피드백의 순환을 끊임없이 해야 한다. 이 순환은 처음도 끝도 없는 동시에 멈춤 없이 계속되는 과정이어야 한다. 정보 없이는 가설을 세울 수 없으며 정보는 가설이 있어야만 눈에 띄기 때문이다.

미래를 만드는 방법 몇 가지

우선 마키아벨리의 《군주론》 중에서 한 구절을 읽어보자.

그럼에도 불구하고 나는 우리의 자유의지가 절멸되지 않도록 하기 위해서, 운이 우리 행동의 절반에 대해 결정권을 갖고 있다는 얘기가 맞는다고 판단하면서도 운은 우리 행동의 나머지 절반 혹은 거의 절반은 우리가 제어하도록 맡겨둔다는 얘기 또한 옳다고 본다.

이번에는 적벽대전의 전개과정을 살펴보자.

적벽대전은 《삼국지》의 하이라이트다. 위, 오, 촉 삼국의 주요 영웅들이 한 시간, 한 공간에 함께 등장한다. 적벽대전에서 촉나라의 제갈공명과 방통은 오나라의 주유와 머리를 맞대고 신묘한 전략을 짜내어 조조를 상대로 펼친다.

공명과 주유는 위나라 조조의 군대를 물리치는 작전의 일환으로 화공을 택한다. 이 작전에 따라 방통은 정탐하러 온 조조의 모사 장간을 역이용한다. 방통은 주유가 자신을 몰라준다고 한탄하며 장간으로 하여금 자신을 조조에게 소개하게 한다. 방통은 조조를 만나 위나라의 백만 대군이 강에서도 마치 뭍에서처럼 기민하게 움직일 수 있게 해줄 묘책을 알려준다. 배를 서로 사슬로 연결하면 강물이 아무리 일렁여도 갑판이 흔들리지 않게 된다는 것이다. 조조는 이런 계책에 넘어간다.

조조의 수하가 "배를 서로 연결하면 화공에 속수무책으로 당할 수 있다"고 진언하지만 조조는 그런 가능성을 생각하지 못하는 게 아니라며 껄껄 웃어넘긴다. 의아해 하는 부하에게 조조는 자신의 진영이 북쪽에 있는데 계절이 겨울이어서 북풍이나 서풍이 불기 때문에 손권과 유비가 바람을 거슬러 화공을 감행하지는 못하리라는 점까지 계산하고 있노라고 설명한다.

이 단계에 이르러 주유가 몸져눕는다. 겨울이라 동남풍이 불지 않는데 무슨 수로 화공을 한단 말인가. 주유의 와병은 이런 고민이 울화로 쌓인 탓이었다. 공명은 주유를 병문안하는 자리에서 글을 써 주유의 마음을 읽어 보인다. '조조를 격파하려면 불로써 공격하는 수밖에 없는데 모든 준비는 됐으나 다만 동남쪽 바람이 없구려.' 크게 놀라는 주유에게 공명은 단을 쌓고 바람이 불기를 빌어 사흘간 동남풍이 불게 하겠다고 장담한다.

공명은 목욕재계하고 도의를 입고 머리를 풀고 맨발로 칠성단에 올랐다. 하루에 세 번 단 위에 올라갔다 내려왔으나 동남풍은 불지 않았다. 해가 저물었지만 바람 한점 일지 않았다. 주유가 "한겨울에 어찌 동남풍을 얻겠소"라며 실망했다. 그러나 밤 삼경 무렵에 동남풍이 거세게 불기 시작했다.

바람까지 부르는 공명의 능력에 놀란 주유는 "훗날의 근심을 없애야 한다"며 공격 명령에 앞서 공명을 죽이라고 지시한다. 오나라 군대가 공명이 올라가 바람을 빌던 배풍대(排風臺)에 이르렀지만 공명은 이미 떠난 뒤였다. 배로 공명을 쫓아갔으나 공명은 조자룡의 호위를 받으며 유유히 달아났다. 조조의 군대는 화공에 철저히 유린돼 거의 궤멸되고 말았다.

《삼국지》의 적벽대전 부분은 위와 같이 흥미진진하게 전개된다. 반면 적벽대전과 관련된 정사의 기록은 불과 몇 줄에 그친다고 한다. 이를 두고 후대 사람들이 사실을 바탕으로 소설적인 살을 붙여 적벽대전을 탄생시켰다는 해석이 있는가 하면, 실제로는 역병이 돌자 조조가 전투를 벌이지 않고 물러났는데 허구에 허구가 덧붙여지면서 적벽대전이 지어졌다는 풀이도 있다.

위의 이야기만 놓고 보면 적벽대전은 허구라고 나는 생각한다. '겨울에 동남풍이 불지 않는다'는 불리한 변수는 작전을 수립하는 단계에서는 전혀 거론되지 않는다. 방통도 주유도 동남풍이 불지 않는 계절임을 걱정하지 않는다. 조조로 하여금 배를 서로 다 연결하게 한 뒤에야 그 변수에 생각이 미친다. 방통과 주유가 이런 어처구니없는 실수를 저질렀다는 대목은 억지스럽다. 공명을 부각시키려고 하다 보니 줄거리가 그렇게 꾸며진 게 아닐까. 얘기가 맞아떨어지려면 초기 화공작전 수립 단계부터 방통과 주유가 동남풍을 걱정하고, 공명이 자신의 바람 부르는 능력을 두 사람에게는 살짝 보여줬어야 했다.

그러나 저자가 적벽대전을 화제 삼은 건 사실이 무엇인지를 가리고자 해서가 아니다. 미래와 관련한 옛 사람들의 사고체계를 살펴보기 위해서다. 날씨는 통제나 조절의 대상이 아니다. 그럼에도 불구하고 옛 사람들은 날씨가 세상 일과 리더에 의해 좌우될 수 있다는 기대를 버리지 못했다. 단적으로 가뭄과 홍수는 왕이 부덕한 탓으로 돌려졌다. 공명을 영웅으로 만드는 과정에서는 역으로 바람을 일으키는 신통력이 그에게 부여됐다.

소설은 소설일 뿐이다. 전장의 날씨처럼 미래를 좌우하는 요인을 인간이 마음대로 주무르기는 불가능하다. 그런데도 사람들은 불확실한 미래에 직면할 때마다 조금이라도 기댈 만한 무언가를 찾았다. 예를 들어 좋은 날, 좋은 장소를 잡으면 일이 잘 풀리리라고 기대했다. 사람들은 인생의 중요한 고비마다 점쟁이와 풍수쟁이의 의견을 들었다. 이런 행태는 아직도 남아 있다. 어떤 사업가는 "나는 길일이라는 것을 믿지 않지만 다른 사람들이 그것을 의식하기 때문에 예컨대 개업을 하거나 할 때 이왕이면 길일을 받는다"고 말했다.

흔히들 운칠기삼이라는 말을 한다. 일의 성패에 운이 70퍼센트, 역량이 30퍼센트 작용한다는 말이다. 능력이 출중한 사람인데도 운이 따르지 않으면 실패할 수 있다. 어떤 사람은 역량은 그저 그런데도 두어 차례 운이 따른 덕분에 크게 성공한다. 성공과 실패에 운이 얼마만큼 작용하는지는 아무도 모른다. 앞으로도 영원히 모를 것이다. 미래는 우리가 통제하거나 예상할 수 없는 변수 투성이이기 때문이다.

출중한 역량을 갖춘 뒤에 집념을 갖고 추진하면 어떤 일에서든 성공할 가능성이 커지는 것은 확실하다. 그러나 이 또한 어디까지나 성공의 확률이 높아지는 데 그침을 잊으면 안 된다. '호랑이 굴에 들어가도 정신만 차리면 살아나온다'는 말이 있다. 그러나 이는 살아나온 극소수 사람이 한 말일 것이다. 호랑이 굴에 뼈를 묻은 사람이 더 많다. 그들은 아무 말도 남기지 못했다.

이런 사정을 전제로 해서 이제부터는 성공한 사람들의 유형 몇 가지를 살펴보기로 한다. 먼저 매일 하루도 어김없이 오랜 세월 노력해서 성공을 이루는 방식이 있다. 이와 관련해 흥미를 끄는 이야기를 하나 소개한다.

대중음악 작곡가 길옥윤(吉屋潤)은 광복 직후 그룹 '핫팝'을 결성해 주한 미군 클럽에서 연주를 하는 것으로 음악활동을 시작했다. 이후 일본으로 건너가 활동했다. 길옥윤이라는 예명은 그때 지은 것이다. 그는 1963년 무렵에 귀국한 뒤에도 이 예명을 그대로 쓴다. 본명은 최치정이다. 국내에선 '길'을 성으로, '옥윤'을 이름으로 여겼지만 일본에서는 '요시야(吉屋)'가 성이고 이름은

'준(潤)'이었다.

요시야 준은 일본에서 당대 제일의 색소폰 연주자로 꼽혔다. 길옥윤은 당시 최고의 트롬본 연주자 히가시모토 야스히라(東本安弘)에게서 한 10대 젊은이를 소개받는다. 고교시절부터 트롬본을 분 그 젊은이는 히가시모토의 추천 덕분에 오디션 없이 요시야 준의 재즈 오케스트라에 참가할 수 있었다.

1950년대 초반의 어느 날 요시야 준은 그 젊은이에게 물었다.

"재즈 곡을 몇 곡이나 외우고 있나?"

"300곡 정도는 연주할 수 있습니다."

요시야는 "마음을 담아서 연주할 수 없다면 외웠다고 할 수 없네"라며 이렇게 덧붙여 물었다.

"자네 연주를 듣고 눈물을 흘린 사람이 있나? 사람의 마음에 말을 걸어 본 적이 있느냐는 말일세."

그런 연주를 하려면 어떻게 해야 할까? 요시야는 '본론'으로 들어갔다.

"매일 자네의 온 마음을 담아서 한 곡씩만 외우도록 하게. 3년이면 1000곡이 넘게 되지. 이것이 바로 진정한 프로가 되는 길일세. 자네가 음악을 계속할지는 아직 모르겠지만, 무슨 일이든 마찬가지라는 점을 명심하게. 인생은 얇은 종이를 한 겹 두 겹 겹치는 거라고 나는 생각한다네. 그렇게 몇 년이고 쉬지 않고 겹친 두께는 아무도 흉내 낼 수 없지."

그 젊은이 즉 마츠우라 모토오(松浦元南)는 음악을 본업으로 삼는 대신 대학을 졸업한 뒤 직장생활을 거쳐 1965년에 주켄(樹研)공업을 차린다. '주켄'이라는 회사 이름은 합성수지 즉 플라스틱을 연구하는 회사라는 뜻이다. 마츠우라는 주켄공업을 세계 최고의 정밀기술을 가진 업체로 일궈낸다. 그리고 《주켄 사람들》이라는 책에서 길옥윤을 "내게 인생과 기업경영의 모든 근본을 각인해

준” 세 사람 가운데 하나로 꼽는다.

다음으로 적당한 난이도의 목표를 잡고 그것을 달성하는 과정을 반복해 성공에 이르는 방식이 있다. 처음부터 너무 어려운 목표에 목을 매면 회복하기 힘든 큰 실패에 빠질 위험이 있는데, 이런 방식은 그와 같은 위험을 피할 수 있어 좋다.

2002년에 노벨화학상을 받은 다나카 고이치가 이런 방식을 권한다. 다나카는 자서전 《일의 즐거움》에서 목표를 높게 설정하되 지나치게 높게 잡지는 말라고 조언한다. 그의 말을 직접 들어보자.

지금 자신이 할 수 있는 일을 100%라고 하죠. 처음부터 200%를 목표로 하면 분명 실패할 테니 좀 더 손쉬운 정도, 예컨대 110%나 120% 정도를 목표로 하는 겁니다. 그러면 그 목표를 달성하지 못했다 하더라도 ‘조금 높게 설정했으니 할 수 없지 뭐’ 이렇게 편하게 생각할 수 있습니다. 그런데 120%로 잡으면 간혹 성공하는 경우가 있어요. 이런 경험을 쌓다 보면 어느새 120%가 당연해집니다. 이것이 반복되면 120%에서 150%, 200%, 이런 식으로 계속 성장해갈 수 있습니다.

단계적으로 목표를 설정하고 달성하는 선순환을 반복하다 보면 다음 목표를 잘 잡는 요령이 생길 듯하다. 또 목표를 세부 실행계획으로 구체화하는 능력도 길러질 법하다. 목표를 잘 잡고 실행계획을 구체적으로 세우면 성공할 가능성이 커진다.

교육학자 정범모 씨는 옛 국어 교과서에 실린 ‘성취인의 행동특성’ 이라는 글에서 다음과 같은 관찰결과를 소개했다.

성취동기가 높은 아동과 낮은 아동에게 고리 던지기 놀이를 시키면서, 고리를 던지는 거리를 마음대로 택하게 한다. 성취동기가 낮은 아동은 누구나 넣을 수 있는 아주 가까운 거리나 요행이 아니면 넣을 수 없는 아주 먼 거리를 택하는 반면, 성취동기가 높은 아동은 주로 자기능력에 비추어 너무 가깝지도 않고 너무 멀지도 않은 거리를 택하는 경향이 있음이 밝혀졌다.

이 실험은 성취동기가 높은 아동은 자주 자신의 능력을 시험해보기 때문에 일을 수행하는 자신의 객관적인 역량에 대해 감을 갖고 있음을 보여준다. 그래서 고리 던지기 놀이에서도 몇 번 던져보고 자신의 역량을 가늠해본 뒤, 다나카 고이치의 표현을 인용하면, 그보다 110%나 120% 정도 되는 거리를 목표로 정한다.

얇은 종이를 매일 한 장씩 쌓아가는 정성스런 노력과, 적절한 목표를 설정하고 그것을 달성하는 노력은 병행할 수 있다. 이런 두 가지 방식을 통해 적절한 목표를 이뤄가면서 부단히 실력을 배양한 뒤에는 필요하다면 과감하게 승부를 걸 필요가 있다.

세계에서 처음으로 고휘도 청색 발광다이오드(LED)를 개발한 나카무라 슈지(中村修二)가 그렇게 했다. 그는 1979년 중소기업이었던 니치아(日亞)화학공업에 입사해 20년간 휴일도 없이 반도체 개발에 파고들어 300여 건의 특허를 출원했다. 그러나 제품이 성공하지 못한 탓에 '찬밥' 신세를 벗어나지 못했다.

앞에서도 이야기한 바 있지만, 당시에 청색 LED 개발은 난제로 여겨졌다. 빛은 빨강에서 청색으로 갈수록 파장이 짧아지고, 파장이 짧으면 빛이 어두워진다. 강하고 선명한 푸른빛의 LED는 21세기까지 불가능하다는 예상도 있었다.

오랫동안 나카무라의 연구가 돈이 되는 성과를 거두지 못한 이유는 사실

회사에서 그런 과제만 준 탓이었다. 그런데도 나카무라는 조직 내에서 무위도식하는 존재로 찍혔다. 그는 억울했다. '죽이 되든 밥이 되든 내가 하고 싶은 일을 해보자'고 결심한다. 그는 청색 LED 개발에 '최후의 도박'을 걸었다. 그는 전화도 받지 않고 회의에도 들어가지 않으면서 실험에만 몰두했다.

나카무라는 길옥윤의 끈기와 다나카의 적절한 목표설정 능력을 갖춘 상태였다. 그는 특히 끈기와 직결되는 지구력에서 남달랐다. 그는 자신을 "현실에 낙담해도 한번 시작하면 자꾸자꾸 빠져드는 성격"이라고 소개했다. 그는 고등학교 때에는 대학에 가면 이론물리학이나 수학을 전공하려고 했다. 그러나 성 생님의 권유로 공학부에 입학하게 된다. 하지만 그는 싫어하는 암기과목도 달달 외우는 방식으로 공부해 수석으로 대학을 졸업했다.

나카무라의 문제해결 능력에 대해서는 그 자신이 쓴 책《좋아하는 일만 해라》에서 직접 인용하는 편이 낫겠다.

그처럼 큰 격차가 있었는데도 다른 사람에겐 없는 장점이 내게 있다고 한다면 그것은 바로 직감이다. 예리한 직감은 내가 어떤 특정한 상태에 놓일 때 더 강렬하게 빛난다. 그 상태는 밑바닥까지 가는 고독이다. 연구개발이란 실패의 연속이다. 나는 점차 고독해진다. 잊혀버린 존재가 되어 아무도 나를 거들떠보지 않는다. 필사적으로 장비를 개량하고 다시 실험하지만 결과는 마찬가지다. 이 상태로 일 년 반, 이 년이 지나면 드디어 더 이상 떨어질 곳이 없는 맨 밑바닥에 다다른다. 그 순간 내 집중력은 참으로 비상하게 곤두선다.

열쇠는 뜻하지 않은 곳에서 발견됐다. 우연히 참석한 응용물리학회 행사에서 그는 청색 LED 기술을 적용하는 공정에서 핵심장비를 "누르듯이" 가동하는 기법에 관해 듣는다. 비유하면 그것은 마치 다리미를 누르는 것 같은 기법이었다. "누르듯이"라는 표현이 나카무라의 귀에 쏙 들어왔다. "꼭 그 학회가 아니었더라도 상관없는 것일지 모른다. 나는 밑바닥에 떨어져 언제나 그 장비만 생각하고 있었기 때문에 무엇이든 그 일과 연결짓고 있었다. 혹시 주전자 뚜껑을 보고서 생각이 났을지도 모른다." 그것은 뉴턴의 사과와 같은 힌트였던 셈이다.

나카무라는 1993년에 마침내 청색 LED를 개발하는 데 성공한다. 여러 기업들이 수백 억 엔을 투자하고도 진척을 보지 못한 일을 나카무라는 혼자서 불과 5억여 엔만 들이고 해냈다.

나폴레옹은 "우리가 어느 날 마주칠 불행은 우리가 소홀히 보낸 과거 어느 시간의 보복"이라고 말했다. 이 경고를 뒤집어서 자주 되새기면 어떨까.

"우리가 어느 날 마주칠 성공은 우리가 알차게 보낸 현재의 보상이다."

경제발전의 관건은 리더십

영국의 주간매체 〈이코노미스트〉 산하 경제연구소인 '이코노미스트 인텔리전스 유닛(EIU)' 이 2006년 12월에 펴낸 보고서에서 다소 뜻밖의 전망을 내놓았다. 60년 뒤인 2066년에 인도네시아가 세계의 4대 경제대국이 된다는 것이었다.

EIU는 설립 60주년을 기념해 펴낸 이 보고서에서 그 밖에 과학 분야의 혁신이 변화를 가속화시키고 기술의 발전이 경제성장의 양상을 바꿔놓을 것이며, 그 결과로 나타날 새로운 환경은 강한 교육시스템, 젊은 인구, 혁신의 문화를 갖추고 있는 나라나 지역에 유리하게 작용할 것이 확실하다고 내다봤다.

EIU는 이런 유리한 작용이 실현될 곳으로 아시아를 꼽았다. 그래서 세계의 10대 경제대국 자리 가운데 6개를 아시아 국가가 차지하리라는 것이었다. 구체적으로는 중국과 인도가 미국을 앞질러 양대 경제대국 자리를 차지하고, 인도네시아가 4위에 오르며, 한국이 일본을 앞질러 7위가 되리라고 이 경제연구소는 전망했다. 그리고 일본은 9위가 되고, 파키스탄이 10위의 국가로 부상하리라고 점쳤다.

그 뒤에도 EIU와 〈이코노미스트〉는 인도네시아에 대한 이런 기대를 유지했다. EIU는 2009년 11월에 발표한 '2010년 세계 전망' 이라는 보고서에서 향후 인도네시아가 금융위기 이후로 부진한 러시아를 밀어내고 신흥국가군에 진입할 것이라고 내다봤다. 그래서 브라질, 러시아, 인도, 중국을 의미하는 '브릭스(BRICs)' 라는 용어가 브라질, 인도, 중국, 인도네시아를 가리키는 '비시스(BICIs)' 로 대체될 것이라고도 했다.

EIU와 〈이코노미스트〉가 인도네시아에 그렇게 엄청난 잠재력이 있다고 판단한 근거는 무엇일까? 〈이코노미스트〉는 "인도네시아는 2억 4300만 명이나 되는 인구를 바탕으로 하는 강력한 내수시장과 대외무역 의존도가 낮은 경제구조가 최대의 강점이어서 전 세계 경제의 슬럼프와 무관하다"며 "이는 선진국들이 부러워할 만한 경제구조"라고 설명했다.

'천의 얼굴을 가진 나라.' 흔히들 인도를 이렇게 부른다. 그런데 이 표현은 인도네시아에도 썩 잘 들어맞는다.

인도네시아는 6000여 개의 섬으로 이루어진 나라다. 인도네시아라고 하면 우리는 보르네오 섬의 열대우림과 화산을 떠올리지만, 사실 인도네시아에는 사막도 있고 만년설이 쌓인 고산지역도 있다. 원주민, 아랍인, 중국인, 파키스탄인, 인도인, 유럽인 등 400여 종족의 2억 4000만 명이 어울려 산다. 언어는 방언을 포함해 600개가 넘는다.

또 인도네시아는 세계에서 이슬람 신자가 가장 많은 나라이지만 이슬람이 국교는 아니며, 그 밖에 힌두교, 불교 등 다양한 종교가 공존한다. 이런 이 나라의 특징은 공휴일에서 쉽게 확인된다. 인도네시아는 힌두교력의 새해 첫날을 비롯해 마호메트 승천일, 예수 승천일, 석가 탄신일 등을 공휴일로 지정해 놓고 있다.

지금은 세계 각국을 늘어놓고 볼 때 인도네시아의 생활수준은 뒤에서 꼽는 게 빠르다. 영아 사망률도 1000명당 67명으로 높은 편이고, 깨끗한 물의 혜택을 받는 국민은 12%에 불과하다. 이런 인도네시아가 잠재력을 갖고 있다고 평가되는 이유로는 우선 인구와 그 구성이 꼽힌다. 인구가 중국, 인도, 미국에 이어 세계에서 네 번째로 많다. 또 인구의 3분의 1이 20세 미만이어서 앞으로 내수시장만으로도 빠른 성장을 지속하게 될 가능성이 높다.

또 농림자원과 원자재가 풍부하다. 야자유, 고무, 커피, 코코아의 생산량은 세계 2~4위를 차지하고 있고, 산림자원은 산림의 면적을 기준으로 볼 때 동남아에서 최대 규모다. 액화천연가스(LNG) 공급량은 몇 년 전에 카타르에 의해 추월당하기 전에는 세계 1위였다. 원유 매장량은 97억 배럴로 세계 전체에서 0.5%를 차지한다. 아울러 니켈 매장량은 세계 1위, 구리와 주석 매장량은 세계 3위를 자랑한다.

인도네시아는 이 밖에 세계적인 휴양지인 발리 섬을 비롯해 유네스코가 세계 문화유산으로 지정한 프람바난 힌두사원 등 관광자원과 역사유적을 많이 갖고 있다. 덕분에 관광산업이 발달했다.

우수하면서도 저렴한 노동력도 인도네시아의 경쟁력 요소 가운데 하나로 꼽힌다. 인도네시아 국민의 80%가 글을 읽고 쓸 줄 안다. 인도네시아는 말레이

방언을 표준화한 언어를 공용어로 쓰고 있고, 문자는 로마자로 표기한다. 임금은 중국의 절반 이하이고, 태국에 비해서는 절반 정도로 저렴하다. 게다가 실업률이 10% 정도로 높아 앞으로 상당기간 임금 상승률이 높지 않을 것으로 예상된다.

인도네시아 사람들은 상하관계를 지키며 '나' 보다 '우리' 를 위해 화합한다. 이런 가치관은 일차적인 관계인 가족에서부터 각종 모임과 공공조직, 그리고 회사에서도 지켜진다. 장남은 가족 부양의 의무를 진다. 인도네시아에서 괜찮아 보이는 남자가 30대 중반이 되도록 결혼하지 않고 있다면 그는 한 집안의 장남이고 가족 중에서 유일한 소득자일 가능성이 높다. 그는 부모를 모시고 동생들을 공부시키느라 결혼을 미루고 있을 것이다.

인도네시아가 과연 세계의 경제4강에 오를 수 있을까? 경제4강은 고사하고 1997년에 겪은 외환위기와 2004년 쓰나미의 충격으로부터 회복되기는 한 것일까? 그러나 인도네시아의 최근 수년간 경제성장률을 살펴보면 이 나라가 지금 '2066년 세계 경제4강' 을 향한 기초를 다지고 있다고 볼 수도 있다.

인도네시아 경제는 외환위기 이후 불황의 파도를 넘어 2002년 이후에는 매년 4~5%대의 성장을 이루었다. 2007년과 2008년에는 6%대의 성장률을 기록했고, 2009년에는 세계적인 경제위기 속에서도 4.3%의 성장률을 기록했다. 물가, 환율, 경상수지도 안정적인 모습을 보이고 있다.

정치사회적인 환경도 개선됐다. 인도네시아는 1945년에 독립한 직후에는 수카르노의 사회주의적 정책이, 그 뒤에는 수하르토 독재정권의 부패가 경제의 발목을 잡았다. 2004년 10월에 집권한 수실로 밤방 유도요노 대통령은 기업규제 철폐, 노동자 위주였던 노동정책 개혁, 세제 개혁, 법률 개혁, 부패 척결 등을 뼈대로 한 기업 경영환경 개선 정책을 추진하고 있다.

유도요노 대통령은 군부의 역할을 축소시켰고, 과격했던 시위를 누그러뜨렸다. 고질적이었던 인종분쟁과 종교분쟁도 잠재웠다. 우선 아체 지역의 분리독립을 주장해온 반군과 평화협정을 맺어 분쟁을 종식시켰다. 또 과격 이슬람 테러분자가 외국인을 상대로 벌인 자폭공격에 기민하게 대응해 범인을 체포함으로써 국제사회의 신뢰를 얻었다. 이를 계기로 인도네시아는 '반서방적이지 않은 합리적 이슬람 국가'라는 이미지를 얻었다.

또 화교에 대해 포용정책을 폈다. 인도네시아에서는 인구는 전체의 5%에 불과하지만 부는 전체의 80% 이상을 장악하고 있는 화교에 대한 반감이 그동안 강했다. 1998년에는 인종폭동이 일어나 화교 1200명이 살해됐다. 그러나 인도네시아 정부가 2003년에 음력 정월 초하루인 춘절(春節)을 공휴일로 선포한 데 이어 공산주의의 유입을 막는다며 금지하고 있었던 중국어 교육과 중국어 출판을 허용하는 포용정책을 펴자 이제는 거꾸로 중국 열풍이 불고 있다.

유도요노 대통령은 첫 번째 임기에 정치사회적인 안정을 다지고 그 바탕 위에 경제성장을 이룸으로써 높은 지지율을 누렸고, 2009년 대선에서 무난히 재선돼 두 번째 임기를 시작했다. 〈AP 통신〉은 유도요노 대통령이 경제성장을 계속 이어나가기 위해 대대적으로 사회간접자본(SOC)을 구축하는 작업에 나설 것으로 전망했다.

인도네시아가 과연 EIU의 기대에 부응할까? 이 물음에 답하기 전에 우선 다른 두 나라의 사례를 살펴보자.

한 나라는 아시아에서 가장 미래가 촉망되던 나라이고, 다른 한 나라는 아시아에서는 물론이고 세계에서도 가장 가난한 나라 중 하나로 관심의 대상도 되지 않던 나라다. 1950년의 일인당 국민소득을 보면 앞 나라는 800달러였지만, 뒤 나라는 60달러에 그쳤다. 앞 나라는 앞선 건축기술로 뒤 나라의 주요 건축물을 지어줬다.

그러나 1970년대에 상황이 역전됐다. 뒤 나라가 경제수준에서 앞 나라를 추월하더니, 이제는 앞 나라에 비교대상이 되지 않을 정도로 성장했다. 2008년의 1인당 국민소득을 보면 뒤 나라가 1만 9231달러로 앞 나라의 2063달러에 비해 9배나 되기에 이르렀다.

여기서 앞 나라는 필리핀이고 뒤 나라는 한국이다. 1963년에 완공된 장충체육관은 필리핀의 기술로 지어졌다. 그에 앞서 1962년에 세워진 문화체육관광부와 주한미국대사관 건물 역시 필리핀의 기술진이 설계와 감리를 맡았다.

필리핀은 지난 수십 년 동안 경제발전을 거의 이루지 못했다고 해도 과언이 아니다. 1970년대에 지어진 마닐라공항은 최신식 시설을 갖춘 다른 여러 나라 수도의 공항과 비교하면 초라하기 그지없다. 공항이 아닌 버스터미널 같다. 필리핀의 주요 대중교통수단은 2차대전 때 지프를 개조해 처음 만들어졌던 지프니 합승버스다. 필리핀에서는 수십 년 전부터 지금까지 몇몇 가족기업이 시장을 좌지우지해왔다. 주목할 만한 새로운 기업은 생겨나지 않았다.

〈뉴스위크〉는 2010년 2월에 내보낸 '필리핀의 굴욕'이라는 기사에서 필리핀이 저개발 상태를 벗어나지 못하는 것은 정치적 불안이 끊임없이 이어지고 법과 제도가 계속 바뀌기 때문이라고 분석했다. 이 때문에 필리핀은 인접한 다른 나라들에 비해 외국인투자가 덜 유입되고 있다. 필리핀 국내에서 돈벌이가 될 만한 일이 충분히 생겨나지 않자 필리핀 사람들은 1980년 초 이래 대거 해외로 나가 가정부나 자가용 기사 등으로 일해 먹고산다. 이제는 그 수가 1000만 명을 넘었다.

굳이 필리핀과 비교하지 않더라도 한국의 경제발전은 경이롭다. 현대그룹을 창업한 정주영 회장은 생전에 "외국의 기업가와 경제정책 전문가를 만나면 그들이 한결같이 내게 하는 질문이, 자원도 자본도 없는 한국이 도대체 무엇으로 어떻게 그런 비약적인 경제발전을 이루었느냐는 것”이라고 말했다. 정 회장 자신은 그때마다 “세계에서 가장 우수하고 근면한 민족인 우리 국민이 이룬 업적”이라고 대답했다고 한다.

정 회장의 대답은 틀리지는 않지만 맞지도 않다. 그가 설명한 것은 필요조건이긴 하지만 충분조건은 아니다. 우리 민족은 뛰어나고 부지런하다. 잠재력도 크다. 그런데 이런 민족의 나라가 해방 이후 20년가량, 시작시점을 늦추어 좀 더 짧게 본다면 한국전쟁 이후 10여 년 동안 제자리를 맴돈 까닭은 무엇인가? 훨씬 더 거슬러 올라가 이야기한다면, 조선이 500년간 정체된 상태로 지낸 원인은 무엇인가?

나는 2002년에 펴낸 졸저《한국경제 실패학》에서 개별 조직이 실패하는 원인과 더 나아가 국가가 실패하는 원인을 분석했다. 그 실패학을 거꾸로 돌리면 성공학이 된다. 이런 측면에서 내가 ‘실패학’의 관점에서 제시했던 조직 성패의 관건을 다시 살펴보기로 한다.

먼저 나 자신의 경험을 소개한다. 내가 처음 들어가 일했던 언론사는 1990년대 중반의 어느 해엔가 1등 일간지의 자리를 되찾기 위한 결의행사를 열었다. 이 행사에서 연단에 오른 한 간부는 “여기 모인 기자들 각자가 출입처에서 1등을 하면 우리 신문이 1등이 된다”며 기자들에게 분발할 것을 촉구했다.

나는 쓴웃음을 지었다. 조직구성원 개개인이 갖춘 역량의 합이 조직 전체의 역량이 아님을 길지 않은 근무기간에 많이 겪고 봤기 때문이었다. 개별 기자의 역량을 더하면 곧 언론사 역량이 된다고 역설한 그 간부는 그렇게 말함으로써 사실은 자신을 포함해 현장 기자를 지휘하는 차장, 부장, 국장이 기여하는 바는 없다고 주장한 것이나 다름없다는 점을 알지 못했으리라.

언론매체별 차이는 간부진의 차이에서 비롯된다. 모든 뉴스를 리스트처럼 늘어놓든 지면에 짜 넣어 배치하든 시간 순으로 들려주든, 거기에는 취사선택과 경중판단이 들어간다. 무엇을 취하고 무엇을 버리느냐는 결정은 간부진의 몫이다. 현장 기자가 던진 한 문장의 보고가 1면 머리기사로 튀어오를 수도 있고, 길고 상세한 기사가 아예 지면에 실리지 않은 채 사라질 수도 있다. 일차적인 결정은 해당 부서 데스크가 내리고, 그 다음엔 부국장이 판단하고, 또 그 위의 단계에서 편집국장이 다시 판단한다. 데스크를 통과하지 못한 기사는 독자와 만나지 못한다. 데스크의 입맛에 맞는 기사는 앞면에 눈에 띄게 배치되어 독자와 먼저 만난다.

언론매체 제작이 어려운 이유 중 하나는 매번 새로운 상황이 발생한다는 점이다. 과거의 경험은 참고자료일 뿐이다. 언론사에서는 기자에서부터 국장에 이르기까지 매번 새로운 사안을 새로이 판단하고 저울에 올려 무게를 재야만 한다. 이런 작업이 진행되는 과정에서 위로 올라갈수록 결정권한이 커진다. 현장 기자는 위에서 결정한 기사가치 판단에 따라 움직인다. 앞뒤 맥락을 파악하고 앞날을 예상하는 예리한 눈을 갖춘 간부는 다른 언론매체가 심드렁하게 보고 지나쳐버린 사실에서 중요한 함의를 캐낸다.

화끈한 특종을 자주 잡아내는 기자가 많은 언론매체는 타지를 압도한다. 그러나 〈워싱턴포스트〉가 워터게이트를 추적했던 사례가 보여주듯 특종 행진도 간부진의 예리한 판단이 뒷받침돼야 가능하다. 정보의 흐름이 곳곳에서 막혀 있었던 독재시대가 지난 뒤에는 언론매체에 특종거리가 되는 뉴스가 현격하게 줄어들었기 때문에 더욱 그렇다. 게다가 판단을 접어버리고 사실만 쫓아 다녀서 건져낸 특종을 보도하는 것은 자칫하면 보도하지 아니함만 못한 결과를 초래해서 그 매체의 평판을 깎아내릴 수도 있다.

언론사뿐 아니라 사회의 거의 모든 조직이 마치 어부가 그물의 벼리를 당겼다 놓았다 할 때 오므려졌다 펼쳐졌다 하는 그물처럼 작동한다. 조직의 의사 결정권은 위로 갈수록 커지고, 궁극적으로는 리더에게 집중된다. 조직은 리더가 구체적인 지시를 내리거나 명시적인 보상체계를 제시하지 않더라도 그의 의중에 따라 움직인다. 그렇게 하지 않는 구성원은 소외된다.

조직은 리더를 따라 움직이는 것이다. 조직 내 각 부분이 움직인 양의 합만큼 조직 전체가 움직이는 것이 아니다. 모든 부분이 리더가 제대로 설정한 목표를 향해 힘을 합해 움직이는 조직이 부분마다 따로 움직이는 조직을 능가하리라는 것은 명약관화하다. 방향을 설정하지 않은 채 각 부분을 닦달하기만 하는 리더는 조직을 움직이기는커녕 안에서부터 조직을 파괴한다.

'전체는 부분으로 나뉘고 그 부분을 다시 합하면 전체가 된다' 는 명제는 요소환원주의라고 불리며, 이는 17세기에 뉴턴과 데카르트에 의해 정립됐다. 요소환원주의는 근대과학의 출발점이 됐지만, 기계적인 세계에만 들어맞는 것이다. 유기체에는 적용할 수 없다.

전체는 부분의 합이 아니다. 전체를 부분의 단순 합보다 크게 만드는 것이 리더의 역할이다. 전체 역량의 상한은 리더에 의해 그어진다. 리더가 시원찮으면 구성원이 아무리 훌륭해도 조직이 리더의 수준을 넘어 성장하지 못한다.

'악화가 양화를 구축한다' 는 그레셤의 법칙은 위로부터 관철된다. 훌륭한 리더는 자신이 부리는 간부진을 뛰어난 인재로 채우거나 구성원을 그런 인재로 키운다. 반면에 아닌 사람은 아닌 간부를 앉히고, 아닌 간부는 아닌 직원을 선발한다. 아닌 조직에서는 리더 밑의 간부진에서부터 아래로 '양화' 가 차례로 쫓겨난다. 간부진이 '악화' 로 채워지고 나면 그 아래 계층의 '양화' 는 제 발로 나간다.

리더의 역할이 이렇게 크다는 점은 시대가 사람을 만드는 게 아니라 사람이 시대를 만든다는 관점의 설득력을 높인다. 이는 삼성의 창업주인 호암 이병철 회장이나 현대의 창업주인 아산 정주영 회장의 업적을 하나하나 짚어보면 보다 분명히 알 수 있다.

한국 기업계의 두 거인은 안팎의 반대와 불리한 여건 속에서 기업을 세우고 키웠다. 이들이 없었더라도 당대에 이들만큼 도전정신으로 가득 찬 훌륭한 사업가가 나타나 이들의 몫을 대신 했을까? 시대가 사람을 만든다면 이들이 활동할 때의 여건과 비슷한 상황, 즉 식민지 상태를 갓 벗어나 축적된 기술과 자본이 미미하고 자원도 부족한 상황에 있었던 다른 많은 나라에서도 이들을 능가하거나 적어도 이들에 버금가는 기업가가 여럿 나왔어야 한다. 그런데 그렇지 않았다.

정주영 회장은 무에서 유를 창조했다. 정 회장이 벌인 많은 창조적 기업활동 가운데 하나가 조선소 설립이다. 정 회장과 현대는 조선소를 지을 돈을 가지고 있지도 않았고, 부지를 마련하지도 못한 상태였다. 선박건조 경험도, 인력도 전무했다.

정 회장은 차관을 얻으러 백방으로 뛰다가 영국 버클레이즈은행 회장을 만난다. 그 자리에서 그는 기지를 발휘해 호주머니에서 거북선이 그려진 500원짜리 지폐를 꺼내 보이면서 "우리는 16세기에 이미 이런 철갑선을 건조했다"고 말하며 한국인의 저력을 내세웠다. 이어 "현대는 원자력발전소를 시공했고 정유공장도 건설했다"며 "경험이 풍부하므로 큰 배를 건조할 능력을 충분히 갖추고 있다"고 장담했다.

버클레이즈은행은 돈을 빌려주기로 하면서 "선주를 구해 와야 한다"는 전제를 달았다. 당연한 요구였다. 돈을 빌려 조선소를 짓고 기술을 들여와 배를 건조할 준비를 마쳤다고 하더라도 경험이 전무한 신생 조선소가 수주하기는 어려운 일이었다. 은행으로서는 수주도 하지 못할 조선소에 돈을 빌려줄 수 없었다.

정 회장은 포기하지 않았다. 황량한 울산 바닷가 사진과 선박 사진을 들고 수주하러 다녔다. 백방으로 뛰어다니며 "이런 배를 사준다고 하면 내가 영국에서 돈을 빌려 이 백사장에 조선소를 짓고 배를 지어주겠다"고 한 끝에 마침내 선박 수주계약을 체결했다. 세계 최고의 조선회사가 처음에는 이렇게 해서 탄생했던 것이다.

삼성의 이병철 회장은 고희를 넘긴 나이에 반도체사업에 승부를 걸었다. 삼성이 반도체사업을 추진한 과정에는 기업가 호암의 면모가 고스란히 담겨있다. 호암은 시대를 앞지르는 혜안으로 뚜렷한 비전을 세웠다. 그리고 그 비전을 실현하기 위해 방대한 자료를 철저하게 숙독하고 전문가들을 만났다. 그런 뒤에는 그 사업을 성공적으로 추진하는 데 필요한 모든 사항을 점검하고 준비했다. 일단 결정한 사업은 대규모로 과감하게 추진했다.

반도체는 난제가 산적한 사업이었다. 선진국을 추격해 기술수준을 단기에 따라잡지 못하면 실패할 수밖에 없었다. 막대한 금액을 투입해야 했다. 제품주기가 짧다는 위험도 있었다. 기술두뇌를 영입하기 위해서는 공장의 입지가 서울에서 한 시간 이내의 거리에 있어야 했다. 그는 미국, 일본, 국내의 전문가를 두루 만나 의견을 들었다. 그는 1982년에 '정부의 뒷받침만 있으면 성공할 가능성이 있다'고 결론을 내리고 반도체사업팀을 구성했다.

삼성은 반도체사업 추진 초기에는 고전했다. 반도체의 양산에 나선 1984년부터 1987년까지 4년 연속 손실을 봤다. 반도체는 호암이 타계한 뒤에야 흑자를 내기 시작했다.

그러나 생전에 호암은 꿈쩍하지 않았다. 반도체가 21세기를 개척할 산업혁신의 핵이며 삼성은 성공할 수 있다는 비전에 흔들림이 없었다. 강진구 전 삼성 전자 회장은 호암의 집념과 관련해《삼성전자, 신화와 그 비결》에서 1985년 당 시의 상황을 이렇게 회고했다.

어느 날 호암께서 반도체와 관련되는 사람들과 점심을 같이 하자는 연락이 왔다. … 누적적자가 1200억 원이라는 것과 1메가 D램 공장 착공을 당장에 하지 않으면 출하경쟁에서 후발이 될 것이라고 걱정하는 소리가 나왔다. 호 암께서는 단호했다. "64K와 256K D램의 시장도입이 늦어 큰 고생을 했는 데 1메가 D램의 공장 착공마저 늦어지면 어떻게 되겠는가. 내일 아침에 착 공식을 하자. 내가 기흥공장으로 가겠다." … 4메가 D램 이후에 우리의 생 산이 선진 회사보다 먼저 시작되는 계기가 이런 식으로 마련됐던 것이다.

한국 경제의 성장은 삼성과 현대로 대표되는 대기업의 성공으로 이뤄졌다. 대기업이 성장하지 못했다면 한국 경제가 오늘날과 같은 위상에 오르지 못했을 것이다. 한국의 대기업이 세계시장에서 굴지의 해외 기업들과 어깨를 나란히 하거나 그들에게 뒤를 보이며 앞서 달리게 된 동인은 정주영과 이병철 같은 창 업자의 기업가정신과 리더십이었다.

앞에서 나는 "조직의 역량은 리더가 긋는 역량의 상한선을 넘어서지 못한 다"고 했다. 한국 경제와 그 주축인 대기업의 성장이 리더십의 산물이었다고 내 가 주장한다면 이에 동의하지 않을 독자도 있으리라고 본다. 그런 독자에게는 정주영, 이병철 회장은 주요 사업을 안팎의 온갖 반대를 무릅쓰고 계획하고 추 진했고, 따라서 이들 기업가가 없었다면 한국 경제는 지금과 같이 여러 가지 주 요 산업을 갖지 못했거나 가졌더라도 뒤처져 더 늦게야 시작했으리라는 점을 지적해주고 싶다.

정주영 회장은 "이 나이에 이르기까지 나는 어떤 새로운 일에 도전할 때 무모하다는 말을 안 들은 적이 별로 없다"고 회고한 적이 있다. 이병철 회장도 모직사업에서부터 전자와 반도체에 이르기까지 숱한 반대를 돌파하며 사업을 추진했다.

이들 기업가를 뒷받침한 박정희 대통령의 리더십을 빼놓을 수 없다는 지적에도 나는 전적으로 동의한다. 박정희 대통령과 정주영 회장은 호흡이 척척 맞았다. 정 회장은 "둘 다 가난을 극복해야 한다는 염원과 목적이 뚜렷했고, 하면 된다고 긍정적으로 생각했으며, 강력한 실천력을 갖고 있었다"고 자신과 박 대통령의 공통점을 들었다. 그는 "(그래서 우리는) 서로 인정하고 신뢰했다"고 회고했다.

박 대통령은 자본이 전무하던 시절에 기업이 사업계획서를 만들어 제출하면 정부가 해외차관에 대해 지급보증을 서주되 차관을 갚지 못하는 사업가는 형무소 신세를 지게 하면서 강력한 산업육성 정책을 폈다. 그 다음에는 관세로 국내시장을 보호하고 금융과 세제상의 혜택을 주면서 대기업을 육성했다. 아울러 반대를 무릅쓰고 경부고속도로를 닦는 등 산업활동의 기반이 되는 사회간접자본을 확충했다. 경부고속도로 건설을 추진할 때 박 대통령은 정주영 회장을 청와대로 불러 "산업 육성을 위해 필요하다"며 "최소 비용으로 최단기에 건설하는 방안을 강구해 달라"고 지시했다.

정주영 회장이 현대 안에서 "그 일은 어려울 것"이라는 보고를 들을 때마다 한 말은 "해보기나 했어?"였다. 그는 안 된다고들 하는 일을 되게 하는 실행력에서 탁월했다. 그런 정 회장이 한번 포기한 적이 있는 사업이 바로 조선소 건설이다. 박 대통령은 정 회장이 조선소 건설을 못하겠다고 보고하자 불같이 화를 내더니 무거운 침묵을 거친 다음에 분발을 촉구했다.

"한 나라의 대통령과 경제부총리가 적극 지원하겠다는데 그거 하나 못하겠다고 정 회장이 여기서 체념하고 포기해요? 처음에 하겠다고 할 때는 이 일이 쉽다고 생각했어요? 이건 꼭 해야만 하오, 정 회장! 일본, 미국은 다녀왔으니, 그럼 이번에는 구라파로 나가 찾아보세요."

정 회장은 "청와대를 나서면서 박 대통령의 집념과 의지가 내게 가슴 뻐근한 감동으로 다가왔고, 무슨 일이 있어도 기어코 만들어내야겠다고 결심했다"고 회고했다. 그 뒤에 정 회장이 유럽에서 차관을 들여오고 수주를 한 과정은 앞에서 간략하게 이야기한 바와 같다.

박 대통령은 이병철 회장의 사업이 애로를 겪을 때 몇 차례 정책적으로 애로를 풀어줬다. 삼성이 한국비료 공장을 지을 때 '장기적인 수요를 고려해 연산 36만 톤 규모로, 세계 최대로 공장을 지어야 한다'는 이 회장의 구상을 박 대통령이 적극 밀어줬다. 삼성이 전자산업에 진출할 때에는 기존 업체들이 반대해 정부의 허가절차 진행이 지지부진했다. 이 회장은 직접 박 대통령에게 전자산업의 장래를 설명하며 그를 설득했다. 그러자 박 대통령은 전자산업 전반에 대한 신규진입을 허용하도록 정부에 지시했다.

국가는 정치, 행정, 사법, 군, 기업, 금융, 언론 같은 여러 부문의 합이다. 그러나 개별 조직에서와 마찬가지로 여러 부문으로 이루어진 국가 또한 각 부문의 단순 합이 아니다. 한국 경제는 집권자와 뛰어난 기업가가 리더십을 잘 발휘한 덕분에 오늘날의 성과를 이룰 수 있었다.

기존의 경제발전 이론은 한국을 비롯한 신흥경제국의 성공요인으로 국가가 주도해 시장을 보호하고 산업을 육성한 정책을 들었다. 여기엔 그러나 주어가 빠져있다. 〈월스트리트저널〉과 〈포브스〉의 아시아 특파원으로 활동한 마이

클 슈먼은 2009년에 낸 책 《미러클》에서 아시아의 여러 나라가 눈부신 경제발전을 이룩한 요인은 "정책 자체나 자본의 흐름에 의한 결과가 아니라 그 정책을 만들고 자본을 투자한 리더들"에 있다고 주장했다.

한국 대기업의 성장은 정부가 내수시장을 보호해주고, 낮은 이자로 돈을 빌려주고, 세금을 깎아준 덕이 크다는 점도 지적된다. 나는 이런 지적을 부인하기보다는, 어느 나라에서든 정부가 산업육성 정책을 편다고 해서 한국처럼 꼭 성공을 거두는 것은 아님을 보여주는 사례를 드는 것을 통해 그러한 지적을 보완하고자 한다.

아르헨티나 정부는 자동차산업을 육성하기 위해 1956년에 이카(IKA)라는 자동차회사를 설립했다. 일본에서는 방직기계 회사를 운영하던 가족이 1933년에 도요타자동차를 설립했다.

일본에서 자동차를 생산하는 일은 처음엔 무모한 도전으로 여겨졌다. 유럽과 미국의 자동차 제조업체들은 1920년대부터 자동차를 생산했고, 일본에도 이미 조립공장을 지은 상태였다. 게다가 일본은 자동차를 생산하는 데 필요한 산업적 기반을 아직 갖추지 못한 단계였다. 심지어 판금을 제작하는 업체도 없었다. 도요타는 관련 산업까지 함께 일궈야 했다.

조지 애컬로프와 로버트 실러 교수는 《애니멀 스피릿》에서 "어떤 면에서 도요타는 1930년대에 만주로 진격한 일본의 낙관주의와 애국심의 산물이었다"고 분석했다. 일본은 미래에 반드시 자동차산업이 있어야 한다고 여겼고, 노조의 태도도 아직은 협력적이었다. 일본의 노조가 본격적으로 활동을 하기 시작한 것은 일본이 패전 이후에 미국의 영향을 받게 된 1940년대 말부터였다.

반면에 이카를 설립한 아르헨티나는 일본과 같이 강한 집념과 자신감을 갖고 있지 못했다. 이카의 경영진은 아르헨티나인이 아닌 미국인으로 채워졌다.

경영진에도 없는 사명감이 노조에 있을 리 만무했다. 정부가 높은 관세장벽으로 시장을 보호해주었지만 이카는 성공을 거두지 못했다.

1963년에 이카가 일주일간의 휴업에 들어가자 노조는 파업으로 대응했다. 노조의 파업은 폭력적이고 파괴적이었다. 1969년에도 극렬한 파업이 일어났다. 이카는 자금난에 빠졌지만 어떤 투자자도 추가로 자금지원에 나서지 않았다. 어느 대기업 회계책임자는 "경제적인 관점에서 볼 때 남미에서 자동차를 생산하는 것은 정말로 허튼짓"이라고 논평했다. 이카는 1970년에 프랑스의 자동차 회사인 르노에 인수됐다.

여기서 한국 경제가 성공을 거두는 데 크게 기여한 요인을 하나 추가해야겠다는 생각이 든다. 정주영 회장은 "모든 일의 성패가, 그리고 국가의 흥망이 결국은 그 집단, 그 나라를 이루는 사람들의 정신력에 좌우된다"고 말했다. 한국 사람들은 이전보다 잘살고자 하는 열망, 남보다 더 잘하고자 하는 열망이 다른 어느 나라 사람들보다 강했다.

이런 한국 사람들의 특징에는 가족간의 끈끈한 유대도 하나의 요인으로 작용했다고 나는 본다. 박정희 정부 시절의 경제개발은 혹독한 노동을 바탕으로 이뤄졌다. 한국의 노동자들이 열악한 작업장에서 강도 높은 노동을 하기를 주저하지 않은 것은 자기 자신을 위해서가 아니라 가족의 생계를 위해서였고, 자녀나 동생이 더 많이 교육을 받도록 하기 위해서였다.

이로써 필리핀이 왜 장기간 정체에 머무르고 있는지가 충분히 설명됐다고 본다. 아울러 인도네시아가 실제로 세계 굴지의 경제대국이 되려면 무엇을 갖춰야 하는지도 제시했다고 본다.

지금까지 고찰한 점들은 한국 경제가 앞으로 더 발전해가는 데도 시사하는 바가 크다. 한국 경제가 더욱 발전하려면 정주영, 이병철 같은 기업가가 계속 나와야 한다. 나는 이 두 기업가에 관한 자료를 찾아 읽어보는 과정에서 둘 사이의 공통점을 알게 됐다.

첫 번째 공통점은 마치 뛰어난 작곡가에게 끊임없이 악상이 떠오르는 것처럼 두 기업가에게는 저절로 사업 아이디어가 떠올랐다는 것이다.

이병철 회장은 야마자키 가쓰히코 〈일본경제신문〉 기자에게 "내 머릿속에는 늘 열 가지 이상의 프로젝트가 소용돌이치며 순서를 기다린다"고 말한 바 있다. 정주영 회장은 회고록에서 "몇 개의 생각을 함께 품어놓고 둥글리면서 키워나가다가 그중 하나나 둘을 끄집어내어 현실화한다"며 "예를 들어 미군공사를 하면서 정부발주 공사를 잡지 않으면 안 된다는 생각과 곧 해외시장으로 나가야 한다는 생각을 동시에 한다"고 말한다. 돈을 벌려면 무엇을 해야 할까를 고민한 끝에 사업 아이템을 찾아내는 게 아니라 사업에 대한 여러 가지 생각에 빠져 지내다가 하나씩 꺼내어 추진한다는 것이다. 정 회장의 말을 더 들어보자.

"잠잘 때를 빼고는 거의 끊임없이 생각이라는 일을 한다. 생각이 스스로 꼬리에 꼬리를 물고 이어진다. 밥풀 한 알만한 생각이 내 마음속에 씨앗으로 자리 잡으면 나는 끊임없이 그것을 키워서 눈으로 볼 수 있는 커다란 일거리로 확대한다."

두 번째 공통점은 "더 할래야 할 수 없는 마지막의 마지막까지" 최선을 다하는 것을 통해 일을 결국은 이루고야 만다는 것이다.

"나는 어떤 일을 시작하든 반드시 된다는 확신 90%에 되게 할 수 있다는 자신감 10%로 완벽한 100%를 채우지, 안 될 수도 있다는 회의나 불안은 단 1%도 끼워 넣지 않는다."

"무슨 일이든 할 수 있다고 생각하는 사람이 해내는 법이다. 의심하면 의심하는 만큼밖에는 못하고, 할 수 없다고 생각하면 할 수 없는 법이다."

이는 정주영 회장이 한 말이다. 이병철 회장은 다음과 같이 말했다.

"어떤 사업이든 실패의 위험은 따른다. 그러나 가장 위험한 것은 처음부터 실패할 여지가 있다는 불안을 안고 착수하는 것이다. 100%의 자신이 없으면 애초에 착수하지 말아야 한다. 마음속에 불안을 품은 채 착수하면 주저하여 전력투구를 하지 못하게 된다. 배수진을 치고 백척간두에서 단호히 결행해도 예기치 못한 장애에 부딪히거늘 하물며 출발할 때부터 의심하고 망설이면 될 일도 안 되는 법이다."

우리가 이런 기업가가 생겨나고 성장해서 날아오르게 하는 시스템을 고민하고 갖춰나갈 때 비로소 한국의 세계 속 위상이 더욱 높아질 것이라고 나는 생각한다.

노트북을 닫으며

글자 20만여 자를 쌓아 둘째 책을 지었다. 첫째 책을 낸 지 8년 만이다.

첫째 책은 《한국경제 실패학》이라는 이름으로 세상에 내보냈다. 그 책은 몇 분에게서는 과분한 칭찬을 받았지만 대중적인 주목을 받는 데는 성공하지 못했다.

주위에서는 제목에 들어간 '실패학'이라는 단어가 그 책의 '실패'에 한몫 했다고들 말했다. 나는 그렇게 생각하지 않았다. 내게 절실했던 얘기가 독자에겐 별 관심사가 아니었고 그래서 호응이 없는 것이라고 담담하게 받아들였다.

첫째 책의 제목과 관련해서는 할 얘기가 더 있다. 내가 저자로서 출판사에 제안한 그 책의 제목은 밋밋하기 그지없게도 '미래를 향한 상상'이었다. 나는 한국경제 '실패학'을 쓰면서 한국경제 '성공학'을 함께 궁리했다. 오랜 자문자 답 끝에 한국경제가 성공하려면 경제주체가, 그 가운데서도 기업가가 미래를 체 계적으로 그릴 수 있어야 한다는 결론을 내렸다. 그리고 미래를 내다보는 방법

266

론도 짧게나마 모색했다.

그 뒤에도 내 관심은 미래에서 벗어나지 않았다. 첫째 책에서는 실패를 극복한 뒤 나아갈 방향을 설정하는 일과 관련해 미래를 다뤘다. 이번 둘째 책을 쓰면서는 미래를 내다보는 과정에서 여러 가지 인식의 장애물에 부닥쳤다. 그래서 둘째 책에는 그런 장애물을 걷어내는 문제와 관련해 논쟁을 하는 부분에 많은 글자를 쏟아 부었다.

경제를 객관화하는 틀도 미래를 가로막는 인식의 장애물 가운데 하나다. 경제는 객관적으로 전망할 대상이 아니다. 아무리 좋은 모델을 갖게 돼도 경제를 이끄는 사람들의 의지와 문제해결 역량을 뺀 미래전망은 아무런 의미가 없다는 점이 지금까지 간과됐다.

인간과 사회와 경제는 '하기 나름'이다. 이를 보여주기 위해 저자는 뛰어난 리더에 관한 이야기를 곳곳에 인용했다. 그래서 이번 둘째 책은 첫째 책과 달리 '성공학'에 더 가깝게 됐다. 결국은 미래를 주도하는 기업가가 나라 경제의 핵심이라는 평범한 주장에 이르게 됐지만, 이런 평범한 주장이 그런 기업가를 어떻게 키워내야 하는가에 대한 논의를 여는 데 작은 씨앗이 되리라고 생각한다.

사람들은 아주 간단한 논리를 어느 분야에는 적용하면서 다른 분야에는 적용하지 못하는 경우가 종종 있다. 한쪽 분야에서 당연하게 여기는 상식을 다른 분야로 들어가서는 잊어버린다. 기자는 여러 분야를 오가면서 그 사이에 생긴 벽을 트는 중간자의 역할을 하기에 좋은 자리에 있고, 실제로 그런 역할을 해야 한다.

경제전망을 둘러싼 오해는 상식이 통하지 않아온 부분이다. 경제전문가는 복잡한 방법론에 매몰된 상태로 거시경제를 예측한다. 그러나 그런 작업을 위해 굳이 거시경제 모형을 돌릴 이유가 없다. 몇 가지 자료를 놓고 추측하는 것이나 복잡한 경제모형을 돌리는 것이나 다르지 않다. 나는 경제학이 건전한 상식을 회복해야 하며, 회복할 수 있으리라고 본다.

더 문제인 것은 거시경제에 대한 예측을 둘러싼 오해다. 경제학자가 미래의 경제성장률과 실업률, 물가상승률, 나아가 주가지수와 환율까지 맞혀주기를 기대하는 것은 상식에 어긋나는 일이다.

의사에게 환자의 상태가 일 년 뒤에 얼마나 악화될지에 관한 몇 가지 수치를 내놓으라고 한 뒤에 일 년 뒤에 가서 그 수치가 맞았는지를 기준으로 의사의 실력을 따지는 사람은 아무도 없다. 훌륭한 의사라면 "이 환자가 지금 다른 노력을 기울이지도 치료를 받지도 않는다면 상태가 어떻게 악화된다"고 말하는 데서 그치지 않는다. 훌륭한 의사라면 "이 환자가 앞으로 이렇게 될 수 있지만, 이런 노력을 하고 저런 치료를 받으면 얼마만큼 좋아진다"는 조언도 해야 한다. 경제에 대해서도 마찬가지로 수치를 예측하는 데 급급할 게 아니라 더 좋아지게 하는 방안, 덜 악화되게 하는 방안, 호전되게 하는 방안을 제시하는 사람이 진정한 전문가일 것이다.

미래와 관련해 저자는 알 수 없는 것과 알지 못하는 것을 어떻게 봐야 하는지에도 관심을 가졌다. '불가지(不可知)'인 미래의 영역을 향해 노력을 기울이는 일은 헛되고 위험하다. 주식이 그런 영역에 속한다. 주식시장 종사자들은 주가가 적정수준에서 벗어났거나 적정수준에 훨씬 못 미칠 때를 포착해내려고 하고 높은 수익률을 올리게 될 가능성과 어떤 경우에 그렇게 되는가를 강조하기도 하지만, 주가에는 적정수준이라는 게 없다고 나는 생각한다. 나는 날씨도 예측의 정확도를 현재보다 높이기가 불가능한 분야가 아닐까 하는 가설을 세웠으나, 현재로서는 능력이 닿지 않아 이 주제는 추후의 탐구과제로 남겨두기로 했다.

이 책의 구상을 아무런 조건 없이 수락한 뒤 원고를 쓰도록 격려해주고 세부적인 조언을 아끼지 않은 필맥 대표 이주명 선배에게 심심한 감사를 드린다. 이 선배가 받아주지 않았다면 나는 두 번째 실패의 위험을 무릅쓰고 낯선 출판사와 의견조율을 거쳐 이 책을 써서 출판해야 했을 테지만 그렇게 할 용기를 내지 못했을 것이다. 아울러 이 둘째 책을 쓸 기반을 놓아준, 즉 내가 생애 처음으로 책의 저자가 되게 해준 박영률 선배에게 깊이 감사드린다.

나보다 책을 더 많이 쓴 선배 이교관, 아직은 한 권의 저서만 내놓은 후배 이용재에게 조건 없는 감사를 표하고 싶다. 이 책의 마지막 장을 정리하고 있을 때 나에게 〈이코노미스트〉 편집장이라는 중책을 과감히 맡겨준 중앙일보시사미디어 김광수 대표에게 이 책을 드린다.

익산과 청주의 네 분 부모님께는 한 권의 책을 더 바침으로써 기대에 부응하지 못해 송구스러운 마음을 전해 드리고 싶다. 처 김연수와 두 아들 백승재, 백승헌에게는 계속 고맙고 미안할 따름이다.

첫째 책을 낼 때 주위 분들에게 보낸 편지의 첫 머리에 적었던, 제목은 모르는 누군가의 시를 전하며 노트북을 닫는다.

내 열매는 좀처럼 익지 않고,
검은 지하수로부터 김이 피어오르고
산 위엔 벌써 첫 눈이 쌓여 있을 때
쓸쓸한 초원의 끝에서 흔들리는 안개와 같이
비로소 달콤하게 되는 그런 것.

참고문헌

01 미래와 관련한 몇 가지 단상

동아일보, '메가트렌드 아시아' 출간기념 내한 나이스비트 박사, 1996. 3. 13.

미래기획위원회, 미래예측 방법론, 2009.

백우진, 한국경제 실패학, 지식공작소, 2002.

중앙SUNDAY, 기자 현장체험 점집 5곳 가봤더니, 2010. 2. 14.

하인호, 미래를 읽는 9가지 방법, 일송북, 2008.

하인호, 미래학이란 무엇인가, 일송북, 2009.

한국경제신문, '메가트렌드 아시아' 저자 존 나이스비트 박사 회견, 1996. 3. 14.

Berlin, Isaiah. *The Hedgehog and the Fox*, http://berlin.wolf.ox.ac.uk/published_works/rt/HF.pdf, 1953.

Newsweek, *Why Pundits Get Things Wrong*, 2009. 2. 14.

The Economist, *The House Park Built*, 1995. 6. 3.

02 주가를 알아맞힐 수 있을까

동아일보, 기업소유주 상장법인 자기주식 취득 완화, 1993. 7. 30.

——, "라이벌기업 인수 도와줍니다", 1994. 5. 23.

——, 우선주 폭락… 투매 사태, 1994. 11. 3.

——, 우선주 오랜만에 기지개, 1995. 10. 17.

── , 자사주 매입 크게 늘어, 1994. 5. 4.

── , 증시 우선주 각광, 1995. 11. 8.

로버트 마일스, 워렌 버핏이 선택한 *CEO*들, 국일증권경제연구소, 2003.

이용재, 주식시장을 움직이는 탐욕과 공포의 게임, 지식노마드, 2008.

이현, 성공투자를 위한 10가지 패러다임, 영인, 2002.

정의석, 주가학 원론, 무한, 1999.

최남철, 꿈의 기울기에 투자하라, 현문미디어, 2009.

한겨레, 정부정책 재벌이 흔든다, 1994. 8. 30.

Lynch, *Peter, One Up on Wall Street*, 1989.

Rogers, *Jim, Adventure Capitalist*, Random House, 2003.

03 미네르바를 둘러싼 오해와 경제학의 한계

강경식, 환란일기, 문예당, 1999.

백우진, 오해가 낳은 우상 미네르바, 이코노미스트, 2009. 2. 3.

신장섭, 한국 경제, 패러다임을 바꿔라, 청림출판, 2008.

이규성, 한국의 외환위기, 박영사, 2006.

일간스포츠, 돌아온 '경제대통령' 미네르바 "할 말은 하겠다", 2009. 6. 29.

재커리 캐러벨, 우려가 낳은 심리적 공황, 뉴스위크, 2009. 4. 29.

04 미래를 가로막는 장하준의 잘못된 관념

송원근, 오바마 정부의 통상정책은 자유무역을 외면하는가?, 한국경제연구원, www.
    keri.org, 2009. 11. 4.

외교통상부, 세계 *FTA* 추진 현황, www.fta.go.kr, 2009. 11. 29.

장하준, 나쁜 사마리아인들, 부키, 2007.

── , 보호무역 반대에도 세련된 논리가 필요하다, 중앙SUNDAY, 2009. 3. 1.

── , 사다리 걷어차기, 부키, 2004.

── , 신자유주의가 심어준 '경제상식'을 뒤집자, 중앙SUNDAY, 2009. 1. 4.

John A. Hobson, *Imperialism*, George Allen & Unwin, 1968.

NYT, *Tired Protectionism*, 2009. 9. 19.

05 자산버블 억제장치와 출구전략

김광수, *경제학3.0*, 더난출판, 2009.

백우진, *삼성 아전인수격 금리인상론*, 이코노미21, 2002.

이준구, *새 열린 경제학*, 다산출판사, 2001.

최희갑, *일본 버블경제의 교훈*, 삼성경제연구소, 2003.

———, *저금리와 구조조정*, 삼성경제연구소, 2002.

———, *최근 자산가격 동향과 버블화 가능성*, 삼성경제연구소, 2002.

하나금융경제연구소, *서브프라임 위기*, 하나금융경제연구소, 2009.

Bloomberg News, *After U.S. disaster, Asia tries to constrain its bubble before it bursts*, 2009. 10. 27.

Greenspan, A., *The revolution in information technology*, Before the Boston College, Conference on the New Economy, www.federalreserve.gov, 2000, speech.

Kindleberger, C., *Manias, Panics, and Crashes*, Wiley, 2000.

The Economist, *Hubble, bubble, Asset−price trouble*, 1999. 9. 23.

Woodward, B., *Maestro*, Simon & Schuster, 2000.

WSJ, *Asia governments signal moves to deter speculation.* 2009. 11. 20.

———, *Asia wrestles with containing a property bubble*, 2009. 11. 12.

———, *Fed Debates New Role: Bubble Fighter*, 2009. 12. 2.

06 경제학의 몰락과 새로운 기회

권순우, *외환위기의 징후와 처방*, 삼성경제연구소, 1997. 3.

김광수, *경제학3.0*, 더난출판, 2009.

연합뉴스, *전문기관 경제전망 완전 '헛발질'*, 2009. 1. 28.

윌리엄 플렉켄스타인 등, *그린스펀 버블*, 한스미디어, 2008.

유병규, 경제예측 왜 틀릴까?, 매경이코노미, 2009. 2. 4.

이동주, 살아있는 경제학자의 죽은 아이디어, 매일경제, 2009. 8. 17.

이병기, 경제학의 지적 파산, 동아일보, 2009. 4. 28.

이인호, 미래예측과 실제, 매일경제, 2009. 8. 31.

정갑영, 경기예측이 틀리다구요?, 매경이코노미, 2003. 10. 22.

조지프 엡스타인, 경제학은 죽었다, 뉴스위크 한국판 2009. 3. 18.

주간조선, 세계경제 '어둠의 예언자' 루비니의 2차 경고, 2009. 3. 9.

중앙일보, 폴 새뮤얼슨 교수의 마지막 인터뷰, 2008. 9. 28.

한국일보, 경제학자의 상상력, 2009. 8. 1.

홍순영, 헷갈리는 경제예측, 이코노미스트, 2003. 7. 24.

FT, *The economic forecasters' falling vision*, 2008. 12. 15.

——, *The value of IMF forecasts*, 2001. 9. 27.

Greenspan, A., *The challenge of measuring and modeling a dynamic economics*, www.federalreserve.org, 2001 speech.

Heilbroner, Robert, *The Worldly Philosophers*, Simon and Schuster, 1953.

IHT, *Back when water flowed like money*, 2009. 6. 18.

——, *Blindsided by crisis, economists rethink profession along with theories*, 2008. 12. 23.

——, *The demons of a failed economy*, 2009. 8. 18~19.

Mankiw, G., *Principles of Economics*, Tompson, 2005.

NYT, *The View From Inside a Depression*, 2009. 10. 16.

Rogers, Jim. *Adventure Capitalist*, Random House, 2004.

Samuelson, P. A., *Economics*, McGraw-Hill, 1980.

——, *Heed the hopeful science*, IHT, 2009. 10. 24~25.

——, William Nordhaus, *Economics*, McGraw-Hill, 2005.

Shiller, Robert, *Challenging the Crowd in Whispers, Not Shouts*, NYT, 2008. 11. 2.

The Economist, *The power of voice*, 2002. 12. 12.

——, *What went wrong with economics*, 2009. 7. 18.

Wikipedia, *Irving Fisher*. www.wikipedia.org

——, *MONIAC Computer*. www.wikipedia.org

———, *William Phillips*, www.wikipedia.org

07 패러다임 측면에서 본 경제학

정운찬, *금융위기와 한국 경제*, 지식의 지평 5호, 2008.

정운찬, *거시경제론*, 다산출판사, 1985.

Kuhn, Thomas., *The Structure of Scientific Revolutions*, The University of Chicago, 1970.

Samuelson, Paul., *Heed the hopeful science*, IHT, 2009. 10. 24~25.

The Economist, *What went wrong with economics*, 2009. 7. 18.

08 행태경제이론은 한가한 경제학이다

김종수, *애니멀 스피릿*, 중앙일보, 2006. 8. 1.

뉴스위크, *컴퓨터 금융모델의 치명적 결함*, 2008. 11. 5.

댄 애리엘리, *상식 밖의 경제학*, 청림출판, 2008.

스티븐 레빗, 스티븐 더그너, *괴짜 경제학*, 웅진지식하우스, 2007.

이용재, *주식시장을 움직이는 탐욕과 공포의 게임*, 지식노마드, 2008.

이준구, *36.5℃ 인간의 경제학*, 랜덤하우스코리아, 2009.

조선일보, *경제학자들도 무릎 친 이 남자―팀 하포드 인터뷰*, 2009. 4. 25~26.

———, *경제학계의 코페르니쿠스―댄 애리얼리 인터뷰*, 2009. 1. 3~4.

조지 애컬로프, 로버트 실러, *야성적 충동*, 랜덤하우스코리아, 2009.

Austin, Jane, *Pride and Prejudice*, Penguin Books, 2005.

IHT, *Blindsided by crisis, economists rethink profession along with theories*, 2008. 12. 23.

Keynes, John Maynard, *The General Theory of Employment, Interest and Money*, Macmillan, 1973.

McDonald, Ian, *Book Review: A History of Nerve Functions: From Animal Spirits to Molecular Mechanisms*, Brain, 2005. 1.

Shiller, Robert, *Challenging the Crowd in Whispers, Not Shouts*, NYT, 2008. 11. 2.

The Economist, *What went wrong with economics*, 2009. 7. 18.

09 미래를 향한 상상

강진구, 삼성전자, 신화와 그 비결, 고려원, 1996.

나카무라 슈지, 좋아하는 일만 해라, 사회평론, 2004.

뉴스위크 한국판, 필리핀의 굴욕, 2010. 2. 3.

다나카 고이치, 일의 즐거움, 김영사, 2004.

마츠우라 모토오, 주켄 사람들, 거름, 2004.

미래기획위원회, 미래예측 방법론, 2009.

배희연, 정재완, 복덕규, 인도네시아의 주요 산업, 코트라 & KIEP, 2006. 주한 인도네시아
　　　대사관 홈페이지 www.indonesiaseoul.org.

백우진, 한국경제 실패학, 지식공작소, 2002.

사토 세이이치, 야망과 선견의 사장학, 일빛, 2005.

애컬로프, 조지, 로버트 실러, 야성적 충동(애니멀 스피릿), 랜덤하우스코리아, 2009.

야마자키 가쓰히코, 크게 보고 멀리 보라, 김영사, 2010.

이강렬, 장충체육관, 국민일보, 2008. 2. 3.

이병철, 호암자전, 중앙M&B, 1986.

정주영, 이 땅에 태어나서, 솔, 1998.

조일훈, 넷브레이킹, 한국경제신문, 2010.

중앙일보, 노화, 10년 안에 치료 가능한 질병 될 것, 2008. 5. 24.

──, 닭·쇠고기 5년 안에 실험실서 생산 가능, 2008. 5. 21.

──, 미래를 그리는 사람들, 2009. 1. 4.

캐시 드레인, 바버라 홀, 인도네시아(큐리어스 글로벌 컬처 가이드 시리즈), 휘슬러, 2005.

파렛, 윌리엄. 위기의 CEO, 중앙북스, 2008.

하인호, 미래를 읽는 9가지 방법, 일송북, 2008.

──, 미래학이란 무엇인가, 일송북, 2009.

The Economist, *The big telecoms bust*, 2000. 12. 14.

찾아보기

ㅈ